Danksagung

Jeder gute Küchenchef ist darauf bedacht, sein Wissen und sein Können ständig zu vertiefen und zu vervollkommnen.

Während dieses Buch entstand, durfte ich mit grosser Freude meine leidenschaftliche Begeisterung für kulinarische Genüsse mit all denen teilen, die mir geholfen haben.

Besonderer Dank gilt meinem Freund Len Halpert aus New York, ebenso Andy Stewart, dem Herausgeber Roy Finamore, der Designerin Rita Marshall und den Übersetzern Tina Uljaki und Charles Pierce.

Für die gelungene fotografische Dokumentation danke ich Christopher Baker, und Roger Porteau spreche ich meinen Dank für eine geduldige, liebevolle Einweisung in die Geheimnisse der Pflanzen- und Naturkunde aus.

Dank gebührt meinen Kollegen Michel Guerard, Jacques Maximin, Marc Mencau, Joel Robuchon und Alain Senderens, die dieses Buch um je eine eigene Rezept-Kreation erweitern halfen.

Herzlichen Dank an mein Küchenteam, das mir beim Ausprobieren und Präsentieren der Gerichte tatkräftig zur Hand ging, und an Prisca Vitte, die mir bei der Namensgebung half und uns durch die landschaftlich reizvollsten Gegenden in Burgund führte.

Georges Blanc

DIE ENTDECKUNG EINER NEUEN KOCHKUNST

– *Cuisine Naturelle* –

Fotografiert von Christopher Baker

DuMont Buchverlag Köln

AUS DEM AMERIKANISCHEN ÜBERSETZT VON MARION ZERBST

SATZ: FOTOSATZ FROITZHEIM, BONN
PRINTED IN JAPAN
ISBN 3-7701-2182-1

CIP-KURZTITELAUFNAHME DER DEUTSCHEN BIBLIOTHEK
BLANC, GEORGES:
CUISINE NATURELLE : ENTDECKUNG E. NEUEN KOCHKUNST/
GEORGES BLANC. FOTOGR. VON CHRISTOPHER BAKER, AUS
D. AMERIKAN. ÜBERS. VON MARION ZERBST. – KÖLN :
DUMONT, 1988.
EINHEITSSACHT.: THE NATURAL CUISINE OF GEORGES
BLANC ‹DT.›
ISBN 3-7701-2182-1
NE: BAKER, CHRISTOPHER:

ALLEN PASSIONIERTEN OBST- UND GEMÜSEZÜCHTERN, DIE IHRE GÄRTEN MIT VIEL LIEBE UND MÜHE BESTELLEN.

F R Ü H L I N G

S O M M E R

H E R B S T

W I N T E R

DIE GESCHICHTE DER »MERE BLANC«

Angefangen hat alles schon vor der französischen Revolution in Bresse, einer malerischen Landschaft in Burgund, wo die Familie Blanc um das kleine Dörfchen Marboz (bei Cuet und nahe bei Marboz) und später auch um Saint-Didier-d'Aussiat ihr Land bestellte. 1872 eröffneten Monsieur und Madame Jean-Louis Blanc im nahe gelegenen Vonnas eine einfache Gastwirtschaft. Ihre Kundschaft bestand zum größten Teil aus Markthändlern, meist Verkäufern der berühmten Bresse-Eier, die mit Pferd und Wagen von den Dörfern kamen und sich unterwegs gern bei einer guten Suppe aufwärmten. Donnerstag war Markttag, und nach getätigten Geschäften wurde die Blancsche Gaststube bald zu einem festen Treff. Um die Mittagszeit gesellte man sich bei einem kräftigen Imbiß zu einem gemütlichen, ausgiebigen Plausch. Die Gäste waren zufrieden, und der Ruf der Blancschen Gastlichkeit verbreitete sich von Mund zu Mund.

Im Jahre 1902 übernahm Sohn Adolphe mit seiner Frau Elisa die Leitung der Wirtschaft. Elisa war nach guter alter Tradition von Mutter Virginie in die Kochkunst eingeführt worden, und Mutter Virginie schwörte auf die Verwendung von viel Butter. Später, im Hause von Madame Lambert-Peney, einer hochgeachteten Hotelbesitzerin in Vonnas, hatte Elisa zwar keinerlei theoretische Ausbildung erfahren, dafür aber praktisches Können mit viel Fingerspitzengefühl zu ergänzen gelernt. In der Blancschen Küche wurde sie schon nach kurzer Zeit als die »Mère Blanc« gefeiert.

Für Curnonsky, den auserwählten Gastronomen-Prinzen, war Elisa »die beste Köchin der Welt«, obwohl sie keineswegs dem Bild eines berühmten Küchenchefs entsprach. Sie servierte eine typische Landküche mit einfachen, deftigen, reellen Gerichten.

Ihre Froschschenkel mit frischen Kräutern, das Bresse-Huhn in Sahnesauce und die Crêpes Vonnaissiennes zogen Gäste von nah und fern an. Ganze Familien kamen sonntags mit dem Zug aus Macon, und als die Zahl der Automobile stieg, stieg auch die Zahl der Wochenendausflügler.

1930 erhielt Mère Blanc vom französischen Touring-Club einen Preis für kulinarische Empfehlungen, und unterstützt vom Club des Cent und der Académie des Gastronomes verbreiteten gastronomische Feinschmekker-Magazine Lobeshymnen in ganz Frankreich. 1934 ging die Leitung des nun weithin berühmten Restaurants Blanc in die Hände des ältesten Sohnes Jean Paul und seiner Frau Paulette über. Unter Elisas wachsamen Augen machte sich Paulette mit den hauseigenen Küchentraditionen vertraut und hielt unverändert daran fest.

Sohn Georges begann seine gastronomische Ausbildung mit dem Studium des Hotel- und Gaststättengewerbes. Praktische Erfahrungen sammelte er in ganz Frankreich, unter anderem in einem Zwei-Sterne-Restaurant an der Côte d'Azur. 1965 kehrte er nach Vonnas zurück und widmete sich dem elterlichen Betrieb, bis er 1968 mit Frau Jacqueline die Leitung des mittlerweile international bekannten Hauses »La Mère Blanc« übernahm. Was Küche und Restaurant angeht, ist Georges ein regelrechter Perfektionist, dem es nicht nur darum geht, eine alte Familientradition fortzuführen. Georges bemüht sich, die überlieferten Fertigkeiten der Damen Blanc durch neue Erkenntnisse und eigene Erfahrungen zu vervollkommnen.

Wie viele seiner französischen Kollegen erkannte er in den 70er Jahren die Notwendigkeit einer neuen, leichten Küche, die den modernen Lebensgewohnheiten, natürlich individuell verschieden, angepaßt ist. Burgund, das nicht nur für seinen Weinbau, sondern auch für eine blühende Landwirtschaft berühmt ist, bietet vielfältige Möglichkeiten. Die Blancschen Vorratskammern sind wie in Urgroßmutters Zeiten mit frischem Gemüse, Obst und lokalen Käsespezialitäten gefüllt. Aber Georges Menükarte spiegelt das bewußte Verhältnis des modernen Zeitgenossen zu Körper, Umwelt und Natur wider. Dahinter steht der Wunsch, den direkten Kontakt mit der Natur auch im gegenwärtigen Industriezeitalter nicht zu verlieren und im harmonischen Einklang mit den gesetzmäßigen Abläufen der Jahreszeiten zu leben. Als jüngster Küchenchef Frankreichs wurde Georges Blanc 1981 mit drei Michelin-Sternen ausgezeichnet. Die Söhne Frédéric und Alexandre bereiten sich darauf vor, die Traditionen des Hauses Blanc fortzuführen.

EINLEITUNG

Seit Generationen ist meine Familie im Herzen von Burgund ansässig, wo das Leben in kleinen Dorfgemeinschaften in enger Verbindung mit der Natur vom Rhythmus der Jahreszeiten bestimmt wird.

Zufriedenheit und Wohlergehen sind von guten Ernteerträgen abhängig. Die Fruchtbarkeit der Erde wird nicht als selbstverständlich hingenommen, sondern mit Dankbarkeit und Respekt als ein Geschenk der Natur hoch geschätzt.

Die blühende Landwirtschaft in Burgund hat die Tradition des Hauses Blanc und seine Menükarte geprägt: seit Urgroßmutters Zeiten richten wir unsere Küche nach dem unverfälschten, frischen Angebot der Jahreszeiten, wobei natürlich nur besonders frisches Gemüse und die auserwähltesten Früchte verwendet werden.

Mit ihrer ursprünglichen Natürlichkeit wird die ländliche Kochkunst heute neu entdeckt. Ein Verdienst, der ohne Zweifel der neuen, leichten Küche angerechnet werden muß, die sich auf den hohen Nährwert naturbelassener Nahrungsmittel beruft.

Das zunehmende Interesse an natürlicher Ernährungsweise ist mit einer deutlichen Tendenz nach rein vegetarischer Kost verbunden. Fleisch ist aus gesundheitlichen und zahlreichen anderen Gründen immer weniger gefragt.

Für mich bedeutet gesunde Ernährung Harmonie mit der Natur und den natürlichen Gegebenheiten der Jahreszeiten. Für frisches Obst und Gemüse habe ich eine regelrechte Leidenschaft, und ich hoffe, viele von denen, die dieses Buch in den Händen halten werden, mit dieser Leidenschaft anzustecken.

Bei meinen Rezeptvorschlägen habe ich absichtlich auf ausgetüftelte Feinheiten verzichtet. Augen und Gaumen sollen sich gleichermaßen an einer harmonischen Abstimmung der Zutaten und einfachen, liebevollen Arrangements erfreuen.

Für das Gelingen eines Gerichtes ist die sorgfältige Auswahl der Zutaten ebenso wichtig wie die Einhaltung der Rezeptvorschriften. Gemüse und Früchte müssen ersten Qualitätsansprüchen genügen und so frisch wie irgend möglich verwendet werden. Natürlich stammt das beste Obst und Gemüse aus dem eigenen Garten und wird frischgeerntet noch am gleichen Tag zubereitet. Allen Nicht-Gartenbesitzern empfehle ich einen Bummel über den Wochenmarkt. Zahlreiche Obst- und Gemüsebauern bestellen ihre Felder heute wieder nach natürlichen Methoden. Es gilt, die besten und erfolgreichsten herauszufinden!

In der Hoffnung, möglichst viele neue Anhänger der natürlichen, fleischlosen Küche zu finden, habe ich alle Gemüse- und Obstsorten, die generell auf den europäischen Märkten angeboten werden, mit mindestens einem Rezept in mein Buch aufgenommen. Was nicht heißen soll, daß dieses Werk ein rein vegetarisches Kochbuch ist. Ich verweise auf besondere, den Jahreszeiten entsprechende Fischgerichte.

Weil wir heute viel zu selten selbst säen und ernten, ist uns oft kaum mehr bewußt, daß unser Leben und unsere Ernährung von der Fruchtbarkeit der Natur abhängen. Dies führen uns Christopher Bakers fotografische Dokumentationen vor Augen, die in natürlicher Umgebung und unter natürlichen Lichtverhältnissen entstanden.

Um dieses Buch schreiben zu können, habe ich mich immer wieder mit Experten, Gärtnern und Bauern beraten und selbst viel dazugelernt. Unser gemeinsames Ziel ist die Wiederentdeckung von Geschmack und Qualität. Allen Naturfreunden, die mir zur Seite standen, spreche ich meinen Dank aus. Ihnen sei dieses Buch gewidmet.

F R Ü H

L I N G

FRÜHLINGSGEMÜSE

WENN UNSERE GÄRTEN IM FRÜHLING AUS DEM LANGEN WINTERSCHLAF ERWACHEN, TRAGEN SIE, WIE VICTOR HUGO SAGT, »ÜBERALL PERLEN, IM THYMIAN UND IN DEN ROSEN«.

GRECQUE DE CHOU-FLEUR ET CONCOMBRE

GRIECHISCHER GEMÜSETOPF

für 4 Personen

1 Tasse Olivenöl
1 kleiner Blumenkohl, in Röschen zerteilt
4 Knoblauchzehen
2 Zitronen
2 frische Thymianzweige
1 Lorbeerblatt
1 großzügige Prise Safranpulver
20 Korianderkörner
Salz
4 kleine Artischocken
1 kleine Salatgurke
12 kleine Frühlingszwiebeln, geputzt
16 kleine Champignons, geputzt
2 Stangen Staudensellerie, in 6 mm dicke Ringe geschnitten
1 kleiner Bouquet garni (s. Anhang)
1 Tasse Weißwein
½ El Tomatenmark
10 schwarze Pfefferkörner
1 fein gehacktes Basilikumblatt
1 kleine Tomate, gehäutet und gewürfelt
1 El fein gehackter, frischer Kerbel

⅓ Tasse Olivenöl in einem mittelgroßen Schmortopf erhitzen. Blumenkohlröschen hineingeben, mit dem heißen Öl übergießen und zugedeckt bei mittlerer Temperatur 4 Minuten schmoren lassen. 2 Knoblauchzehen, ½ Tasse Wein, ½ Tasse Wasser, den Saft einer ½ Zitrone, Thymian, Lorbeerblatt, Safran, 10 Korianderkörner und 1 Prise Salz hinzugeben und die Flüssigkeit einkochen lassen. Bei reduzierter Temperatur weitere 4 Minuten kochen, bis der Blumenkohl weich, aber noch knackig ist. Den Topf vom Herd nehmen und beiseite stellen.

Von den Artischocken die äußeren, harten Blätter entfernen, Stengel und Spitzen abschneiden, so daß etwa 4 cm hohe Böden übrig bleiben. Die Artischockenböden mit einer ½ Zitrone abreiben, alle harten, grünen Teile und mit einem Teelöffel die faserigen Blüten entfernen. Noch einmal mit Zitrone abreiben und mit der Zitronenhälfte in eine mit Wasser gefüllte Schüssel legen.

Die Gurke mit dem Schälmesser so abschälen, daß grüne Stege stehenbleiben, in 6 mm dicke Scheiben schneiden und die Gurkenscheiben vierteln.

Das restliche Olivenöl in einem großen Schmortopf erhitzen. Artischockenböden, Zwiebeln, Champignons, Gurke und Sellerie hinzufügen und bei mittlerer Temperatur 5 Minuten schmoren lassen. Den Bouquet garni, den restlichen Knoblauch und 1 Prise Salz dazugeben und das Tomatenmark, ½ Tasse Wasser und den restlichen Wein einrühren. Die restlichen Korianderkörner mit den Pfefferkörnern in ein kleines Leinensäckchen füllen und hinzufügen. Unter kräftigem Umrühren aufkochen und 2 Minuten kochen lassen. Bei reduzierter Temperatur etwa 15 Minuten weiterkochen, bis die Artischockenböden weich sind.

Den Topf vom Herd nehmen, den Bouquet garni und das Leinensäckchen herausnehmen und das gehackte Basilikum dazugeben.

Den Blumenkohl abgießen und Knoblauchzehen, Korianderkörner, Thymian und Lorbeerblatt entfernen.

4 vorgewärmte Teller bereitstellen. Jeweils 1 Artischockenboden in die Tellermitte legen. Abwechselnd mit Gurkenstücken und leuchtendgelben Blumenkohlröschen garnieren und mit Tomatenwürfeln und frischem Kerbel bestreuen.

Heiß, abgekühlt oder kalt servieren.

HAUPTBESTANDTEIL FÜR DIESEN PIKANTEN GEMÜSETOPF IST DER BLUMENKOHL, IM FRÜHLING DAS BELIEBTESTE GEMÜSE IN BURGUND. DER ERSTE BLUMENKOHL, DER IM FRÜHJAHR AUF DEN MARKT KOMMT, IST ETWAS KLEINER ALS DER BLUMENKOHL IM HERBST, DAFÜR ABER BESONDERS ZART UND BEKÖMMLICH. FEINSCHMECKER SAGEN, DASS FRÜHLINGS-BLUMENKOHL NACH HASELNÜSSEN SCHMECKT UND LOBEN SEINE REIN WEISSE BIS GELBLICHE FARBE.

OBEN EIN TYPISCHES STIMMUNGSBILD FÜR DIE LANDSCHAFT DER BRESSE: PAPPELALLEEN IM SONNENUNTERGANG.

MILLEFEUILLE MARAICHERE

NAPOLEONS GEMÜSETORTE

für 4 Personen

FÜR DIE FÜLLUNG:

1 knappe Tasse getrocknete, weiße Bohnen, über Nacht eingeweicht, oder eine gehäufte Tasse frische weiße Bohnen. Die eingeweichten Bohnen gut abtropfen lassen!
2 Möhren, geschält und gewürfelt
1 Tasse frische oder tiefgefrorene Erbsen
100 g frische Stangenbohnen, geputzt und in Stücke gebrochen
2 mittelgroße Steckrüben, geputzt und gewürfelt
4 Tl Butter
Salz, Pfeffer aus der Mühle
¼ Tasse frische Sahne

FÜR DEN BLÄTTERTEIG:

300 g tiefgefrorener Blätterteig (1 Paket)
1 verquirltes Ei
1 Tasse geriebener Gruyère
Paprikapulver
⅔ Tasse frische Semmelbrösel

FÜR DIE SAUCE:

1 Tasse Milch
3 Eßlöffel Butter
2 gehäufte Eßlöffel Mehl
1 Eigelb
¼ Tasse Sahne
⅓ Tasse gewürfelter Gruyère
1 Prise frisch geriebener Muskat
Salz, Pfeffer aus der Mühle

ZUM ANRICHTEN: 1 Tasse Beurre fondue oder Beurre battu (s. Anhang) und frische, grob gehackte Kräuter.

DIE FÜLLUNG: Die am Abend vorher eingeweichten, gut abgetropften kleinen, weißen Bohnen in einem mittelgroßen Kochtopf mit Wasser bedeckt 40 Minuten weichkochen. Bei Bedarf Wasser nachgießen. In ein Sieb schütten und gut abtropfen lassen.

Die frischen weißen Bohnen benötigen nur eine Kochzeit von etwa 6 Minuten. Ebenfalls gut abtropfen lassen.

Das restliche Gemüse nacheinander und getrennt in kochendem Wasser garkochen (die Möhren ungefähr 8 Minuten, die Erbsen ungefähr 10 Minuten, die Bohnen und die Steckrüben ungefähr 6 Minuten), unter kaltem Wasser abschrecken und in einem Sieb gut abtropfen lassen.

In einer großen Bratpfanne die Butter zum Schmelzen bringen. Das gekochte Gemüse hinzufügen und bei mittlerer Hitze unter leichtem Umrühren so lange dünsten, bis die Flüssigkeit verdampft ist. Nach Belieben mit Pfeffer und Salz würzen. Zuletzt die Sahne unterrühren und die Pfanne vom Herd nehmen.

DER BLÄTTERTEIG: Den Backofen auf 165° C vorheizen. Den aufgetauten Blätterteig auf einer mit Mehl bestäubten Platte zu einem ½ cm hohem, 40 × 25 cm großem Rechteck ausrollen. Den ausgerollten Teig mit einem scharfen Messer in die richtige Form bringen. Auf ein großes, angefeuchtetes Backblech legen, mit einer Gabel mehrmals einstechen und gleichmäßig mit dem verquirlten Ei bestreichen. Den geriebenen Gruyèrekäse darauf verteilen. Mit Paprika würzen und mit Semmelbrösel bestreuen. 20 Minuten auf der untersten Schiene des Backofens goldbraun backen. Damit der Teig gleichmäßig braun wird, das Backblech zwischendurch herausnehmen und von der anderen Seite wieder hineinschieben. Zum Auskühlen auf ein großes Gitter legen.

DIE SAUCE: Die Milch in einem mittelgroßen Topf aufkochen, die Butter hinzufügen und so lange umrühren, bis sie geschmolzen ist. Unter ständigem Rühren nach und nach das Mehl hineingeben. 4 Minuten bei mittlerer Hitze weiterkochen und umrühren. Den Topf von der Herdplatte nehmen und das Eigelb, die Sahne, den gewürfelten Gruyère sowie 1 Prise Muskat einrühren. Nach Belieben mit Pfeffer und Salz würzen.

DIE TORTE: Das Gemüse auf kleiner Flamme aufwärmen und nach und nach die Käsesauce zugeben. Den Blätterteigboden in 3 gleichmäßige, etwa 25 × 13 cm große, Rechtecke schneiden. Eines der Rechtecke so hinlegen, daß die mit Käse überbackene Seite nach oben zeigt. Die Hälfte der Gemüsemischung gleichmäßig darüber verteilen und mit dem zweiten Blätterteigrechteck zudecken, so daß die mit Käse überbackene Seite wieder obenauf liegt.

Mit dem restlichen Gemüse und dem dritten Blätterteigrechteck, wieder mit der Käseseite nach oben, abdecken und an den Seiten mit einem flachen, breiten Messer oder einem Spachtel glätten. Die Gemüsetorte vor dem Servieren vorsichtig in vier gleiche ungefähr 6 × 13 cm große Scheiben schneiden. 4 vorgewärmte Teller bereitstellen und jeweils ¼ Tasse Beurre fondu oder Beurre battu aufgießen. Die Gemüsetortenschnitten verteilen und mit frischen Kräutern heiß servieren.

ANMERKUNG DES KÜCHENCHEFS: Füllung, Blätterteig und Sauce lassen sich problemlos ein paar Stunden im voraus zubereiten. Die Beurre fondue oder battu kann mit etwas Zitronensaft verfeinert werden.

WENN DIE KÜHE IM FRÜHLING WIEDER AUF DIE WEIDEN GETRIEBEN WERDEN, SCHMECKT IHRE MILCH NACH FRISCHEM, JUNGEM GRAS. FRISCHE MILCH, BUTTER, KÄSE UND SAHNE BEREICHERN AUCH DIESES ORIGINELLE REZEPT FÜR EINE BLÄTTERTEIGPASTETE AUS GETROCKNETEN WEISSEN UND FRISCHEN GRÜNEN BOHNEN MIT ZARTEM FRÜHLINGSGEMÜSE UND FRÜHLINGSKRÄUTERN.

FONDUE DE POINTES D'ASPERGES A L'ASPERGE

WARMER SPARGELSALAT FÜR FEINSCHMECKER

SPARGEL IST WIE DIE ERSTEN FRÜHLINGSBLUMEN DIE ALLJÄHRLICHE FREUDE UND DER GROSSE STOLZ ALLER PASSIONIERTEN GÄRTNER UND WAR SCHON IM ALTERTUM EINE BELIEBTE OPFERGABE AN DIE GÖTTER.

DER WARME SPARGELSALAT BRINGT GESCHMACK UND AROMA DIESES GÖTTLICHEN GEMÜSES VOLL ZUR GELTUNG.

für 4 Personen

800 g frischer grüner oder weißer Spargel
8 El Butter
Salz, Pfeffer aus der Mühle
2 El Olivenöl
2 Tl Rotweinessig
frische Trüffeln nach Belieben zum Garnieren

Holzige Spargelenden und die Spargelspitzen bis etwa 7 cm unterhalb der Köpfe abschneiden. Die Spargelstangen schälen, mit einem scharfen Messer in 1 cm große Stücke und die ungeschälten Spitzen in feine Längsstreifen schneiden. In 2 mittelgroßen Pfannen je 3 Eßlöffel Butter erhitzen. Spargelabschnitte und Spargelspitzen getrennt hineingeben, mit Pfeffer und Salz würzen und unter gelegentlichem Umrühren bei mittlerer Temperatur etwa 10 Minuten weich dünsten. Damit der Spargel nicht braun wird, jeweils 1 weiteren Eßlöffel Butter dazugeben. Anschließend je einen halben Eßlöffel Butter einrühren und wenn diese geschmolzen ist, je einen Eßlöffel Öl und einen Teelöffel Essig hinzufügen. 1 Minute kochen lassen und nach Belieben mit Pfeffer und Salz würzen. Die Pfannen vom Herd nehmen und den Spargel etwas abkühlen lassen.

4 vorgewärmte Teller bereitstellen. Die Spargelabschnitte in die Mitte häufen, mit den feingeschnittenen Spargelspitzen und nach Belieben mit Trüffelschnitzeln garnieren und sofort servieren.

RUBANEE D'OMELETT

DREISTÖCKIGES OMELETT

für 8 Personen

½ Tasse und ½ El Olivenöl
1 kleine rote Paprikaschote, fein gewürfelt
1 kleine grüne Paprikaschote, fein gewürfelt
2 Knoblauchzehen
2 Thymianzweige
2 Lorbeerblätter
Salz, Pfeffer aus der Mühle
12 Eier
½ Tasse Sahne
5 El Butter
300 g frischer Spinat, gewaschen, entstielt und in feine Streifen geschnitten
150 g frischer, junger Sauerampfer, gewaschen, entstielt und in feine Streifen geschnitten
1 Tasse Brunnenkresse, gewaschen und fein gehackt
1 fein gehackte, kleine Zwiebel
500 g Tomaten, gehäutet und gewürfelt
2 Blätter Basilikum, fein gehackt

½ Tasse Olivenöl in einem kleinen Topf erhitzen. Paprika, 1 Knoblauchzehe, 1 Thymianzweig und 1 Lorbeerblatt mit 1 Prise Salz hinzufügen und bei mittlerer Temperatur etwa 5 Minuten schmoren lassen. In ein Sieb abgießen und Knoblauchzehe, Thymian und Lorbeerblatt herausnehmen.

Den Backofen auf 160°C vorheizen. Eine mittelgroße, ofenfeste Auflaufform mit Butter ausreiben und den Boden mit gebuttertem Pergamentpapier auslegen.

4 Eier mit der Hälfte der Sahne verquirlen, die gut abgetropften Paprikawürfel einrühren, nach Belieben mit Pfeffer und Salz würzen, in die Auflaufform füllen und die Form im lauwarmen Wasserbad in den Backofen schieben. 30 Minuten backen, bis die obere Schicht fest geworden ist.

Inzwischen 4 Eßlöffel Butter in einem kleinen Schmortopf erhitzen. Spinat, Sauerampfer und Brunnenkresse hinzufügen und etwa 5 Minuten bei mittlerer Temperatur unter ständigem Umrühren garen lassen. In ein Sieb abgießen, gut abtropfen lassen und durch ein Leintuch ausdrücken.

4 Eier mit der restlichen Sahne verquirlen, Spinat, Sauerampfer und Brunnenkresse einrühren, nach Belieben mit Pfeffer und Salz würzen und auf die erste, fertig gebackene Eierschicht in die Auflaufform füllen. Wieder 30 Minuten in den Backofen schieben, bis die Oberfläche fest geworden ist.

In der Zwischenzeit die restliche Butter mit ½ Eßlöffel Olivenöl in einer kleinen Pfanne erhitzen. Die feingehackte Zwiebel hinzufügen und bei mittlerer Temperatur etwa 3 Minuten glasig dünsten. Die zweite Knoblauchzehe fein gehackt dazugeben und eine halbe Minute schmoren lassen. Die gewürfelten Tomaten mit dem restlichen Thymian und Lorbeer in die Pfanne geben, und die Flüssigkeit unter Umrühren einkochen lassen. Die Pfanne von der Herdplatte nehmen und das gehackte Basilikum unterrühren.

Die restlichen 4 Eier verquirlen und unter die geschmorten Tomaten mischen. Nach Belieben mit Pfeffer und Salz würzen. Auf die zweite, fertig gebackene Schicht in die Auflaufform füllen und etwa 35 Minuten weiterbacken, bis sich eine feste Kruste gebildet hat. Mit Pergamentpapier gegen zu starkes Ausbacken abdecken.

Die Auflaufform aus dem Wasserbad nehmen und 10 Minuten auf einem Gitter abkühlen lassen. Das Omelett vorsichtig mit einem breiten Messer oder einem scharfen Spachtel aus der Form lösen und auf eine große Platte stürzen. Vor dem Servieren mit einem scharfen Messer in Scheiben schneiden.

Heiß, warm oder kalt mit frischem Tomaten-Coulis und nach Geschmack mit fein gehacktem Schnittlauch bestreut servieren.

ZUM ANRICHTEN: frischer Tomaten-Coulis (s. Anhang) und nach Belieben fein gehackter Schnittlauch.

ANMERKUNG DES KÜCHENCHEFS: Das Gemüse kann bereits einen Tag vorher zubereitet und kurz vor dem Backen mit der Sahne-Eier-Creme vermischt werden.

DIE EINZELNEN SCHICHTEN DIESES OMELETTS AUS GRÜNEN UND ROTEN PAPRIKASCHOTEN, SPINAT, SAUERAMPFER, BRUNNENKRESSE UND TOMATEN SIND GENAUSO BUNT WIE DIE BLÜHENDEN FRÜHLINGSWIESEN IN BURGUND.

GATEAU PRINTANIER D'HERBES AUX FEVES ET POIS GOURMANDS

PIKANTE GEMÜSEKÜCHLEIN IN ZITRONENBUTTER MIT DICKEN BOHNEN UND ZUCKERERBSEN

für 5 Personen

FÜR DIE GEMÜSEKÜCHLEIN:
300 g Spinat, gründlich gewaschen
1 große Kartoffel (etwa 170 g), geschält und in 1 cm dicke Scheiben geschnitten
1 Porreestange, gewaschen, geputzt und in 4 lange Stücke geschnitten
1 Knoblauchzehe
1 Bund Petersilie (größere Stiele entfernen)
1 Bund Brunnenkresse (größere Stiele entfernen)
2 kleine Salatköpfe, gewaschen und geputzt
1 Bund frischer Kerbel (größere Stiele entfernen)
4 Eier
¼ Tasse Crème fraîche
frisch geriebener Muskat
Salz, Pfeffer aus der Mühle
¾ Tasse frische, enthülste oder tiefgefrorene Erbsen
100 g Zuckererbsen (junge Erbsen in der Schote)
¾ Tasse dicke Bohnen
2 El Butter

FÜR DIE ZITRONENBUTTER:
Saft und geriebene Schale einer ungespritzten Zitrone
1 Schalotte, in dünne Ringe geschnitten
3 El Crème fraîche
10 El Butter
Salz, Pfeffer aus der Mühle
frische Kerbelzweige zum Garnieren

DIE GEMÜSEKÜCHLEIN: 8 große Spinatblätter in gesalzenem, kochenden Wasser 15 Sekunden blanchieren, mit dem Schaumlöffel herausheben, unter kaltem Wasser kurz abschrecken und zum Trocknen auf ein Küchenpapier legen.

Die Kartoffel, den Porree und die Knoblauchzehe in den Topf geben und 8 Minuten kochen. Die Petersilie, den restlichen Spinat und die Brunnenkresse hinzugeben, 3 Minuten weiterkochen und den Salat und den Kerbel dazufügen. Weitere 3 Minuten kochen lassen und in ein großes Sieb abgießen. Unter kaltem Wasser kurz abschrecken, mit der Hand zu einer Kugel formen und möglichst alle Flüssigkeit herausdrücken. Das Gemüse im Mixer fein pürieren und mit den Eiern, der Crème fraîche und 1 großzügigen Prise Muskat vermixen. Nach Belieben mit Pfeffer und Salz abschmecken. Den Backofen auf 160° C vorheizen. 5 kleine Pastetenformen oder Timbalen mit Butter ausreiben und mit den blanchierten Spinatblättern auslegen. Das pürierte Gemüse einfüllen, die Formen in ein Wasserbad setzen, in den Backofen schieben und etwa 35 Minuten backen (zur Probe mit dem Zahnstocher hineinstechen: es darf kein Gemüse daran kleben bleiben).

DIE BOHNEN UND ERBSEN: Die enthülsten Erbsen in gesalzenem Wasser 15 Minuten weich kochen, mit dem Schaumlöffel herausnehmen, kurz unter kaltem Wasser abschrecken und abtropfen lassen. Die Zuckererbsen in den Topf geben und 4 Minuten weich kochen. Mit dem Schaumlöffel herausnehmen, kurz unter kaltem Wasser abschrecken und abtropfen lassen. Zuletzt die dicken Bohnen 4 Minuten kochen, abgießen, kalt abschrecken und die zähe Haut entfernen (die Bohnen zwischen Daumen und Zeigefinger nehmen und leicht drücken). Die Erbsenschoten in kleine Rauten schneiden, mit der Butter, den Erbsen und den Bohnen in eine mittelgroße Pfanne geben und bis zum Servieren beiseite stellen.

DIE ZITRONENBUTTER: Zitronensaft, Zitronenschale, Schalottenringe und ¼ Tasse Wasser in einem kleinen Topf mit schwerem Boden aufkochen und so lange kochen, bis ⅔ der Flüssigkeit verdampft ist. Die Crème fraîche hinzufügen, bei mittlerer Temperatur weiterkochen lassen und eßlöffelweise die Butter einrühren. Die Buttersauce vom Herd nehmen, mit Pfeffer und Salz abschmecken und durch ein feines Sieb passieren. Falls erforderlich, im Wasserbad warmhalten.

Zum Servieren die Gemüseküchlein im Wasserbad und die Erbsen und Bohnen in der Pfanne aufwärmen. 5 Teller bereitstellen. Die Gemüseküchlein mit einem biegsamen Messer aus den Formen lösen, auf die Teller geben, mit Erbsenschoten, Erbsen und Bohnen garnieren, mit Zitronenbutter beträufeln und mit frischem Kerbel bestreuen. Sofort servieren.

DIE PIKANTEN GEMÜSEKÜCHLEIN WERDEN MIT FRISCHEN DICKEN BOHNEN, FRISCH ENTHÜLSTEN JUNGEN ERBSEN UND ZUCKERERBSEN IN DER SCHOTE VERFEINERT. ZUCKERERBSENSCHOTEN HEISSEN AUF FRANZÖSISCH »MANGETOUT«: »ISS ALLES« UND SIND IN FRANKREICH MIT DER NEUEN LEICHTEN KÜCHE WIEDER IN MODE GEKOMMEN. ZUCKERERBSENSCHOTEN WAREN ABER SCHON EINMAL, ZUR ZEIT DER RENAISSANCE, SEHR BELIEBT. MIT IHREM FRISCHEN GESCHMACK BRINGEN SIE DEN FRÜHLING AUF DEN TISCH.

PATES FRAICHES AU CITRON

HAUSGEMACHTE NUDELN IN ZITRONEN-KÄSE-CREME

für 4 Personen

FÜR DIE NUDELN:

1⅔ Tassen Mehl
1 Ei
1 Eiweiß
1 El Olivenöl
4 El Wasser
1 Prise Salz

FÜR DIE ZITRONEN-KÄSE-CREME:

geriebene Schale von
4 unbehandelten Zitronen
½ Tasse trockener Weißwein
1 Tasse Crème fraîche
¾ Tasse geriebener Gruyère
Zitronensaft
Salz, Pfeffer aus der Mühle

DIE NUDELN: Mit der Küchenmaschine: Das Mehl und die übrigen Zutaten in die Küchenmaschine geben und etwa 1 Minute durcharbeiten, bis der Teig geschmeidig ist und sich zu einer Kugel formt. Erscheint der Teig zu trocken, noch etwas Wasser hinzufügen. In Folie einwickeln und 1 Stunde im Kühlschrank kaltstellen.

Mit der Hand: Mehl in eine mittelgroße Schüssel füllen, in der Mitte eine Vertiefung eindrücken, die übrigen Zutaten hineingeben und mit dem Mehl verrühren. Auf einer mit Mehl bestäubten Arbeitsfläche 3 Minuten kräftig durchkneten, bis der Teig weich und geschmeidig ist.

Den fertigen Nudelteig durch eine Nudelmaschine passieren und in Fettuccine-Streifen schneiden. Die Fettuccine ein paar Minuten trocknen lassen und nicht länger als 4 Minuten in kochendem, gesalzenem Wasser »al dente« garen.

DIE ZITRONEN-KÄSE-CREME: In der Zwischenzeit den Wein mit der geriebenen Zitronenschale in einer großen, hochwandigen Pfanne aufkochen und 5 Minuten um die Hälfte einkochen lassen. Die gut abgetropften Nudeln dazugeben, die Crème fraîche und den Gruyère einrühren und so lange unter ständigem Weiterrühren kochen, bis die Nudeln mit der dicken Creme überzogen sind. Nach Belieben mit Zitronensaft, Pfeffer und Salz würzen und sofort servieren.

ANMERKUNG DES KÜCHENCHEFS: Wenn die Zeit zu knapp ist, um die Nudeln selbst zu machen, können auch fertige, möglichst frische Fettuccine verwendet werden.

DIESES NUDELGERICHT BEGEISTERTE MICH AUF EINER REISE DURCH ITALIEN UND ICH BAT DEN RÖMISCHEN KÜCHENCHEF SOFORT UM DAS REZEPT. DIE SAUCE SCHMECKT AUCH MIT ORANGEN. EIN BESONDERES VERGNÜGEN, DIE ALTE KUNST DES NUDELMACHENS WIEDER NEU ZU ENTDECKEN.

CREME DE FEVES ET POIS AUX CROUTONS

FRISCHE ERBSENCREMESUPPE MIT DICKEN BOHNEN UND CROUTONS

DER VORFRÜHLING KANN NOCH SEHR KALT UND FROSTIG SEIN UND IST GENAU DIE RICHTIGE ZEIT FÜR EINE KRÄFTIGE, PIKANTE SUPPE AUS FRISCHEN DICKEN BOHNEN UND FRISCHEN ERBSEN. IN DER FRANZÖSISCHEN KÜCHE WURDEN ERBSEN ERST IM 16. JAHRHUNDERT ENTDECKT UND ERFREUEN SICH SEITDEM GROSSER BELIEBTHEIT. EIN TIP: FRISCHE ERBSEN SOFORT NACH DEM PFLÜCKEN ODER KAUFEN ENTHÜLSEN UND MIT ETWAS BUTTER VERRÜHRT IM KÜHLSCHRANK AUFBEWAHREN. FÜR 500 G ENTHÜLSTE ERBSEN BRAUCHT MAN ETWA 1250 G ERBSEN IN DER SCHOTE.

für 4 Personen

FÜR DIE GEMÜSEBRÜHE:
- 1 Möhre, geschält und in dünne Scheiben geschnitten
- 1 Porreestange, gewaschen und in Ringe geschnitten
- 1 kleine Zwiebel, in feine Ringe geschnitten
- 1 Gewürznelke
- 1 Bouquet garni (s. Anhang)

FÜR DIE SUPPE:
- 1½ Tassen frische, enthülste dicke Bohnen (entspricht ungefähr 600 g nicht enthülster dicker Bohnen)
- 1½ Tassen frische oder tiefgefrorene Erbsen
- 10 Eßlöffel Butter
- 1 Schalotte, fein gehackt
- 1 Tasse Gemüsebrühe
- 1 Tasse Sahne
- Salz
- Pfeffer aus der Mühle
- frisch geriebener Muskat
- 4 Scheiben Weißbrot ohne Rinde
- 2 kleine Tomaten, gehäutet und gewürfelt
- 1 El frischer Kerbel

ZUM ANRICHTEN: Frisch gemahlener Parmesan und nach Belieben Crème fraîche

DIE GEMÜSEBRÜHE: Alle Zutaten mit 2¼ Tassen Wasser in einen mittelgroßen Kochtopf geben, aufkochen, bei mittlerer Hitze 30 Minuten garen und die Brühe durch ein Sieb passieren.

DIE SUPPE: In der Zwischenzeit die dicken Bohnen 2 Minuten in kochendem Salzwasser blanchieren. Mit einem Schaumlöffel herausheben und unter kaltem Wasser abschrecken. Die zähe Haut entfernen (die Bohnen zwischen Daumen und Zeigefinger nehmen und leicht drücken). Die Erbsen 15 Minuten kochen, bis sie weich sind. Abgießen und unter kaltem Wasser abschrecken.

In einem mittelgroßen Schmortopf 2 Eßlöffel Butter erhitzen, die fein gehackte Schalotte hinzufügen und etwa 2 Minuten glasig dünsten. Bohnen, Erbsen und Gemüsebrühe hinzugeben und bei mittlerer bis hoher Temperatur etwa 5 Minuten kochen, bis die Bohnen und Erbsen sehr weich sind. Die Sahne unterrühren und kurz aufkochen lassen. Im Mixer fein durchpürieren und durch ein feines Sieb in einen Topf passieren. Mit Pfeffer, Salz und Muskat abschmecken.

Das Weißbrot in kleine Würfel schneiden. 4 Eßlöffel Butter in einer mittelgroßen Pfanne erhitzen, die Brotwürfel hineingeben und unter ständigem Umrühren bei mittlerer bis hoher Temperatur etwa 4 Minuten sautieren, bis sie von allen Seiten gebräunt sind. Zum Trocknen auf ein Küchenpapier geben.

Die Suppe wieder aufwärmen. Gleichzeitig die gewürfelten Tomaten in eine kleine Pfanne geben und bei mittlerer Temperatur erhitzen. Die restliche Butter in kleine Würfel schneiden, in die Suppe geben und gründlich umrühren, bis sie völlig geschmolzen ist.

4 vorgewärmte, flache Suppenteller bereitstellen. Die Suppe mit Pfeffer und Salz abschmecken, auf die Teller füllen und mit Croûtons bestreuen. Mit den erwärmten Tomatenwürfeln, frischem Kerbel und frisch gemahlenem Pfeffer servieren. Parmesan und Crème fraîche in kleinen Schüsseln dazu reichen.

FOND D'ARTICHAUT FARCI AUX CHAMPIGNONS

ARTISCHOCKENBÖDEN MIT CHAMPIGNONFÜLLUNG

DIE ARTISCHOCKE IST MIT DER DISTEL VERWANDT. ARTISCHOCKEN WERDEN MEIST UNTER ZUGABE VON ESSIG ODER ZITRONENSAFT IN VIEL WASSER GARGEKOCHT, KOPFÜBER IN EINEM SIEB ABGETROPFT UND MIT VERSCHIEDENEN SAUCEN (Z. B. EINER SAUCE HOLLANDAISE ODER

MOUSSELINE) SERVIERT. IN DIESEM REZEPT (ABGEBILDET AUF S. 32) WERDEN DIE ARTISCHOCKENBÖDEN FÜR EIN LEICHTES, ELEGANTES MAHL GEFÜLLT.

für 4 Personen

4 große Artischocken
4 Zitronenscheiben, knapp 1 cm dick
500 g Champignons, gewaschen und geputzt
1½ El Olivenöl
4 El Butter
2 Schalotten, fein gehackt
1 Tl Mehl
½ Tasse Sahne
1 Eigelb
¼ Tasse frische Semmelbrösel, im Backofen getrocknet und durchgesiebt
1½ El feingehackte Petersilie
Salz, Pfeffer aus der Mühle
2 El geriebener Parmesan
1 Tasse Beurre battu
feingehackter Schnittlauch und Estragon zum Garnieren

DIE ARTISCHOCKEN: Stiele entfernen und die Spitzen mit der Schere beschneiden. Unter jeder Artischocke mit einem Bindfaden eine Zitronenscheibe befestigen. Durch die Zitrone behalten die Artischocken ihre Feuchtigkeit und verfärben nicht. Die Artischocken in einem großen Topf mit gesalzenem Wasser ungefähr 50 Minuten kochen, bis sie weich sind (mit einem Fleischspieß hineinstechen und nachprüfen). Abgießen, gut abtropfen und abkühlen lassen. Die Blätter abzupfen und in eine große Schüssel legen. Die faserigen Blüten in der Mitte mit einem Teelöffel entfernen. Von den Blättern das eßbare, weiche Fleisch mit einem Teelöffel abschaben und in eine kleine Schüssel geben.

Wenn die Artischockenböden mit etwas Sud im Kühlschrank aufbewahrt werden, können sie problemlos im voraus zubereitet werden.

DIE FÜLLUNG: Die Champignons kleinschneiden. Das Olivenöl mit 2 Eßlöffeln Butter in einer großen Pfanne erhitzen, die Pilze hinzufügen und unter gelegentlichem Umrühren ungefähr 8 Minuten dünsten, bis die Flüssigkeit fast ganz verkocht ist. Die Schalotten hinzugeben, das Mehl unterrühren und darauf achten, daß es nicht klumpt. 1 Minute unter ständigem Weiterrühren einkochen lassen.

Zuletzt die Sahne, das von den Blättern abgezogene Artischockenfleisch, 1 Eigelb, 2 Eßlöffel Semmelbrösel und die Petersilie hinzugeben und mit Pfeffer und Salz abschmecken.

Auch die Füllung kann schon im voraus zubereitet und im Kühlschrank aufbewahrt werden. Den Backofen auf 160° C vorheizen.

Eine Backform buttern, die so groß sein muß, daß alle 4 Artischockenböden hineinpassen. Um jeden Artischockenboden einen Kranz aus Pergamentpapier legen und mit einem Bindfaden befestigen. Der Pergamentpapierkranz soll die Artischockenböden um mindestens 4 cm überragen. Die Pilzmischung einfüllen, die Oberfläche glattstreichen, jeweils mit 1½ Teelöffel Semmelbrösel und 1½ Teelöffel Parmesan bestreuen und mit Butterhäubchen aus jeweils 1 gestrichenen Teelöffel Butter bekrönen.

Die gefüllten Artischockenböden vorsichtig in die Backform geben und die Form etwa einen Finger breit mit Wasser füllen. 1 Eßlöffel Butter hinzufügen und auf der mittleren Schiene des Backofens etwa 30 Minuten backen, bis die Semmelbrösel goldbraun sind. Die Artischockenböden aus der Backform herausnehmen, Pergamentpapier und Fäden entfernen.

4 vorgewärmte Teller bereitstellen, die Beurre battu gleichmäßig darauf verteilen und jeweils einen Artischockenboden in die Mitte setzen. Vor dem Servieren mit kleingehacktem Schnittlauch und Estragon garnieren.

FLAN AUX ASPERGES AUX FEVES ET POIVRONS ROUGES

SPARGELPASTETCHEN MIT ROTEM PAPRIKA UND BOHNENSAUCE

für 4 Personen

1 kg weißer Spargel
2½ Tassen Crème fraîche
2 verquirlte Eier
2 Eigelb
Salz, Pfeffer aus der Mühle
2¾ Tassen enthülste dicke Bohnen
3 El Butter
1 Schalotte, in dünne Ringe geschnitten
1 rote Paprikaschote

DIE SPARGELPASTETCHEN: Die holzigen Spargelenden und die Spargelköpfe etwa 5 cm unterhalb der Spitze abschneiden und die Spargelstangen schälen. Die Spargelspitzen 5 Minuten in Salzwasser kochen, bis sie gerade weich sind. Mit dem Schaumlöffel herausheben, unter kaltem Wasser abschrecken und gut abtropfen lassen.

Die Spargelstangen in Salzwasser etwa 20 Minuten kochen, bis sie weich sind, abschütten, auf ein Küchenpapier legen und die Flüssigkeit so gut wie möglich herausdrücken. Mit dem Mixer durchpürieren. Durch ein feines Sieb in eine Schüssel passieren, die Hälfte der Crème fraîche, die verquirlten Eier und die Eigelb unterrühren und nach Belieben mit Pfeffer und Salz abschmecken.

Den Backofen auf 160°C vorheizen. 8 Pastetenförmchen, die etwa ½ Tasse fassen, oder 12 Timbalen, die etwa ⅓ Tasse fassen, einbuttern und das Spargelmus einfüllen. Im heißen Wasserbad im Backofen etwa 20 bis 35 Minuten backen. (Mit einem Zahnstocher hineinstechen und prüfen, ob das Gemüse nicht mehr daran kleben bleibt.) Die Formen aus dem Wasserbad nehmen und auf einem Gitter auskühlen lassen.

DIE SAUCE UND DER PAPRIKA: Während die Pasteten im Ofen backen, die dicken Bohnen etwa 3 Minuten in kochendem Wasser blanchieren, unter kaltem Wasser abschrecken und die zähe Haut entfernen (Bohnen zwischen Daumen und Zeigefinger leicht drücken).

1½ Eßlöffel Butter in einem mittelgroßen Topf erhitzen, die Schalotte hinzugeben und etwa 3 Minuten glasig dünsten. ⅔ der dicken Bohnen und die restliche Crème fraîche unterrühren, kurz aufkochen und etwa 5 Minuten bei mittlerer Temperatur garen lassen. Vom Herd nehmen und mit einem Mixgerät durchpürieren. Die Sauce durch ein Sieb in einen kleinen Topf passieren und nach Belieben mit Pfeffer und Salz würzen. Die Sauce eventuell mit etwas Sahne oder Wasser verdünnen.

Den roten Paprika über einer Gasflamme oder im Grill rösten und immer wieder wenden, bis sie von allen Seiten gleichmäßig gebräunt ist. Die Haut abziehen, aushöhlen und die Schote in rautenförmige Stücke schneiden.

Bis hierhin kann das Gericht auch im voraus zubereitet werden. Vor dem Servieren die Pasteten im heißen Wasserbad im Backofen aufwärmen.

Die restliche Butter in einer mittelgroßen Bratpfanne erhitzen, die Spargelspitzen und die dicken Bohnen hinzufügen und unter ständigem Umrühren erwärmen. Gleichzeitig die Bohnensauce aufwärmen.

Die Pastetchen mit einem scharfen, biegsamen Messer aus den Formen lösen und auf 4 vorgewärmte Teller legen. Die Bohnensauce rundherum geben, mit rotem Paprika und Bohnen garnieren und jedem Pastetchen eine kleine Krone aus Spargelspitzen aufsetzen. Sofort servieren.

OBWOHL DIE SPARGELSAISON RECHT KURZ IST, GIBT ES UNENDLICH VIELE, VERSCHIEDENE MÖGLICHKEITEN DER SPARGELZUBEREITUNG. DIESES REZEPT IST FÜR BESONDERS ANSPRUCHSVOLLE GÄSTE FÜR AUSSERGEWÖHNLICHE, GANZ SPEZIELLE ANLÄSSE GEDACHT. TRADITIONELL

WIRD SPARGEL, WARM ODER AUF ZIMMERTEMPERATUR ABGEKÜHLT, MIT ZERLASSENER BUTTER ODER EINER VINAIGRETTE SERVIERT, WOBEI DIE ENTSCHEIDUNG ZWISCHEN DEN BEIDEN KLASSISCHEN SAUCEN OFT SCHWER FÄLLT. EINE NEUE IDEE: SPARGEL MIT ZERLASSENER BUTTER UND WEICHGEKOCHTEN EIERN, WOBEI DIE SPARGELSTANGEN IN DAS WEICHE EIGELB GETAUCHT WERDEN.

SOUFFLE FARCI AUX ARTICHAUTS

ARTISCHOCKENSOUFFLE

DIE BESTEN ARTISCHOCKEN SIND GROSS UND FEST UND HABEN GERADE, STEIFE BLÄTTER. DIE TYPISCHE KOMBINATION VON ARTISCHOCKEN UND EIERN ERHÄLT IN DIESEM REZEPT EINEN GANZ BESONDEREN PFIFF.

für 4 Personen

4 Artischocken
4 El Butter
4 Schalotten, fein gehackt
250 g Champignons, geputzt und fein gehackt
Salz, Pfeffer aus der Mühle
4 hartgekochte Eigelb
1 Tl gehackte Petersilie
1 Tasse Milch
1½ El Butter
1½ El Mehl
6 El Crème fraîche
1 Eigelb
1 Tl kleingehackter Schnittlauch
½ Tasse geriebener Parmesan
frisch geriebener Muskat
4 Eiweiß

Artischocken in einem großen Topf in Salzwasser etwa 30 Minuten kochen, bis sie weich sind. Abgießen, die Blätter abzupfen und in eine Schüssel legen. Die faserigen Blüten in der Mitte mit einem Teelöffel entfernen und die Form der Artischockenböden mit dem Messer korrigieren.

Während die Artischocken kochen, 3 Eßlöffel Butter in einer großen Bratpfanne erhitzen, die Schalotten hinzufügen und 3 Minuten glasig dünsten. Die Champignons dazugeben und unter Umrühren 5 Minuten bei mittlerer Temperatur schmoren lassen, bis die Flüssigkeit verkocht ist. Mit Pfeffer und Salz würzen, die Pfanne vom Herd nehmen und abkühlen lassen.

Die hartgekochten Eigelb auf einem kleinen Teller mit der Gabel zerdrücken, mit der Petersilie zu den Pilzen geben und gut vermischen. Von den Artischockenblättern das eßbare Fleisch mit einem Teelöffel abschaben und ebenfalls zu den Pilzen geben. Von den schönsten Artischockenblättern einige zum Garnieren des Soufflés aufheben.

4 Pastetenformen, die gut 1 Tasse fassen, reichlich einbuttern. Die Artischockenböden in dünne Scheiben schneiden und die Formen damit auslegen. Die Pilze einfüllen und die Oberfläche glattstreichen.

Bis hierhin läßt sich das Gericht problemlos im voraus zubereiten.

Den Backofen auf 200° C vorheizen.

Die Milch zum Aufkochen und in einem kleinen Topf die Butter zum Schmelzen bringen. Bei mittlerer Temperatur das Mehl einrühren und mit der gekochten Milch ablöschen. Die Crème fraîche zugeben und ½ Minute aufkochen. Den Topf von der Herdplatte nehmen, Eigelb, Parmesan und Schnittlauch einrühren und nach Belieben mit Pfeffer, Salz und Muskat würzen.

Das Eiweiß steif schlagen und vorsichtig unterziehen. Die Soufflémischung in die Formen füllen und im heißen Wasserbad im Backofen etwa 15 Minuten backen, bis das Soufflé aufgegangen und leicht gebräunt ist. Mit Artischockenblättern garnieren und sofort servieren.

DEPOSER
ORDURES
5F
10F

PRINTANIERE AUX SUCS DE LEGUMES

VIER VERSCHIEDENE GEMÜSEPÜREES

TOMATEN, ROTER PAPRIKA, WEISSER SELLERIE UND GRÜNE BOHNEN BILDEN DAS FRÖHLICHE QUARTETT FÜR DIESES FARBENFROHE GEMÜSEGERICHT, DAS DURCH GESCHMACKLICHE HARMONIE ÜBERZEUGT.

für 4 Personen

600 g reife Tomaten, gewürfelt
1 Knoblauchzehe
Salz, Pfeffer aus der Mühle
600 g rote Paprikaschoten, ausgehöhlt und gewürfelt
1 große Sellerieknolle (etwa 450 g), geschält und in Scheiben geschnitten
450 g grüne Bohnen, geputzt
1–1½ Tassen Sahne

Tomaten mit der Knoblauchzehe in einer mittelgroßen Pfanne mit Pfeffer und Salz würzen und unter gelegentlichem Umrühren so lange schmoren, bis die Flüssigkeit verkocht ist (etwa 15 Minuten). Durch ein feines Sieb in einen kleinen Topf passieren und beiseite stellen.

Den Paprika in einem mittelgroßen Schmortopf mit 2 Eßlöffeln Wasser und einer Prise Salz 15 Minuten unter gelegentlichem Umrühren sehr weich kochen. Durch ein feines Sieb in einen kleinen Topf passieren und beiseite stellen. Den Sellerie in Salzwasser etwa 20 Minuten weich kochen, abgießen, abtropfen lassen und durch ein feines Sieb in einen kleinen Topf passieren und beiseite stellen.

Inzwischen die Bohnen in Eiswasser einweichen, in einem mittelgroßen Topf Salzwasser zum Kochen bringen und die Bohnen 12 Minuten sehr weich kochen. Abgießen, abtropfen lassen und durch ein feines Sieb in einen kleinen Topf passieren.

Die Gemüsepürees können problemlos im voraus zubereitet werden.

Die Pürees vor dem Servieren bei mittlerer Temperatur aufwärmen, mit Pfeffer und Salz abschmecken und mit Sahne cremig rühren.

4 vorgewärmte Suppenteller bereitstellen, jeweils 4 gleiche Püreeportionen auffüllen und mit einer Gabel oder mit einem Löffel dekorativ verrühren. Sofort servieren.

CHAMPIGNONS FARCIS

GEFÜLLTE CURRYCHAMPIGNONS

für 4 Personen

12 große, entstielte Champignons oder andere frische Pilze
250 g kleine, entstielte Champignons oder andere frische Pilze
¼ Tasse Zitronensaft
6 El Butter
¼ Tasse zerlassene Butter
Salz
1 Schalotte, fein gehackt
1 Knoblauchzehe, fein gehackt
3 El Crème fraîche
2 Eigelb
⅔ Tasse Semmelbrösel, im Backofen getrocknet und durchgesiebt
1½ El gehackte Petersilie
frisch geriebener Muskat
1 Prise Currypulver
Pfeffer aus der Mühle
½ Apfel, geschält und gewürfelt
1 kleine Tomate, gewürfelt

FÜR DIE SAUCE:
den Sud der gekochten Pilze
⅔ Tasse Crème fraîche
2 El Butter
2 El feingehackte, weiße Zwiebeln
1 Tl Currypulver
1 El Mandeln, überbrüht, geschält und gehackt
Salz, Pfeffer aus der Mühle

Champignons mit 2 Eßlöffeln Zitronensaft in einen mittelgroßen Topf geben. 1 Tasse Wasser, 1½ Eßlöffel Butter und 1 Prise Salz hinzugeben, kurz aufkochen und zugedeckt etwa 3 Minuten weiterkochen lassen. Abgießen und den Pilzsud aufheben.

Den Backofen auf 160° C vorheizen.

Die kleinen Pilze würfeln. In einer großen Pfanne 3 Eßlöffel Butter erhitzen, die gewürfelten Pilze hineingeben und bei mittlerer Temperatur so lange schmoren lassen, bis der größte Teil der Flüssigkeit verkocht ist (etwa 5 Minuten). Die Schalotte und die Knoblauchzehe dazugeben und 1 Minute weiterdünsten. Die Crème fraîche und die Eigelb unterrühren, Semmelbrösel, Petersilie, 1 Prise Muskat und 1 Prise Currypulver zufügen und nach Belieben mit Pfeffer und Salz abschmecken.

Das Pilzragout in die großen Champignons füllen. Die gefüllten Champignons in eine gebutterte Backform legen, mit 2 Eßlöffeln Zitronensaft und zerlassener Butter übergießen und etwa 25 Minuten backen.

Inzwischen 1½ Eßlöffel Butter in einer großen Bratpfanne erhitzen, die Apfelwürfel hineingeben und unter ständigem Umrühren bei mittlerer bis hoher Temperatur 4 Minuten sautieren, bis sie goldbraun sind. Die Pfanne vom Herd nehmen und beiseite stellen.

DIE SAUCE: Den Pilzsud aufkochen und auf ½ Tasse einkochen (etwa 12 Minuten). Die Crème fraîche einrühren, kurz aufkochen und 5 Minuten weiterkochen lassen. Den Topf von der Herdplatte nehmen.

Die restliche Butter in einer kleinen Bratpfanne erhitzen, die Zwiebel hinzugeben und bei mittlerer Temperatur 3 Minuten glasig dünsten. Das Currypulver einrühren und 2 Minuten einkochen lassen. Den Pilzsud und die Mandeln dazugeben, kurz aufkochen und 5 Minuten weiterkochen lassen. Die Sauce mit Pfeffer und Salz abschmecken und durch ein Sieb passieren.

Die sautierten Apfelwürfel aufwärmen.

Die Sauce auf 4 vorgewärmte Teller verteilen und auf jedem Teller 3 gefüllte Pilze arrangieren. Mit Apfelstückchen und Tomatenwürfeln garnieren und kurz vor dem Servieren mit etwas Currypulver bestreuen.

EINES MEINER LIEBLINGSGERICHTE: FRISCHE PILZE MIT HERZHAFTER CURRY-FÜLLUNG UND PIKANTER CURRYSAUCE MIT GEBRATENEN ÄPFELN UND TOMATEN.

GNOCCHI AUX COURGETTES ET AUX POIVRONS ROUGES

GEBRATENE GNOCCHI MIT ZUCCHINI UND ROTEM PAPRIKA

DIE SANFTEN HÜGEL VON BUGEY SIND ZUR ZEIT DER BAUMBLÜTE IN ZARTE PASTELLTÖNE GEHÜLLT. FÜR AUGE UND GAUMEN NICHT WENIGER HARMONISCH SIND DIE SELBSTGEMACHTEN GNOCCHI IM ZUCCHINIKRANZ MIT HELLROTER PAPRIKASAUCE (AUF S. 43).

für 4 Personen

FÜR DIE GNOCCHI:
- 2 Tassen Milch
- ½ Tl Salz
- 1 Prise Pfeffer aus der Mühle
- 1 Prise frisch geriebener Muskat
- ¾ Tasse Mehl
- 1 Ei
- 1 Eigelb

FÜR DIE SAUCE UND DAS GEMÜSE:
- 2 rote Paprikaschoten
- 2 mittelgroße Zucchini, in dünne Scheiben geschnitten
- 1 El Olivenöl
- ⅔ Tasse Crème fraîche
- 3 El Butter

DIE GNOCCHI: Die Milch mit Pfeffer, Salz und Muskat aufkochen, bei mittlerer Temperatur weiterkochen und das Mehl einrühren. Unter ständigem Umrühren mit einem Holzlöffel 5 Minuten weiterkochen, bis ein dicker, cremiger Teig entsteht. Vom Herd nehmen, das Ei und das Eigelb unterrühren und den Teig mit einem Spachtel 1 bis 1½ cm dick auf ein quadratisches, gebuttertes Blech streichen. Abkühlen lassen, abdecken und den Teig im Kühlschrank ruhen lassen.

Der Teig kann schon am Vortag zubereitet werden.

DAS GEMÜSE: Den Paprika über einer Gasflamme oder im Grill von allen Seiten gleichmäßig braun rösten. Abkühlen lassen, aushöhlen und die Haut abziehen. Die Haut für die Sauce aufbewahren. Die Schoten mit einem scharfen Messer in 12 rautenförmige Stücke schneiden.

Die Zucchini 1 Minute in kochendem Salzwasser blanchieren, abgießen, kalt abschrecken und zum Trocknen auf ein Küchenpapier legen.

DIE SAUCE: Das Olivenöl in einer mittelgroßen Pfanne erhitzen, die Paprikahaut hinzugeben und 3 Minuten dünsten. Die Crème fraîche unterrühren und 5 Minuten weiterkochen lassen. Im Mixer zu einer cremigen Sauce pürieren und mit Pfeffer und Salz abschmecken.

Eine runde oder gezackte Ausstechform mit 11,5 cm Durchmesser mit Mehl bestäuben und aus dem Gnocchiteig 4 Formen ausstechen. In einer mittelgroßen Pfanne 2 Eßlöffel Butter zischend heiß erhitzen, die Gnocchi vorsichtig hineinlegen und bei mittlerer Temperatur braun braten (etwa 3 bis 5 Minuten pro Seite).

Die restliche Butter in einer zweiten Pfanne erhitzen und die Zucchini aufwärmen. Die Paprikasauce ebenfalls aufwärmen.

4 vorgewärmte Teller bereitstellen, jeweils ein Gnocchi in die Mitte legen und die Zucchinischeiben rundherum arrangieren. Die Gnocchi mit Paprikasauce übergießen und mit Paprikastückchen garnieren. Sofort servieren und die restliche Sauce in einer Sauciere dazu reichen.

SPAGHETTI DE COURGETTE ET CAROTTE AU THYM D'ALAIN SENDERENS

ZUCCHINI- UND MÖHRENSPAGHETTI MIT FRISCHEM THYMIAN NACH ALAIN SENDERENS

für 4 Personen

FÜR DIE SAUCE:

2 El Butter
2 Möhren, in dünne Scheiben geschnitten
4 Schalotten, in feine Ringe geschnitten
1 große Porreestange, in feine Ringe geschnitten
1 Stange Staudensellerie, in dünne Scheiben geschnitten
1 frischer Thymianzweig
½ Lorbeerblatt
¼ Tasse trockener Weißwein
2 Tassen Sahne
6 Basilikumzweige, grob gehackt
2 Bund Schnittlauch, grob gehackt
1 El kleingehackter Schnittlauch

FÜR DIE ZUCCHINI- UND MÖHRENSPAGHETTI:

5 große Möhren, in dünne Längsstreifen geschnitten
6 El Butter
4 Zucchini, in dünne Längsstreifen geschnitten
1 El frischer Thymian
Salz, Pfeffer aus der Mühle
8 entkernte, grüne Oliven
8 entkernte, schwarze Oliven
1 Tomate, gehäutet und gewürfelt
2 Teelöffel feingehackter, frischer Basilikum

DIE SAUCE: Die Butter in einem mittelgroßen Topf erhitzen, Möhren, Schalotten, Porree, Sellerie, Thymian und das ½ Lorbeerblatt hineingeben und umrühren, bis das Gemüse mit Butter überzogen ist. Zugedeckt bei mittlerer Temperatur 10 Minuten dünsten. Den Wein hinzugeben, kurz aufkochen und 3 Minuten unter ständigem Rühren einkochen lassen. Sahne, Basilikum und Schnittlauch zufügen, kurz aufkochen und bei mittlerer Temperatur 15 Minuten eindicken lassen. Durch ein feines Sieb in einen anderen Topf passieren.

DIE ZUCCHINI- UND MÖHRENSPAGHETTI: Die Möhrenstreifen in einem großen Topf etwa 8 Minuten dünsten, bis sie gar, aber noch knackig sind. Kalt abschrecken und gut abtropfen lassen.

Unterdessen die Sauce bei mittlerer Temperatur wieder aufwärmen.

Die Butter in einer großen Pfanne erhitzen, die Zucchini- und Möhrenstreifen hineingeben und unter leichtem Umrühren bei mittlerer Temperatur 3 Minuten schmoren lassen. Den Thymian hinzufügen und mit Pfeffer und Salz abschmecken.

Die Möhren- und Zucchinistreifen wie Spaghetti auf einer großen Gabel aufrollen, so daß kleine »Nester« entstehen. 4 vorgewärmte, große Teller bereitstellen und jeweils 4 der Nester darauf arrangieren. Jedes Nest mit 2 grünen und 2 schwarzen Oliven garnieren. Die Tomatenstückchen in die Tellermitte geben und mit gehacktem Basilikum bestreuen.

Den kleingehackten Schnittlauch in die Sauce rühren und die Sauce in eine Sauciere füllen. Mit der Sauce sofort servieren.

ANMERKUNG DES KÜCHENCHEFS: Die Möhren und die Zucchini lassen sich nur mit Hilfe eines Gemüsehobels in die langen, dünnen, spaghettiähnlichen Streifen schneiden.

DIESES REZEPT STAMMT VON MEINEM KOLLEGEN ALAIN SENDERENS, EINEM WAHREN KOCHKÜNSTLER. NACH DEM MOTTO FRISCHE NATURPRODUKTE MIT PHANTASIE NATURBELASSEN ZU SERVIEREN, KREIERTE ER DIESE GEMÜSESPAGHETTI MIT FRISCHER KRÄUTERSAUCE. MÖHREN SIND HEUTE

EIN ALLTÄGLICHES GEMÜSE, DAS SCHON DEN ALTEN GALLIERN BEKANNT WAR. DASS DIE MÖHRE ABER URSPRÜNGLICH HART, HOLZIG UND WEISS WIE EINE RÜBE WAR UND IHRE ZÜCHTUNG MEHRERE JAHRHUNDERTE IN ANSPRUCH NAHM, WISSEN NUR WENIGE EINGEWEIHTE.

MORILLES FARCIES

GEFÜLLTE MORCHELN

AN DEN BERGHÄNGEN VON BUGEY SPRIESST DAS ERSTE WEINLAUB. KENNER WISSEN NICHT NUR DEN WEIN, SONDERN AUCH DIE MORCHELN DIESER GEGEND ZU SCHÄTZEN UND WERDEN VON FRISCHEN MORCHELN, MIT FRÜHLINGSGEMÜSE GEFÜLLT UND IN SAHNESAUCE SERVIERT, BEGEISTERT SEIN.

für 4 Personen

12 große, frische Morcheln
Salz, Pfeffer aus der Mühle
Zitronensaft
15 El Butter
1 mittelgroße Möhre, geschält und gewürfelt
1 Stange Staudensellerie, in feine Ringe geschnitten
2 Schalotten, sehr fein gehackt
⅔ Tasse Portwein
½ Tasse Sahne
2 El frische Semmelbrösel
4 Scheiben Weißbrot ohne Rinde
1 Eigelb
feingehackte Petersilie

DIE MORCHELN: Vorsichtig, aber gründlich unter kaltem Wasser waschen. Die Stiele abschneiden und beiseite legen. Um sicher zu gehen, daß die Morcheln völlig sandfrei sind, eventuell die Seiten etwa 6 mm tief einritzen und noch einmal waschen. Einen mittelgroßen Topf halb mit Wasser füllen, Salz, 1 Eßlöffel Zitronensaft und 1 Eßlöffel Butter hinzugeben und aufkochen lassen. Die Morcheln und die Morchelstiele hineingeben und 1 Minute kochen. In ein Sieb gießen, gut abtropfen lassen und den Morchelsud aufbewahren. Die Morchelstiele würfeln.

DIE FÜLLUNG: 2 Eßlöffel Butter in einer mittelgroßen Pfanne erhitzen, die Möhre, den Sellerie, 1 Schalotte und die Morchelstiele hineingeben und unter ständigem Umrühren bei mittlerer Temperatur etwa 2 Minuten weich dünsten. Die Hälfte des Portweins unterrühren und etwa 4 Minuten schmoren lassen, bis der Portwein fast ganz verkocht ist. 2 Eßlöffel Sahne und die Semmelbrösel unterziehen und die Pfanne von der Herdplatte nehmen. Ein Eigelb einrühren und mit Pfeffer und Salz abschmecken.

Die Füllung in einen Spritzbeutel mit runder oder sternförmiger Tülle mit 6 mm Durchmesser geben und in die Morcheln spritzen.

3 Eßlöffel Butter in einer mittelgroßen Pfanne erhitzen, die gefüllten Morcheln hineinlegen, 1 Schalotte hinzugeben und zugedeckt bei mittlerer Temperatur etwa 2 Minuten dünsten. Den restlichen Portwein und 6 Eßlöffel Sahne unterrühren und solange weiterkochen, bis eine dickere Sauce entsteht (etwa 3 Minuten). Dabei die Morcheln immer wieder vorsichtig hin und her wenden und mit dem Sud begießen. Die Pfanne vom Herd nehmen.

Bis hierhin kann das Gericht auch im voraus zubereitet werden.

Die Brotscheiben in Dreiecke schneiden. In einer großen Pfanne 6 Eßlöffel Butter erhitzen und das Brot darin auf jeder Seite etwa 3 Minuten goldbraun braten. Zum Trocknen auf ein Küchenpapier legen. Anschließend die Semmelbrösel braten. Die gefüllten Morcheln aufwärmen.

4 vorgewärmte Teller bereitstellen. Mit einem breiten Messer oder einem Spachtel auf jeden Teller 3 Morcheln verteilen. Die Sauce mit 1 Eigelb und löffelweise mit der restlichen Butter verfeinern, durch ein feines Sieb passieren und über die Morcheln gießen. Mit gebratenen Semmelbröseln und gehackter Petersilie garnieren und sofort servieren.

TROIS MOUSSES PRINTANIERES EN GELEE DE POIREAUX

FRÜHLINGSGEMÜSE IN PORREEASPIK

für 4 Personen

- 4 Porreestangen, der Länge nach eingeschnitten gewaschen und geputzt
- Salz, Pfeffer aus der Mühle
- 4½ Tl Gelatine
- 1 Zweig frischer Estragon
- 1 kleiner Blumenkohl, in Röschen zerteilt
- 500 g junge Möhren, geschält und in Scheiben geschnitten
- 500 g frische enthülste Erbsen
- 6 El Crème fraîche
- Rotweinessig

DER PORREEASPIK: Die dunkelgrünen Blätter abschneiden und die Porreestangen mit einem Bindfaden zusammenbinden. Blätter und Stangen in einem mittelgroßen Topf mit 5 Tassen Wasser und 1 Prise Salz aufkochen und bei mittlerer Temperatur etwa 12 Minuten garen. Die Porreestangen herausnehmen, aufbinden, kalt abschrecken, abkühlen lassen und in Folie gewickelt im Kühlschrank bis zum Servieren aufbewahren.

Die Porreeblätter bei mittlerer Temperatur 15 Minuten weiterkochen. Inzwischen die Gelatine 10 Minuten in einer kleinen Schüssel in ¼ Tasse Wasser einweichen. Den Estragonzweig in den Porreesud geben und ½ Minute ziehen lassen. Den Sud mit den Blättern durch ein feines Sieb in einen anderen Topf passieren, die eingeweichte Gelatine unterziehen und unter Umrühren aufkochen lassen. Den Topf vom Herd nehmen, den Sud mit Pfeffer und Salz abschmecken und abkühlen lassen. Zugedeckt so lange in den Kühlschrank stellen, bis die Gelatine fest zu werden beginnt.

DIE GEMÜSEPÜREES: Einen mittelgroßen Topf halb mit gesalzenem Wasser füllen, aufkochen lassen, die Blumenkohlröschen hinein geben und etwa 10 Minuten kochen, bis sie weich, aber noch knackig sind. Mit einem Schaumlöffel herausheben und kalt abschrecken. Gut abtropfen lassen und durch ein Küchenhandtuch ausdrücken. Im Mixer oder durch ein feines Sieb in eine Schüssel pürieren.

Mit den Erbsen und Möhren genauso verfahren; die Möhren müssen etwa 10 Minuten und die Erbsen etwa 15 Minuten kochen.

In jedes der drei Gemüsepürees ¼ Tasse des kaltgestellten, noch flüssigen Gelees einrühren, mit 2 Eßlöffeln Crème fraîche verfeinern, mit Essig, Pfeffer und Salz abschmecken und über Nacht mit Folie bedeckt mit dem restlichen Porreegelee in den Kühlschrank stellen.

Den Porreegelee am nächsten Tag bei mittlerer Temperatur erwärmen, bis er dünnflüssig ist. In eine Schüssel gießen und in einer anderen Schüssel mit Eiswasser kaltstellen. Häufig umrühren, damit sich die Gelatine nicht absetzt, und abkühlen lassen.

4 große, flache Teller bereitstellen, auf jeden eine dünne, gleichmäßige Schicht des Porreegelees auftragen und im Kühlschrank fest werden lassen. Aus den drei Gemüsepürees mit 2 Suppenlöffeln jeweils 4 gleiche Ovale formen und auf der festgewordenen Geleeschicht arrangieren.

Die Porreestangen aus der Folie wickeln. Die zarten, weißen Teile in fingerdicke Scheiben schneiden. Die Scheiben halbieren und auf die Pürreekugeln legen. Eine Schicht des noch halbfesten Gelees auftragen. Wenn der Gelee schon zu fest geworden ist, kann er durch Erhitzen im Wasserbad wieder verflüssigt werden. Abkühlen lassen und erst auftragen, wenn er sich gerade wieder verfestigt.

Die Teller in den Kühlschrank stellen, bis der Gelee völlig fest geworden ist. Kalt servieren.

GEMÜSEMOUSSE AUS FRÜHLINGSMÖHREN, JUNGEM BLUMENKOHL UND FRISCHEN ERBSEN, GEHÜLLT IN PORREEASPIK – EINE NICHT ALLTÄGLICHE, RAFFINIERTE ERFRISCHUNG. EBENSO RAFFINIERT DEKORIERT MIT KLEINEN GEKOCHTEN ZUCKERMÖHREN MIT BLATTGRÜN, ZARTEN BLUMENKOHLRÖSCHEN UND ERBSEN, DIE IN EINER BESONDEREN ASPIKSCHICHT AUFGELEGT WERDEN. DIE ERSTEN FRISCHEN MÖHREN WERDEN AUF DEM MARKT IN KLEINEN BÜNDELN ANGEBOTEN UND BRAUCHEN NICHT GESCHÄLT ZU WERDEN.

FEUILLETE DE MOUSSE DE BROCCOLIS AUX POINTES D'ASPERGES ET AUX MORILLES

BROKKOLIMOUSSE MIT SPARGELSPITZEN UND MORCHELN

für 4 Personen

1 kg Brokkoli, in Röschen zerteilt
1 ¼ Tassen Crème fraîche
Salz, Pfeffer aus der Mühle
Weinessig
Olivenöl

500 g frische Morcheln (möglichst kleine, schwarze, spitze)
3 El Butter
1 große Schalotte, fein gehackt
24 Spargelstangen
170 g Blätterteig
2 Eigelb

DIE BROKKOLIMOUSSE: Die Brokkoliröschen in einem großen Topf in gesalzenem Wasser 13 Minuten garkochen, abgießen und kalt abschrekken. Abtropfen lassen, in ein Küchentuch wickeln und möglichst viel Flüssigkeit herauspressen. Im Mixer oder durch ein feines Sieb in einen Topf pürieren. Das Püree bei mittlerer Temperatur aufwärmen und mit 3 Eßlöffeln Crème fraîche cremig rühren. Mit Pfeffer, Salz, Essig und Öl abschmecken.

DIE MORCHELN: Die Stiele abschneiden und wegwerfen. Die Kappen vorsichtig, aber gründlich waschen und zum Trocknen auf Küchenpapier legen. In einer mittelgroßen Pfanne 2 Eßlöffel Butter erhitzen, die feingehackte Schalotte hinzufügen und unter ständigem Rühren 2 Minuten bei mittlerer Temperatur glasig dünsten. Die Morcheln und ¼ Tasse Wasser dazugeben und zugedeckt 5 Minuten schmoren lassen. ¾ Tasse Crème fraîche und 1 Prise Salz einrühren, kurz aufkochen lassen und die Pfanne vom Herd nehmen.

DER SPARGEL: Von den Spargelstangen 5 cm lange Spitzen abschneiden (die Stangen aufheben und anders verwenden). Die Spargelköpfe in gesalzenem Wasser 5 Minuten weich kochen, abgießen, kalt abschrecken und zum Trocknen auf ein Küchenpapier legen.

DER BLÄTTERTEIG: Den Backofen auf 205° C vorheizen. Den Blätterteig 3 mm dick ausrollen, mit einem scharfen Messer in 5 × 13 cm große Rechtecke schneiden und auf ein befeuchtetes Backblech legen. Mit einem verquirlten Eigelb bestreichen, mit der Gabel ein Muster einziehen. Etwa 15 Minuten backen, bis der Teig aufgegangen und goldbraun ist.

Bis hierhin kann das Gericht auch im voraus zubereitet werden.

Die Brokkolimousse und die Spargelspitzen getrennt in einer mittelgroßen Pfanne unter Zugabe von je 1 Eßlöffel Butter aufwärmen. Ebenso die Morcheln bei mittlerer Temperatur wieder erwärmen. Das Eigelb mit der restlichen Crème fraîche verquirlen. Unter die Morcheln rühren und 2 Minuten andicken, aber nicht aufkochen lassen.

Falls notwendig, auch den Blätterteig wieder aufwärmen.

4 vorgewärmte Teller bereitstellen. Aus der Brokkolimousse mit 2 Suppenlöffeln 4 große ovale Kugeln formen. Je eine Kugel in die Tellermitte legen und mit den Spargelspitzen und den Morcheln bekrönen. Mit Morchelsauce übergießen und mit Blätterteighauben servieren.

DIE BROKKOLIMOUSSE WIRD MIT BLÄTTERTEIGHAUBEN BEKRÖNT UND MIT FRISCHEN SPARGELSPITZEN UND MORCHELN VERFEINERT. DIE KOMBINATION VON SPARGEL UND MORCHELN IST NICHTS NEUES, SONDERN EINE ALTBEWÄHRTE TRADITION, DIE VON AKTUELLEN MODETRENDS NICHT ZU BESIEGEN IST. IM FRÜHLING HEISST ES GENIESSEN: DIE SPARGEL-MORCHEL-SAISON IST VIEL ZU KURZ.

TAPIOCA DE RADIS ROSES AUX FANS

RADIESCHENSUPPE MIT RADIESCHENBLÄTTERN UND TAPIOCA

KEINE VORSPEISE OHNE RADIESCHEN, VOR ALLEM IM FRÜHLING! DIE KLEINEN ROTEN RETTICHE KOMMEN URSPRÜNGLICH AUS CHINA UND HABEN SICH IN DER FRANZÖSISCHEN KÜCHE ERST VOR VIERHUNDERT JAHREN DURCHGESETZT. ROHE RADIESCHEN MIT BUTTER UND EINER PRISE SALZ

SCHMECKEN ZU JEDER TAGESZEIT – MIT BEURRE BLANC WERDEN SIE ZU EINER DELIKATESSE. ZUR HÄLFTE GEVIERTELT, OHNE DIE GRÜNEN BLÄTTER ZU ENTFERNEN, IN EINE SCHÜSSEL MIT EISWASSER GELEGT, ÖFFNEN SICH RADIESCHEN WIE BLÜTENKNOSPEN. DIE RADIESCHEN-SUPPE MIT TAPIOKA (ABGEBILDET AUF S. 52–53) WIRD MIT FEIN GESCHNITTENEN RADIESCHENSCHEIBEN UND GANZEN RADIESCHEN MIT BLATTGRÜN SERVIERT.

Vorspeise für 4 Personen

1 großes Bund Radieschen mit Blättern
1 kleine Porreestange, gewaschen und in feine Ringe geschnitten
2½–3 El Tapiocapulver
2 Eßlöffel Butter
Salz, Pfeffer aus der Mühle
6 Eßlöffel Sahne

Die Wurzeln und die verwelkten Blätter der Radieschen abschneiden, die grünen Blätter und die Knollen sehr gründlich waschen, die Blätter klein und die Knollen in 3 mm dicke Scheiben schneiden. Die Radieschenscheiben in einem mittelgroßen Topf in Salzwasser 2 bis 3 Minuten kochen, bis sie gar, aber noch knackig sind. Abgießen, kalt abschrecken und abtropfen lassen. 28 ausgesuchte Scheiben zum Garnieren beiseite legen.

6 Tassen gesalzenes Wasser in einem großen Topf aufkochen, den Porree hineingeben und bei mittlerer Temperatur 5 Minuten garen. Die kleingeschnittenen Radieschenblätter und -scheiben hinzugeben und nicht länger als 7 Minuten bei hoher Temperatur kochen lassen. Die Blätter verlieren sonst ihre frische, grüne Farbe. Mit einem Mixgerät durchpürieren und durch ein feines Sieb in einen Topf passieren. Das Püree bei hoher Temperatur aufkochen und unter ständigem Umrühren das Tapiokapulver einstreuen. Weiterrühren und 6 Minuten bei niedriger Temperatur weiterkochen lassen. Die Butter einrühren und mit Pfeffer und Salz abschmecken.

4 vorgewärmte Suppenteller bereitstellen, die Suppe auffüllen und über jede Portion 1½ Eßlöffel Sahne geben. Mit Radieschenscheiben garnieren und sofort servieren.

ANMERKUNG DES KÜCHENCHEFS: Die Suppe kann mit 2 verquirlten Eiern oder mit mehr Sahne angereichert werden. Weil das Tapiokapulver leicht klumpt, muß nach dem Einrühren ständig weitergerührt werden. Die Suppe läßt sich nicht aufwärmen und kann deshalb nicht im voraus zubereitet werden.

SOUPE D'OSEILLE AUX QUENELLES DE FROMAGE BLANC

KARTOFFEL-SAUERAMPFERSUPPE MIT RICOTTA-KLÖSSCHEN

für 4 Personen

FÜR DIE KÄSEKLÖSSCHEN:

- ⅔ Tasse Milch
- 3½ El Butter
- ¾ Tasse Mehl
- 1 Ei
- ½ Tasse Ricotta-Käse
- ½ Tl Salz
- 1 Prise Pfeffer aus der Mühle

FÜR DIE SUPPE:

- 500 g Kartoffeln
- 250 g frischer Sauerampfer, gewaschen
- 1 große Porreestange, gewaschen und in Ringe geschnitten
- ¼ Tasse Sahne
- Salz, Pfeffer aus der Mühle
- frische Kerbelblätter zum Garnieren

DIE KÄSEKLÖSSCHEN: Die Milch mit 1½ Eßlöffel Butter in einem mittelgroßen Topf aufkochen. Das ganze Mehl auf einmal hinzufügen und mit einem Holzlöffel kräftig einrühren. Die Mehlsuppe unter ständigem Umrühren 2 Minuten bei mittlerer Temperatur weiterkochen, bis ein trockener Teig entsteht. Von der Herdplatte nehmen und mit einem Ei verrühren. Abkühlen lassen.

Die restliche Butter in einer kleinen Pfanne erhitzen und mit dem Ricotta-Käse in die Teigmasse rühren. Den Teig in eine Schüssel geben, mit Pfeffer und Salz würzen und 3 Minuten mit dem Mixer durchschlagen, bis er locker und cremig ist. Mit Folie bedeckt mindestens 8 Stunden oder über Nacht in den Kühlschrank stellen.

DIE SUPPE: Die Kartoffeln waschen, schälen und würfeln. Vom Sauerampfer die größeren Stiele entfernen und die Blätter in Streifen schneiden. Kartoffeln, Sauerampfer und Porree in einen großen Kochtopf geben, 6 Tassen Wasser hinzufügen und aufkochen. 15 Minuten bei mittlerer Temperatur weiterkochen lassen, bis die Kartoffeln gar sind. Das Gemüse mitsamt dem Sud im Mixer pürieren. Das Püree durch ein feines Sieb in einen Topf passieren, die Sahne hinzufügen und mit Pfeffer und Salz abschmecken.

In einem großen, flachen Schmortopf Wasser aufkochen und bei mittlerer Temperatur sieden lassen. Mit 2 Eßlöffeln aus dem Käseteig ovale Kugeln formen und jeweils so viele Käseklößchen in das siedende Wasser legen, wie in den Topf hineinpassen. Von jeder Seite etwa 3 Minuten weichkochen. Mit dem Schaumlöffel herausheben und zum Trocknen auf ein Küchentuch legen. Nach diesem Verfahren den gesamten Teig zu Käseklößchen verarbeiten.

4 vorgewärmte Suppenteller bereitstellen. Die Suppe noch einmal aufkochen lassen und auf die Teller verteilen. Mit den Käseklößchen und frischen Kerbelblättern garniert sofort servieren.

DIE SAUERAMPFERSUPPE MIT KLÖSSCHEN AUS RICOTTA-KÄSE BEGEISTERT NICHT NUR MEINEN NACHBARN, MONSIEUR CONVERT, IN DESSEN GARTEN DIE SUPPE GERADE SERVIERT WIRD. DAS REZEPT STAMMT VON MEINEM FREUND LOUIS CHEVENET D'HURIGNY, DER IN DER NÄHE VON

MACON AUSGEZEICHNETEN ZIEGENFRISCHKÄSE SELBER HERSTELLT.

SAUERAMPFER IST ENTFERNT MIT SPINAT VERWANDT UND WIRD HAUPTSÄCHLICH IM MÄRZ AUF DEN MARKT GEBRACHT. DA HEISST ES GLEICH ZUGREIFEN, DENN SAUERAMPFER SCHMECKT NUR, WENN ER JUNG UND ZART IST.

CHARLOTTE AUX POINTES D'ASPERGES ET PETIT CAVIAR DE JACQUES MAXIMIN

JACQUES MAXIMINS SPARGELCHARLOTTE MIT KAVIAR

AUF DEM MARKT VON CHATILLON SUR CHALARONNE WIRD SPARGEL IN JEDER GRÖSSE UND FARBE ANGEBOTEN: ES GIBT WEISSEN SPARGEL, DER SOFORT, WENN ER AUS DER ERDE KOMMT, GESCHNITTEN WIRD, VIOLETTEN SPARGEL, DER VOR DEM SCHNEIDEN NOCH EIN PAAR ZENTIMETER WEITER WACHSEN DARF UND GRÜNEN SPARGEL, DER WENIGER ZART, ABER AUCH WENIGER EMPFINDLICH ALS WEISSER SPARGEL IST. DAS REZEPT FÜR DIE GELUNGENE SPARGELCHARLOTTE MIT KAVIAR, VERDANKE ICH MEINEM

BERÜHMTEN KOLLEGEN JACQUES MAXIMIN.
ZUM SPARGELKOCHEN BESONDERS GEEIGNET SIND ZYLINDRISCHE SPARGELTÖPFE. DER SPARGEL WIRD MIT DEN KÖPFEN NACH OBEN HINEINGESTELLT. SPARGEL VOR DEM SERVIEREN IMMER SEHR GRÜNDLICH ABTROPFEN LASSEN.

für 4 Personen

48 geradegewachsene grüne oder weiße Spargelstangen
feingehackte Blätter von 1 kleinen Bund frischem Kerbel
Saft einer Zitrone
2 El Crème fraîche
Salz, Pfeffer aus der Mühle
3 hartgekochte Eier
1 Chicorée-Herz
42 g Sewruga-Kaviar

Die holzigen Spargelenden abschneiden und die Stangen schälen. In einem großen Topf mit kochendem Wasser 7 Minuten weich kochen. Abgießen, unter kaltem Wasser abschrecken und abtropfen lassen. Die Spargelköpfe etwa 5 cm lang abschneiden und beiseite legen. Die Stangen in dünne Scheiben schneiden, in eine Schüssel geben und nach Belieben mit gehacktem Kerbel und Zitronensaft würzen. Die Crème fraîche unterrühren und mit Pfeffer und Salz abschmecken.

Die zarten, gelben Herzblätter des Chicorée in feine Streifen schneiden (benötigt werden 2 volle Tassen).

Die hartgekochten Eier halbieren und Eigelb und Eiweiß getrennt durch ein Sieb streichen.

4 Teller und 4 kleine Spring- oder Auflaufformen mit 10 cm Durchmesser bereitstellen. Die Spargelspitzen mit den Köpfen nach oben im Kreis um den Innenrand der Formen dekorieren. Die Böden mit dem Chicorée auslegen. Den Chicorée mit einer kleinen Gabel flach drücken. Über dem Chicorée die Spargelscheiben verteilen und mit einer Schicht Eigelb und Eiweiß bestreichen. Mit Kaviar bekrönen. Den Kaviar leicht glätten, aber nicht zerdrücken! Beim Entfernen der Formen mit der einen Hand die Spargelspitzen festhalten, damit sie nicht umkippen. Vorsichtig servieren.

CREME DE BROCCOLIS ET CRESSON A LA DUCHESSE DE SALSIFIS

BROKKOLICREMESUPPE MIT BRUNNENKRESSE UND GEBACKENEN SCHWARZWURZELN

WIR KONNTEN NICHT WIDERSTEHEN, DIESE KRÄFTIG GRÜNE SUPPE AUS BROKKOLI UND BRUNNENKRESSE MITTEN IM FRÜHLINGSWALD AM FUSS EINER BEMOOSTEN EICHE ZU FOTOGRAFIEREN, WÄHREND RINGSHERUM DIE ERSTEN VEILCHEN BLÜHTEN.

BRUNNENKRESSE HAT EINEN TYPISCHEN, UNVERKENNBAREN, LEICHT SCHARFEN GESCHMACK UND GILT ALS EINES DER ÄLTESTEN KÜCHENKRÄUTER. SCHON KARL DER GROSSE SOLL VOR MEHR ALS TAUSEND JAHREN BRUNNENKRESSE IN SEINEN GÄRTEN GEZOGEN HABEN.

für 6 Personen

FÜR DIE GEBACKENEN SCHWARZWURZELN:

2 El Mehl
2 Zitronenhälften (unbehandelt)
1 kg Schwarzwurzeln, gewaschen und geputzt
1 Ei
2 Eigelb
2 El Sahne
Salz, Pfeffer aus der Mühle

FÜR DIE SUPPE:

1 kg Brokkoli
2 große Bund Brunnenkresse
3 El Butter
Salz, Pfeffer aus der Mühle
1¾ Tassen und 2 El Sahne

DIE GEBACKENEN SCHWARZWURZELN: Einen mittelgroßen Topf mit Wasser füllen und das Mehl einrühren. Die Zitrone auspressen und den Saft und die Schalen in den Topf geben. Die Schwarzwurzeln schälen, in 4 cm lange Stücke schneiden, in den Topf geben, kurz aufkochen und 35 Minuten garen. Abgießen, kalt abschrecken und abtropfen lassen. Die Schwarzwurzeln im Mixer fein pürieren, durch ein feines Sieb in einen Topf passieren und bei mittlerer Temperatur etwa 15 Minuten unter ständigem Umrühren dünsten, bis das Püree zu einem festen, trockenen Teig geworden ist. Von der Herdplatte nehmen und 1 Minute abkühlen lassen. Ei, Eigelb und Sahne einrühren und mit Pfeffer und Salz abschmecken. Den Schwarzwurzelteig in einen Spritzbeutel mit sternförmiger Tülle füllen und in kleinen Streifen oder Ovalen auf ein mit Pergamentpapier ausgelegtes Backblech spritzen.

DIE SUPPE: Den Brokkoli in Röschen zerteilen. 2 Tassen Brokkoliröschen beiseite stellen. Die Brokkolistengel schälen und kleinschneiden. Die Brunnenkresse fein hacken. Die größeren Stiele entfernen.

Die Butter in einem großen Schmortopf erhitzen, die Brunnenkresse hinzugeben und 3 Minuten dünsten. Die Brokkolistengel und die Brokkoliröschen dazugeben und so viel Wasser zuschütten, daß das Gemüse gerade bedeckt ist. Mit 1 Prise Salz und 1 Prise Pfeffer 10 Minuten weich kochen. Den Topf vom Herd nehmen und das Gemüse mit einem elektrischen Rührgerät pürieren, durch ein feines Sieb in einen Topf passieren, die Sahne einrühren, bei mittlerer Temperatur kurz aufkochen lassen und mit Pfeffer und Salz abschmecken. Ist die Suppe zu dick geworden, kann sie mit etwas Wasser oder Sahne verdünnt werden.

Bis hierhin läßt sich das Gericht auch im voraus zubereiten.

Den Backofen auf 260° C vorheizen und die Schwarzwurzelmasse auf der obersten Schiene etwa 10 Minuten backen, bis sie gut gebräunt ist. Die aufbewahrten Brokkoliröschen 4 Minuten in gesalzenem Wasser garen, abgießen und abtropfen lassen. Die Suppe aufwärmen.

6 vorgewärmte Suppenteller bereitstellen, die Suppe auftragen und mit Brokkoliröschen und gebackenen Schwarzwurzeln garnieren. Sofort servieren.

PETITS CHOUX FARCIS

GEFÜLLTE KOHLBLÄTTER

GEFÜLLTE KOHLBLÄTTER MIT JUNGEM FRÜHLINGSSPINAT. OBWOHL SPINAT EIGENTLICH KEIN SAISON-GEMÜSE IST UND DAS GANZE JAHR HINDURCH ANGEBOTEN WIRD, SCHMECKT ER IM FRÜHLING, WENN DIE BLÄTTER NOCH KLEIN UND ZART SIND, BESONDERS GUT. VOM SPINAT HEISST ES,

DASS ER BESONDERS EISENHALTIG SEI. DIESEN RUF VERDANKT ER DER BEHAUPTUNG SEINES WELTBEKANNTEN PROPAGANDISTEN, POPEYE DEM SEEFAHRER. MODERNE GEMÜSEBAUERN WISSEN HEUTE DAGEGEN, DASS VIELE ANDERE GEMÜSE, VOR ALLEM SALATE, VIEL MEHR EISEN ENTHALTEN.

für 4 Personen

1	mittelgroßer Weißkohl
½	Tasse geschälten Langkornreis
120	g Butter
2	Zwiebeln
250	g Blattspinat, gewaschen, entstielt und grob gehackt
	Salz, Pfeffer aus der Mühle
	frisch geriebener Muskat
1	Tasse frische Semmelbrösel, im Backofen getrocknet
½	Tasse Sahne
1	hartgekochtes Ei, grob gehackt
3	Möhren, in dünne Scheiben geschnitten
2	Thymianzweige
1	Lorbeerblatt
½	Tasse trockener Weißwein

DER KOHL: Den Kohl in einzelne Blätter zerteilen und kurz in kochendes Wasser tauchen, damit sich die Blätter leichter ablösen lassen. Mit einem scharfen Messer alle großen, vorstehenden Rippen entfernen und die Kohlblätter in kochendem Wasser etwa 6 Minuten blanchieren, bis sie weich sind. Kalt abschrecken, abtropfen lassen und zum Trocknen auf ein Küchenpapier legen.

DIE FÜLLUNG: Den Reis in einen Topf geben und etwa 8 cm mit Wasser bedecken. Aufkochen, etwa 12 Minuten weich kochen, abgießen, abtropfen lassen und beiseite stellen.

In der Zwischenzeit in einer großen Pfanne 1½ Eßlöffel Butter erhitzen. Eine kleingehackte Zwiebel etwa 3 Minuten in der Butter glasig dünsten. Den Spinat hinzugeben, unter ständigem Umrühren etwa 2 Minuten schmoren lassen, mit Pfeffer und Salz würzen und die Semmelbrösel sowie 3 Eßlöffel Sahne einrühren. Die Pfanne vom Herd nehmen, den Reis und das gehackte Ei unterziehen und mit Pfeffer, Salz und Muskat abschmecken. Umrühren und abkühlen lassen.

Aus dem Reisteig mit den Händen 8 gleichgroße Kugeln formen und jede Kugel in Kohlblätter wickeln. Jede Kohlrolle in ein Küchentuch wickeln und das Küchentuch fest zusammenziehen.

Den Backofen vorheizen. Die zweite Zwiebel in Ringe schneiden. Eine gebutterte, flache Auflauf- oder Backform mit den Zwiebelringen und Möhrenscheiben auslegen. Den Thymian und das Lorbeerblatt hinzugeben und die Kohlrouladen hineinlegen.

Bis hierhin kann das Gericht problemlos im voraus zubereitet werden.

Die Backform mit ½ Tasse Wasser und dem Wein füllen, die Kohlrouladen etwa 25 Minuten backen und zwischendurch mit dem Sud übergießen. Aus der Backform nehmen und im Backofen warmhalten. Den Sud für die Sauce bereitstellen.

DIE SAUCE: Den Backsud durch ein feines Sieb in einen Topf passieren, aufkochen und 2 Minuten auf ½ Tasse einkochen lassen. ⅓ Tasse Sahne hinzugeben und 2 Minuten andicken lassen. Löffelweise die restliche Butter einrühren und mit Pfeffer und Salz abschmecken.

4 vorgewärmte Teller bereitstellen. Die Kohlrouladen verteilen und mit Sauce übergießen. Sofort servieren.

L'ASPERGE DU PAUVRE A LA QUEUE D'OIGNON VERT ET AU BELUGA

ARME-LEUTE-SPARGEL

für 4 Personen

4 große Porreestangen
8 frische, grüne Sellerieblätter
1 Schalotte oder 1 kleine Frühlingszwiebel mit Grün, in dünne Ringe geschnitten
85 g Beluga-Kaviar

Die Porreestangen putzen, die dunkelgrünen Blätter entfernen und die Stangen mit einem scharfen Messer etwa 2,5 cm tief einritzen. Gründlich waschen, mit einem Bindfaden zu einem Bündel zusammenschnüren und in gesalzenem Wasser etwa 10 Minuten weich kochen. Abgießen, kalt abschrecken, abtropfen lassen, auseinanderbinden und zum Trocknen auf ein Küchenpapier legen. Falls notwendig, die Porreestangen noch etwas tiefer einschlitzen. Sie müssen sich so auseinanderziehen lassen, daß ein tiefes V entsteht.

4 Teller bereitstellen. Jeweils 1 Porreestange auf einen Teller legen und mit je 2 Sellerieblättern und dem Kaviar füllen. Mit Zwiebelringen garnieren und servieren.

ARMER LEUTE SPARGEL ERWEIST SICH NICHT ALS SPARGEL, SONDERN ALS EINFACHER PORREE. DIE ZARTEN, WEISSEN LAUCHSTANGEN WERDEN V-FÖRMIG AUFGESCHNITTEN, MIT FRISCHEN SELLERIEBLÄTTCHEN GARNIERT UND MIT KAVIAR GEFÜLLT – EIN WAHRHAFT FÜRSTLICHER GENUSS. PORREE MUSS VOR DER ZUBEREITUNG GRÜNDLICH GEWASCHEN WERDEN. IN UNSERER KÜCHE VERWENDEN WIR AUSSCHLIESSLICH DIE ZARTEN, WEISSEN PORREETEILE. DAS LAUCHGRÜN EIGNET SICH FÜR SUPPEN UND PÜREES.

VINAIGRETTE TIEDE DE JEUNES LEGUMES A LA CORIANDRE ET AU GROS SEL

FRÜHLINGSGEMÜSE IN VINAIGRETTE MIT FRISCHEM KORIANDER UND GROBEM MEERSALZ

für beliebig viele Personen

VERSCHIEDENE FRISCHE GEMÜSESORTEN NACH SAISON.
Die Menge richtet sich nach der Anzahl der zu bewirtenden Gäste:
grüne oder weiße Spargelspitzen, etwa 5 cm lang
kleine Porreestangen, gewaschen, ohne äußeres Grün
zarte Selleriestangen, aus dem Herzen eines Staudensellerie
kleine Möhren, geschält
kleine Radieschen
kleine Artischockenböden
kleine Frühlingszwiebeln
frische oder tiefgefrorene Erbsen
kleine Steckrüben
frische dicke Bohnen, blanchiert und enthäutet
Tomate, gehäutet und gewürfelt
Butter

FÜR DIE VINAIGRETTE UND ZUM GARNIEREN:
Sherryessig
Weinessig
Salz
Pfeffer aus der Mühle
Olivenöl
Traubenkernöl
kleine, frische Korianderblätter, fein gehackt
frische Estragonblätter, fein gehackt
Zitronensaft
Schnittlauch
frischen Kerbel
Brunnenkresse
grobkörniges Meersalz

DAS GEMÜSE: Spargel, Porree und Sellerie getrennt voneinander in gesalzenem Wasser weich kochen. Abgießen, kalt abschrecken und abtropfen lassen. Möhren, Radieschen, Artischockenböden, Frühlingszwiebeln, Erbsen und Steckrüben getrennt voneinander in Butter erhitzen, etwas Wasser zufügen und zugedeckt weich dünsten. Die Garzeit für die verschiedenen Gemüsesorten ist unterschiedlich. Das Gemüse soll gerade weich und noch knackig sein.

DIE VINAIGRETTE: Wein- und Sherryessig mit Oliven- und Traubenkernöl verrühren, mit Pfeffer und Salz abschmecken, mit Koriander und Estragon und nach Belieben mit Zitronensaft würzen.

Kurz vor dem Servieren das Gemüse, einschließlich der Tomaten und der dicken Bohnen in einem großen Dampfkochtopf oder mit etwas Butter in der Pfanne aufwärmen.

Teller bereitstellen, das Gemüse abgießen und dekorativ verteilen. Jede Portion mit Vinaigrette beträufeln und mit Schnittlauch und/oder Kerbel und Koriander garnieren und mit grobkörnigem Meersalz bestreuen. Die Brunnenkresse in Vinaigrette tauchen und rundherum dekorieren. Abkühlen lassen und bei Zimmertemperatur servieren.

EIN WILLKOMMENSGRUSS AN DEN FRÜHLING: FRISCHER SALAT AUS SPARGELSPITZEN, RADIESCHEN, ZARTEM LAUCH, JUNGEN MÖHREN UND ARTISCHOCKEN IN EINER WÜRZIGEN VINAIGRETTE MIT FRISCHEN KRÄUTERN. DIE »CUISINE NATURELLE« RICHTIG ZU VERSTEHEN UND AUSKOSTEN ZU LERNEN, BRAUCHT VIEL FEINGEFÜHL, GEDULD UND ZEIT: EINE ENTDECKUNGSREISE DURCH DIE JAHRESZEITEN, UM HERAUSZUFINDEN, IN WELCHEM MONAT GEMÜSE UND KRÄUTER MIT UNVERWECHSELBARER EIGENNOTE AM BESTEN SCHMECKEN.

CRESSONNIERE AUX GRENOUILLES

KRESSECREMESUPPE MIT FROSCHSCHENKELN

für 4 Personen

1	Bund frische Brunnenkresse (etwa 125 g)
4–5	mittelgroße Kartoffeln, geschält und geviertelt
6	El Butter
800	g Froschschenkel
¼	Tasse Crème fraîche
	Salz, Pfeffer aus der Mühle

Die Brunnenkresse gründlich waschen, trocknen, entstielen und grob hacken.

In einer großen Pfanne 2 Eßlöffel Butter erhitzen, die Brunnenkresse hineingeben und 5 Minuten bei niedriger Temperatur dünsten. Nicht braun werden lassen! Die Kartoffeln dazugeben, mit kochendem Wasser bedecken, pfeffern und salzen und 30 Minuten unbedeckt gar kochen.

In einer großen Pfanne die restliche Butter erhitzen, die Froschschenkel hineingeben, pfeffern und salzen und zugedeckt 10 Minuten bei mittelhoher Temperatur dünsten. Nicht braun werden lassen!

Die Pfanne vom Herd nehmen und abkühlen lassen. Das Froschschenkelfleisch von den Knochen lösen und in einer Schüssel zugedeckt warm stellen. Den Bratsud in die Kressesuppe geben. Die Suppe in der Küchenmaschine 30 Sekunden pürieren, durch ein feines Sieb in einen mittelgroßen Topf passieren, die Crème fraîche unterrühren, mit Pfeffer und Salz abschmecken und warm stellen.

Zum Servieren das Froschschenkelfleisch in eine Suppenterrine geben, und die Kressesuppe noch einmal kurz erhitzen. Die heiße Suppe in die Terrine gießen, mit Kresseblättern garnieren und sofort servieren.

ANMERKUNG DES KÜCHENCHEFS: Die Brunnenkresse kann durch frischen Kerbel ersetzt oder mit Kerbel kombiniert werden.

DIE ANREGUNG FÜR DIESE CREMESUPPE AUS BRUNNENKRESSE MIT FROSCHSCHENKELN HABE ICH BEI EINEM FRÜHLINGSSPAZIERGANG AM FLUSSUFER ERHALTEN. BRUNNENKRESSE, DIE BEKANNTESTE VON VIER KRESSEARTEN, WÄCHST DIREKT IM WASSER. SIE HAT EINEN GANZ LEICHTEN SENFGESCHMACK UND EIGNET SICH VORZÜGLICH ZUM GARNIEREN VON GEGRILLTEM FLEISCH. NEBEN DER BRUNNENKRESSE IST IN FRANKREICH DIE GARTENKRESSE BELIEBT, VOR ALLEM ZUM GARNIEREN VON SUPPEN, KARTOFFELN UND PÜREES.

MARINIERE D'AZUR AUX LEGUMES

MIESMUSCHELN IN GEMÜSEBRÜHE MIT KRÄUTERN

für 4 Personen

FÜR DEN COURT-BOUILLON (BOUILLON ZUM KOCHEN VON FISCH):

2 Tassen trockener Weißwein
2 Tassen Wasser
2 Möhren, gewaschen und in 2,5 cm lange Stücke geschnitten
1 mittelgroße Zwiebel, geschält und geviertelt
1 Stange Staudensellerie, in 2,5 cm dicke Ringe geschnitten
1 Knoblauchzehe
1 Bouquet garni (s. Anhang)
1 El grobkörniges Meersalz
5–6 zerdrückte schwarze Pfefferkörner

FÜR DIE KRÄUTERBRÜHE:

¼ Tasse Olivenöl
3 feingehackte Schalotten
1 feingehackte Knoblauchzehe
2 Tl Tomatenmark
2 Tassen Court-bouillon
¼ Tasse Butter, in kleine Stücke geschnitten
2 El Crème fraîche
1 Tl gemahlene Thymianblüten
1 gemahlenes Lorbeerblatt
1 El frischer Estragon, fein gehackt
1 El frisches Basilikum, fein gehackt
1 El Schnittlauch, fein gehackt
1 Prise Safran

FÜR DIE MUSCHELN UND DAS GEMÜSE:

1½ kg Miesmuscheln, geputzt
1 Tasse Court-bouillon
4 kleine, wenn erhältlich rote Kartoffeln
1 mittelgroße Zucchini
1 Stange Staudensellerie
1 Aubergine
1 Tomate
1–2 El Olivenöl
Zuckererbsen in der Schote und Safranfäden zum Garnieren

DER COURT-BOUILLON: Wein, Wasser, Gemüse und Gewürze 30 Minuten bei mittlerer Temperatur kochen, durch ein Sieb passieren und beiseite stellen.

DIE KRÄUTERBRÜHE: Das Olivenöl in einem großen Topf erhitzen und die Schalotten und die Knoblauchzehe 5 Minuten bei niedriger Temperatur dünsten. Das Tomatenmark unterrühren, den Court-bouillon zugießen und mit den gemahlenen Thymianblüten und dem Lorbeerblatt 10 Minuten einkochen lassen. Nach und nach die Butter und die Crème fraîche einrühren, die Kräuter und den Safran zufügen und pfeffern und salzen. Nach Bedarf mit Crème fraîche verdünnen und warm stellen.

DIE MUSCHELN UND DAS GEMÜSE: Die Muscheln mit dem Court-bouillon in einen großen Schmortopf geben. Der Boden des Topfes muß mit Flüssigkeit bedeckt sein; falls erforderlich, noch etwas Wasser hinzugießen. 10 Minuten bei mittelhoher Temperatur kochen, bis sich die Muscheln öffnen. Mit dem Schaumlöffel herausnehmen und in einer Schüssel warm stellen. Den Muschelsud durch ein feines Sieb passieren und zu der Kräuterbrühe gießen. Die Kartoffeln, die Zucchini, die Tomate und die Aubergine in 1 × 1 cm große Würfel und den Sellerie in feine Scheiben schneiden. Das Gemüse voneinander getrennt in Olivenöl weich dünsten. Pfeffern und salzen und zum Abtropfen auf Küchenpapier legen. Das gekochte Gemüse in der Kräuterbrühe bei niedriger Temperatur kurz aufkochen, in 4 Suppenschüsseln füllen, die Muscheln obenauf geben und mit Zuckererbsenschoten und Safranfäden garnieren. Sofort servieren.

ZARTES FRÜHLINGSGEMÜSE, FRISCHE KRÄUTER UND MEERESFRÜCHTE PRÄGEN DEN CHARAKTER DIESES WÜRZIG-PIKANTEN GERICHTES, DAS MIR MIT SEINER SÜDLÄNDISCHEN NOTE GANZ BESONDERS ZUSAGT.

BRANCHES D'EPINARDS A LA QUEUE DE SAUMON ROTIE FLEUR DE SEL

GERÖSTETER LACHS MIT FRISCHEM BLATTSPINAT

EINEN LACHS ZU FANGEN, IST DER STOLZ EINES JEDEN FISCHERS UND FRISCHES LACHSFILET, SERVIERT AUF JUNGEM BLATTSPINAT EINE BESONDERE DELIKATESSE FÜR FESTLICHE ANLÄSSE.

SPINAT WURDE URSPRÜNGLICH VOR RUND NEUNHUNDERT JAHREN AUS PERSIEN IN FRANKREICH EINGEFÜHRT, ALLERDINGS NICHT ALS GEMÜSE, SONDERN ALS HEILPFLANZE FÜR UMSCHLÄGE, UM LEBER- UND MAGENBESCHWERDEN ZU KURIEREN.

UM SEINEN GESCHMACK VOLL ZU ENTFALTEN, BRAUCHT SPINAT VOR ALLEM EIN GEWÜRZ: FRISCH GERIEBENEN MUSKAT.

für 4 Personen

- schwarze Pfefferkörner
- 4 Lachsfilets mit Haut, vom Schwanzende, je 170 g schwer
- 10 El Butter
- 1 El Olivenöl
- 700 g frischer Spinat, gewaschen und entstielt
- Salz, Pfeffer aus der Mühle
- frisch geriebener Muskat
- grobkörniges Meersalz

Die Lachsfilets mit schwarzen Pfefferkörnern spicken. In einer großen, gußeisernen Pfanne 4 Eßlöffel Butter und das Olivenöl erhitzen, die Lachsfilets mit der Haut nach unten hineingeben und ohne umzuwenden etwa 18 Minuten bei mittlerer Temperatur braten, bis das Lachsfleisch eine helle Farbe angenommen hat.

In der Zwischenzeit 4 Eßlöffel Butter in einem großen Emailtopf erhitzen, den Spinat hineingeben und mit Pfeffer, Salz und Muskat würzen. Zugedeckt 30 Minuten bei mittelhoher Temperatur dünsten. Den Deckel abnehmen und unter häufigem Umrühren weitere 8 Minuten dünsten, bis die Spinatflüssigkeit verkocht ist. 2 Eßlöffel Butter unterrühren und mit Pfeffer, Salz und Muskat abschmecken.

Eine große, vorgewärmte Platte bereitstellen. Den Spinat auftragen und die Lachsfilets mit der Haut nach oben arrangieren. Mit grobkörnigem Meersalz bestreuen und sofort servieren.

FRÜHLINGSFRÜCHTE

BLÜHENDE OBSTGÄRTEN SIND VORBOTEN EINER REICHEN SOMMERERNTE. DIE ERSTEN FRISCHEN FRÜCHTE, DIE IM FRÜHLING AUF DEN MARKT KOMMEN, SIND ERDBEEREN UND SÜSSE KIRSCHEN. IHREM GENUSS ZU WIDERSTEHEN FÄLLT SCHWER – DIE SAISON GEHT VIEL ZU SCHNELL VORBEI. EINHEIMISCHE FREILANDERDBEEREN WERDEN NUR VON MITTE APRIL BIS ENDE JUNI ANGEBOTEN UND DIE ZEIT FÜR SÜSSE KIRSCHEN IST NOCH KÜRZER.

BIGARREAUX AU JUS DE CERISES NOIRES ET A LA VERVEINE GLACEE

VANILLEEISCREME MIT ZITRONENMELISSE UND KIRSCHEN

für 4 Personen

FÜR DIE EISCREME:

2 Tassen Milch
½ längsgespaltene Vanilleschote
45 g frische Zitronenmelisse, grob gehackt
4 Eigelb
⅔ Tasse Zucker
500 g dunkelrote Kirschen
Puderzucker
Zitronensaft
500 g hellrote Kirschen
frische Zitronenmelisse-, Basilikum- und/oder Minzeblätter zum Garnieren

DIE EISCREME: Die Milch mit der Vanilleschote und der Zitronenmelisse in einem mittelgroßen Topf aufkochen. In der Zwischenzeit die Eigelb mit so viel Zucker verquirlen, daß ein blasser, dicker Teig entsteht, der Fäden zieht. Den Teig mit der heißen Milch verrühren und bei mittlerer Temperatur etwa 6 Minuten eindicken lassen, bis die Creme am Löffel kleben bleibt. Nicht aufkochen lassen und ständig mit einem Holzlöffel umrühren.

Die Creme durch ein feines Sieb in eine Schüssel passieren, abkühlen und zugedeckt im Kühlschrank mehrere Stunden kalt werden lassen. In die Eismaschine geben, gefrieren und das fertige Eis bis zum Servieren im Gefrierfach aufbewahren.

DIE KIRSCHEN: Die dunkelroten, entkernten Kirschen im Mixer pürieren, durch ein feines Sieb passieren, soviel Saft wie möglich herausdrücken und in einer Schüssel auffangen. Das Kirschpüree mit Puderzucker und Zitronensaft verfeinern und zugedeckt bis zum Servieren in den Kühlschrank stellen.

Kurz vor dem Servieren die hellroten Kirschen mit einem kleinen, scharfen Messer entkernen und halbieren.

4 Dessertschalen bereitstellen. Dunkelroten Kirschsaft, je einen großen Löffel Eiscreme und Kirschpüree hineingeben und mit hellroten Kirschen dekorieren. Mit Zitronenmelisse-, Basilikum- und/oder Minzeblättern garniert sofort servieren.

SELBSTGEMACHTE VANILLEEISCREME MIT FRISCHER ZITRONENMELISSE UND DEM SAFT DUNKELROTER HERZKIRSCHEN, GARNIERT MIT HELLROTEN KIRSCHEN – EIN WAHRES KIRSCHERLEBNIS.
IN FRANKREICH WERDEN DIE ERSTEN KIRSCHEN ANFANG MAI IM VAR UND IN

DEN PYRENNÄEN GEPFLÜCKT. IM RHÔNE-TAL UND IM GESAMTEN SÜDOSTEN FRANKREICHS WIRD DIE ERNTE FORTGESETZT.
HAUPTANBAUGEBIET IST DIE GEGEND UM BIGARREAUX, WO DIE GROSSEN CRIMSON-KIRSCHEN GEDEIHEN, DIE AUF DEN FRANZÖSISCHEN MÄRKTEN MIT EINEM ANTEIL VON 80 % AN DER SPITZE LIEGEN.

COMPOTE DE RHUBARBE AUX FRAISES ET ZESTES CONFITS

RHABARBERKOMPOTT MIT ERDBEEREN UND KANDIERTER ZITRONENSCHALE

ERDBEEREN UND RHABARBER HABEN EINE ALTE TRADITION. EINE BELEBENDE ERFRISCHUNG MIT DEN ERSTEN WARMEN SONNENSTRAHLEN IM GARTEN. ERDBEEREN SIND SEHR EMPFINDLICH. ROT UND FEST GEPFLÜCKT, KURZ UNTER KALTEM WASSER GEWASCHEN, SOLLTEN SIE NICHT ÜBER LÄNGERE ZEIT AUFBEWAHRT WERDEN.

für 4 Personen

500 g Rhabarber, geputzt, geschält und in 2,5 cm lange Stücke geschnitten
3 Tassen Zuckersirup (s. Anhang)
1 gespaltene Vanilleschote
2 El sehr feingehackte, unbehandelte Zitronenschale
500 g Erdbeeren

Den Rhabarber in einen mittelgroßen Kochtopf geben, halb mit Zuckersirup bedecken, die Vanilleschote hinzufügen und zugedeckt bei mittlerer Temperatur etwa 5 Minuten weich kochen. Das Kompott in eine Schüssel füllen, wenn notwendig zum Süßen noch etwas Sirup unterrühren und in den Kühlschrank stellen.

Die kleingehackte Zitronenschale in kochendem Wasser 30 Sekunden blanchieren, abgießen und kalt abschrecken. Diesen Vorgang noch einmal wiederholen, damit die Schale ihr bitteres Aroma verliert. Den restlichen Sirup in einem kleinen, schweren Kochtopf aufkochen lassen, die Zitronenschale dazugeben und bei mittlerer Temperatur etwa 10 Minuten kochen, bis die Schalenstückchen mit Zucker überzogen sind. Gut abtropfen lassen, auf einen Teller geben und mit einer Gabel voneinander trennen. Die Erdbeeren waschen, abtropfen lassen, entstielen und halbieren. Kurz vor dem Servieren das Rhabarberkompott mit den Erdbeeren und mit kandierter Zitronenschale garnieren.

ANMERKUNG DES KÜCHENCHEFS: Dieses Dessert unbedingt sofort servieren. Die Erdbeeren weichen leicht durch.

NAGE DE MELON ET BIGARREAUX AU VIN DE MUSCAT

ZUCKERMELONEN MIT KIRSCHEN IN MUSKATELLER-WEIN

EIN EINFACHES, EXQUISITES DESSERT, DAS NUR MIT SORGFÄLTIG AUSGEWÄHLTEN MELONEN ZUBEREITET WERDEN SOLLTE. STATT DER HELLEN SÜSSKIRSCHEN EMPFEHLE ICH AUCH KLEINE WALDERDBEEREN.

für 4 Personen

2 kleine, reife Kantalupen oder andere Zuckermelonen
2 El Zucker
½ Flasche Muskateller-Wein
250 g hellrote Kirschen
Minzeblätter zum Garnieren

Die Melonen mit einem scharfen Messer halbieren und die Kerne mit einem Löffel entfernen. Aus dem Fruchtfleisch mit einem Kartoffelausstecher Kugeln formen, in eine Schüssel legen, mit einem Eßlöffel Zucker bestreuen und darin wälzen. Abschmecken und, falls erforderlich, den zweiten Eßlöffel Zucker dazugeben. Die Melonenkugeln mit dem Muskateller-Wein übergießen und zugedeckt im Kühlschrank 2 Stunden ziehen lassen. In der Zwischenzeit die Kirschen mit einem kleinen, scharfen Messer entkernen und halbieren.

4 Dessertschalen bereitstellen. Die Melonenkugeln und den Muskateller-Sud verteilen, mit Kirschen und Minzeblättern garnieren. Sofort servieren.

ANMERKUNG DES KÜCHENCHEFS: Als Dessertschalen sind die ausgehöhlten Melonenschalen geeignet.

FRITES D'ANANAS A LA SALADE VERTE

FRITIERTE ANANAS MIT KIWI-SALAT

HIER HABE ICH MICH VON ZWEI LIEBLINGSGERICHTEN MEINER LANDSLEUTE INSPIRIEREN LASSEN: VON POMMES FRITES UND GRÜNEM SALAT. MIT DEN LEUCHTENDGRÜNEN KIWIS SEHEN DIE FRITIERTEN ANANAS-STÄBCHEN DEN HEISSGELIEBTEN GOLDGELBEN KARTOFFELN

TATSÄCHLICH ZUM VERWECHSELN ÄHNLICH.

für 4 Personen

FÜR DIE KIWIS:

- 1¼ Tassen Zucker
- 1¼ Tassen Wasser
- Saft einer Zitrone
- 4 Kiwis, geschält und in 6 mm dicke Scheiben geschnitten
- Branntwein, z. B. Kirsch, nach Belieben

FÜR DIE FRITIERTE ANANAS:

- 1¾ Tassen Mehl
- 1 Tasse Bier
- 2 verquirlte Eier
- 2 El Pflanzenöl
- ½ Tl Salz
- 3 Eiweiß
- 1 Ananas, geschält und geviertelt
- Öl zum Fritieren

DIE KIWIS: Zucker und Wasser in einen kleinen Topf geben und unter gelegentlichem Umrühren aufkochen lassen. Zuckerkristalle, die sich an den Seiten des Topfes absetzen, mit einem feuchten Pinsel abstreichen. Den Sirup von der Herdplatte nehmen und den Zitronensaft einrühren. Durch ein Sieb in eine mittelgroße Schüssel passieren, abkühlen und im Kühlschrank eiskalt werden lassen. Die Kiwischeiben und beliebig viel Branntwein dazugeben und bis zum Servieren zugedeckt im Kühlschrank aufbewahren.

DIE FRITIERTE ANANAS: Das Mehl in eine große Schüssel sieben, in der Mitte eine Vertiefung eindrücken, Bier, Eier, Öl und Salz hineingeben und gut mit dem Mehl vermengen. So lange rühren, bis ein glatter, cremiger Teig entsteht. Die Eiweiß sehr steif schlagen und unterziehen. Zugedeckt in den Kühlschrank stellen.

Den Backofen auf 150° C vorheizen.

Von der Ananas den Strunk entfernen. Die Fruchtviertel in fingerlange und fingerdicke Stäbchen schneiden und zum Trocknen auf ein Küchenpapier legen.

Das Öl in der Friteuse auf 185° C erhitzen. Die Ananas-Stäbchen in den Teig tauchen und etwa 1½ Minuten fritieren, bis sie goldbraun sind. Während des Fritierens einmal wenden. Nicht zu viele Stäbchen auf einmal in den Fritiertopf geben. Bereits fritierte Ananas-Stäbchen im Backofen warmhalten.

4 Dessertteller bereitstellen. Die Kiwischeiben aus dem Branntwein-Sirup herausnehmen, abtropfen lassen und in der Tellermitte arrangieren. Mit fritierten Ananas-Stäbchen dekorieren und sofort servieren.

CAPRICE EXOTIQUE

EXOTISCHE FRÜCHTE MIT PASSIONSFRUCHT-COULIS

für 4 Personen

Mangos
Bananen
Ananas
Kiwis
Papayas
Blutorangen
frische Litschis

FÜR DEN PASSIONSFRUCHT-COULIS:
1 kg frische Passionsfrüchte
Zitronensaft
Zucker
frische Minzeblätter zum Garnieren

Die Auswahl der Früchte kann nach Belieben variiert werden. Wichtig ist eine ausgewogene, harmonische Zusammenstellung. Die Früchte sollten gut ausgereift, aber nicht überreif sein, und die Menge sollte für 4 Personen reichen.

Die Früchte schälen, entkernen und dekorativ in Scheiben schneiden. Die Fruchtscheiben auf einen großen Teller legen und mindestens 2 Stunden kalt stellen.

DER PASSIONSFRUCHT-COULIS: Die Passionsfrüchte halbieren. Das Fruchtfleisch mit den Kernen in ein feines Sieb geben. Das Sieb über eine Schüssel stellen und aus den Passionsfrüchten soviel Saft wie möglich herauspressen. Den Saft mit Zitronensaft und Zucker abschmecken und zugedeckt bis zum Servieren kalt stellen.

Früchte und Passionsfrucht-Coulis lassen sich problemlos einige Stunden vor dem Servieren zubereiten.

Zum Servieren die Früchte nach Formen und Farben dekorativ auf 4 Teller verteilen, mit Passionsfrucht-Coulis übergießen und mit frischen Minzeblättern garnieren. Den restlichen Coulis in eine Sauciere füllen und dazu reichen.

EIN FRUCHTSALAT FÜR LIEBHABER VON EXOTISCHEN GENÜSSEN. BEI DER AUSWAHL DER FRÜCHTE UND DEM ARRANGEMENT SIND DER PHANTASIE KEINE GRENZEN GESETZT.

GATEAU DE RIZ AUX PECHES ET CERISES

KARAMEL-REISPUDDING MIT PFIRSICHEN UND KIRSCHEN

EIN FEINES ARRANGEMENT: REISPUDDING MIT KARAMEL UND WEISSEN UND GELBEN PFIRSICHEN MIT HELLEN, SÜSSEN KIRSCHEN. KIRSCHEN, DIE VORBOTEN DES SOMMERS, EIGNEN SICH NICHT NUR FÜR EIN KOMPOTT, SONDERN AUCH FÜR OBSTTORTEN, KALTSCHALEN, AUFLÄUFE UND ALS BEILAGE ZU WILDGERICHTEN UND ENTENBRATEN. NICHT ZU VERGESSEN DIE ELSÄSSER KIRSCHSUPPE UND DIE WELTBERÜHMTE SCHWARZWÄLDER KIRSCHTORTE.

für 4 Personen

- 4 Tassen Zuckersirup
- 2 gelbe Pfirsiche
- 2 weiße Pfirsiche
- 1⅔ Tassen Zucker
- 3½ Tassen Milch
- 2 längsgespaltene Vanilleschoten
- 1 Tasse ungeschälter Rund- oder Kurzkornreis
- 4 Eigelb
- 4 El weiche Butter, in Stücke geschnitten
- 250 g entsteinte süße Kirschen oder Sauerkirschen

Den Zuckersirup in einem mittelgroßen Topf aufkochen, die Pfirsiche hinzufügen und 7 bis 10 Minuten bei mittlerer Temperatur pochieren, bis sie gerade weich sind. Mit einem Schaumlöffel herausheben, abkühlen lassen, schälen und in den Sirup zurückgeben.

⅓ Tasse Sirup mit 1 Tasse Zucker in einen kleinen, schweren Topf geben, gut verrühren und ohne weiteres Umrühren kurz aufkochen. Unter gelegentlichem Umrühren 5 bis 7 Minuten weiterkochen, bis der Zucker zu hellbraunem Karamel geworden ist. Den Topf von der Herdplatte nehmen. Den Karamel in eine 4 bis 4½ Tassen fassende Auflauf- oder Charlottenform füllen. Die Form dabei so drehen, daß Boden und Seiten mit Karamel überzogen werden.

Den restlichen Karamel mit 6 Eßlöffeln Wasser zu Sirup verflüssigen und, falls notwendig, bei mittlerer Temperatur unter ständigem Umrühren aufwärmen. Den Karamelsirup beiseite stellen.

Die Milch mit den Vanilleschoten in einem mittelgroßen Topf aufkochen. Den Reis hinzufügen und bei mittlerer Temperatur unter gelegentlichem Umrühren 15 Minuten weich kochen. In der Zwischenzeit die Eigelb mit dem restlichen Zucker verquirlen.

Die Vanilleschoten aus dem fertig gekochten Reis herausnehmen. Mit dem Messerrücken die winzigen Vanillesamen aus der Schote herausschaben und über den Reis streuen. Nach und nach mit einem Holzlöffel die weiche Butter und die verquirlten Eigelb unterrühren.

Den Reis in die mit Karamel überzogene Auflaufform füllen und mindestens 4 Stunden oder über Nacht zugedeckt in den Kühlschrank stellen.

Vor dem Servieren die Auflaufform kurz in kochendes Wasser tauchen. Den Pudding mit einem langen, biegsamen Messer aus der Form lösen und auf eine Platte stürzen.

Die Pfirsiche abtropfen lassen, halbieren und entsteinen. Abwechselnd gelbe und weiße Pfirsichviertel um den Reispudding legen. Mit Kirschen garnieren und mit Karamelsauce übergießen. Die restliche Sauce in eine Sauciere füllen.

ANMERKUNG DES KÜCHENCHEFS: Der Reispudding kann auch mit Aprikosen oder anderen Früchten und statt mit Karamelsauce auch mit Crème anglaise oder einem Coulis serviert werden. Sollte die Karamelsauce zu dickflüssig werden, kann sie aufgewärmt mit etwas Wasser verdünnt werden.

BLANC EN NEIGE AUX FRAMBOISES DEGUISEES

MERINGEN MIT KARAMEL-HIMBEEREN

EIN KLASSISCHES DESSERT, DAS DURCH DIE IN KARAMEL GEHÜLLTEN HIMBEEREN EINE BESONDERS APARTE GESCHMACKSNOTE ERHÄLT.

für 4 Personen

- 1 ¼ Tassen Zucker
- ⅓ Tasse Wasser
- 1 El dünnflüssiger Maissirup
- 24 große, reife Himbeeren
- 8 Eiweiß
- 1 Prise Salz
- 1 El Zucker
- 2 Tassen Crème anglaise, mit Vanille verfeinert (s. Anhang)

Ein Backblech mit Öl einreiben. Zucker, Wasser und Maissirup in einen kleinen, schweren Topf geben, gut mit einem Holzlöffel verrühren, aufkochen und bei mittelhoher Temperatur 12 Minuten weiterkochen, bis der Zucker karamelisiert. Zuckerkristalle, die sich an den Topfseiten absetzen, mit einem nassen Pinsel zurückstreichen. Den Topf mit dem heißen Karamel kurz in ein kaltes Wasserbad tauchen. Wieder herausnehmen und mit einer Gabel nacheinander die Himbeeren in der Karamelmasse wenden, bis sie mit Karamel überzogen sind. Die Himbeeren zum Abkühlen auf das geölte Backblech legen.

Einen großen, flachen Schmortopf mit Wasser füllen. Aufkochen und inzwischen die Eiweiß mit 1 Prise Salz verquirlen. Den Zucker dazugeben und weiterschlagen, bis der Eischnee steif ist. Aus dem Eischnee mit 2 Eßlöffeln ovale Kugeln formen und die Kugeln von jeder Seite etwa 45 Sekunden in dem kochenden Wasser pochieren, bis sie fest sind. Mit dem Schaumlöffel herausnehmen. Die Meringen auf einem Küchenpapier trocknen.

4 Dessertteller mit Rand bereitstellen und jeweils ½ Tasse Crème anglaise auffüllen. Die Meringen in einem sternförmigen Muster darauf verteilen und mit Himbeeren garnieren. Sofort servieren.

ANMERKUNG DES KÜCHENCHEFS: Die mit Karamel überzogenen Himbeeren sind nicht nur ein Augenschmaus, sondern auch ein ausgefallenes Geschmackserlebnis.

CHARLOTTE VANILLE-FRAISE A LA FRAISE

VANILLE-ERDBEER-CHARLOTTE MIT FRISCHEN ERDBEEREN UND SCHLAGSAHNE

für 8 bis 10 Personen

FÜR DIE VANILLEBAVAROISE:
2 Tl Gelatine
1 Tasse und 2 El Milch
1 längsgespaltene Vanilleschote
3 Eigelb
⅓ Tasse Zucker
1¼ Tassen Sahne

FÜR DIE ERDBEERBAVAROISE:
500 g Erdbeeren, gewaschen
1¼ Tassen gesiebter Puderzucker
4 Tl Gelatine
2½ Tassen Sahne
Zitronensaft

FÜR DIE LÖFFELBISKUITS:
5 Eier (in Zimmertemperatur, Eiweiß und Eigelb getrennt)
⅔ und ¼ Tasse Zucker
1 Tasse gesiebtes Mehl
Puderzucker

FÜR DEN ERDBEER-COULIS:
250 g Erdbeeren, gewaschen
1 bis 1¼ Tassen Puderzucker
Zitronensaft

ZUM GARNIEREN:
300 g Erdbeeren, gewaschen und halbiert
Schlagsahne, Minzblätter

DIE VANILLEBAVAROISE: Die Gelatine in zwei Eßlöffeln Milch einweichen. Die restliche Milch mit der Vanilleschote in einem Topf mit schwerem Boden aufkochen und den Topf von der Herdplatte nehmen.

Die Eigelb mit dem Zucker verquirlen, bis eine dicke, schaumige Creme entsteht. In die heiße Milch einrühren und unter ständigem Weiterrühren bei mittlerer Temperatur so lange kochen, bis die Creme wie Pudding beim Umrühren am Löffel haften bleibt. Den Topf von der Herdplatte nehmen und die gequollene Gelatine unterziehen. Abkühlen lassen, die Creme durch ein Sieb in eine Schüssel passieren und zugedeckt im Kühlschrank kalt werden lassen. Die Sahne steif schlagen und in die kalte Vanillecreme einrühren. Zugedeckt kalt stellen.

DIE ERDBEERBAVAROISE: Die Erdbeeren im Mixer pürieren. Das Püree durch ein feines Sieb in eine Schüssel passieren und mit dem Schneebesen den Puderzucker einrühren. Die Schüssel über einen Topf mit kochendem Wasser stellen und das Püree mit der Gelatine bestreuen. Sobald sich die Gelatine auflöst, die Schüssel aus dem Wasserdampf nehmen und zugedeckt im Kühlschrank kalt werden lassen.

Die Sahne steif schlagen und unter das Püree ziehen. Nach Belieben Zitronensaft hinzugeben und zugedeckt in den Kühlschrank stellen.

DIE LÖFFELBISKUITS: Den Backofen auf 165° C vorheizen.

Ein großes, schweres Backblech einbuttern und mit Mehl bestäuben. In einer großen Schüssel die Eigelb mit ⅔ Tasse Zucker 5 Minuten verquirlen, bis ein blasser Teig entsteht, der Fäden zieht. Die Eiweiß mit dem restlichen Zucker zu steifem Eischnee schlagen. Das Mehl über die verquirlten Eigelb sieben und vorsichtig unterrühren. ⅓ des Eischnee dazugeben, unterziehen und zuletzt den restlichen Eischnee einrühren.

Den Teig in einen Spritzbeutel mit runder Tülle mit 2 bis 2,5 cm Durchmesser füllen und in 10 cm langen, gleichmäßigen Streifen auf das Backblech spritzen. Zwischen den Teigstreifen 4 cm Abstand lassen. Den Puderzucker aufsieben und die Biskuits etwa 8 bis 10 Minuten backen, bis sie leicht gebräunt sind. Zum Abkühlen auf ein Gitter legen.

DIE CHARLOTTE: Die Löffelbiskuits mit den flachen Seiten nach innen an die Ränder einer 9 bis 9½ Tassen fassenden Auflaufform oder Charlotteform stellen. Damit sie sich gut aneinanderfügen, die Seiten eventuell etwas beschneiden.

Mit einem Löffel die Vanillebavaroise einfüllen und etwa 1½ Stunden im Kühlschrank fest werden lassen.

Die Erdbeerbavaroise auffüllen, die Oberfläche glätten und mindestens 4 Stunden wieder in den Kühlschrank stellen. Ragen die Löffelbiskuits über die Cremefüllung hinaus, können sie oben gerade abgeschnitten werden.

DER ERDBEER-COULIS: Die Erdbeeren mit dem Puderzucker im Mixer fein pürieren. Das Püree durch ein feines Sieb passieren und nach Belieben mit Zitronensaft abschmecken. Eventuell mit etwas Mineralwasser verdünnen.

Zum Servieren die Auflaufform kurz in heißes Wasser tauchen. Die Charlotte auf eine Platte stürzen und mit den halbierten Erdbeeren spiralförmig belegen. Die Schlagsahne in einen Spritzbeutel mit großer, sternförmiger Tülle füllen. Die Charlotte mit Schlagsahne und frischen Minzblättern garnieren. Den Erdbeer-Coulis in einer Sauciere dazu reichen.

ANMERKUNG DES KÜCHENCHEFS: Beim Formen der Löffelbiskuits gleich an die Höhe der Charlotteform denken. Statt Erdbeer-Coulis kann auch Himbeer-Coulis oder eine Crème anglaise serviert werden.

DIE ERDBEER-CHARLOTTE IST DER FESTLICHE HÖHEPUNKT DER ERDBEERSAISON. EIN BESONDERER ERDBEERFREUND WAR LUDWIG XIV. WIE HISTORIKER BERICHTEN, FORDERTE ER FÜR SEINE TAFEL SCHON ENDE MÄRZ FRISCHE ERDBEEREN, WAS SEINEN GARTENBAUMEISTER JEAN LA QUINTINIE DAZU VERANLASSTE, ERDBEEREN IN GEWÄCHSHÄUSERN ANZUBAUEN. IM VOLKSGLAUBEN HEISST ES SEIT RÖMISCHEN ZEITEN, DASS ERDBEEREN BESONDERE HEILKRÄFTE BESITZEN SOLLEN. ÜBERLIEFERUNGEN AUS DEM 18. JAHRHUNDERT ERZÄHLEN VON EINEM PHILOSOPHEN, DER ÜBER HUNDERT JAHRE ALT WURDE UND SEIN HOHES ALTER AUF DEN REGELMÄSSIGEN GENUSS VON ERDBEEREN ZURÜCKFÜHRTE.

MARJOLAINE FEUILLETEE AUX FRUITS ROUGES

MARJOLAINE-TÖRTCHEN MIT ROTEN BEEREN

für 4 Törtchen

FÜR DIE TÖRTCHEN:
- ⅓ Tasse Mandeln, überbrüht, geschält und fein gemahlen
- ½ Tasse Puderzucker
- 1 El Mehl
- 3 Eiweiß (in Zimmertemperatur)
- 2½ El grobkörniger Zucker
- 2 Tl zerlassene, abgekühlte Butter

FÜR DIE FÜLLUNG:
- ½ Tasse Sahne
- 1 Tasse Crème Patissière (s. Anhang)
- 250 g frische Himbeeren oder Erdbeeren, entstielt und geviertelt
- Puderzucker zum Bestreuen
- 1 Tasse Himbeer- oder Erdbeer-Coulis

DIE TÖRTCHEN: 2 Backbleche buttern und den Backofen auf 160° C vorheizen.

Mit einer runden Ausstechform von 13 cm Durchmesser in die Butterschicht auf die Backbleche je 4 Kreise eindrücken. Zwischen den Kreisen große Abstände lassen.

Die gemahlenen Mandeln, den Puderzucker und das Mehl in eine Schüssel sieben. Das Eiweiß schaumig schlagen, den grobkörnigen Zucker hinzufügen und den Eischnee steif schlagen. Mit den gesiebten Zutaten vermengen, die zerlassene Butter zugeben und gründlich verrühren. Den Teig mit einem Löffel gleichmäßig in die vorgezeichneten Kreise auf den Backblechen verteilen. Mit einem Spachtel glattstreichen, so daß die Kreise richtig ausgefüllt sind. Die runden Teigplatten etwa 15 Minuten backen, bis sie gleichmäßig gebräunt sind. Vorsichtig auf ein Gitter legen und auskühlen lassen.

Die Marjolaines können auch im voraus gebacken und in einem luftdichten Behälter aufbewahrt werden. Kurz vor dem Servieren 2 bis 3 Minuten im Backofen aufbacken.

DIE FÜLLUNG: Die Sahne so steif wie möglich schlagen, unter die Crème Patissière rühren und in einen Spritzbeutel mit runder Tülle mit 2 cm Durchmesser füllen.

4 große Dessertteller bereitstellen und die Creme gleichmäßig verteilt dekorativ in die Tellermitte spritzen. Marjolaines auflegen und eine weitere Cremeschicht aufspritzen. Mit Himbeeren oder Erdbeeren, einer weiteren Cremeschicht und den restlichen Marjolaines bekrönen. Leicht mit Puderzucker bestäuben. Die Törtchen nach Belieben mit Himbeer- oder Erdbeercoulis servieren.

ANMERKUNG DES KÜCHENCHEFS: Mit einer über der Gasflamme erhitzten Dressiernadel läßt sich in den Puderzucker ein feines Muster einzeichnen. Um die Marjolaines knusprig und die Beeren frisch zu genießen, empfiehlt es sich, die Törtchen sofort nach der Zubereitung zu servieren.

EINE KÖSTLICHKEIT, DIE JUNG UND ALT BEGEISTERN WIRD: MARJOLAINE-TÖRTCHEN MIT FRISCHEN HIMBEEREN, DER JAHRESZEIT ENTSPRECHEND AUF EINEM KORBTABLETT IM WEISSEN FLIEDERKRANZ SERVIERT.

HIMBEEREN SIND ÄUSSERST EMPFINDLICH UND SOLLTEN AUF DEM HÖHEPUNKT IHRER REIFE GENOSSEN WERDEN. SIE SCHMECKEN NICHT NUR MIT ETWAS ZUCKER BESTREUT ODER MIT FRISCHER SCHLAGSAHNE, SONDERN AUCH IN CHAMPAGNER ODER SÜSSEM ROTWEIN.

SURPRISE DE PAMPLEMOUSSE ROSE MERINGUE AUX NOISETTES

ROTE GRAPEFRUITMERINGEN MIT HASELNÜSSEN

EIN ARRANGEMENT, DAS DEM SYMBOL DES FRÜHLINGS, DER APFELBLÜTE NACHEMPFUNDEN IST. DIE UNGEWÖHNLICHE KOMBINATION VON GRAPEFRUITS UND ROTEM JOHANNISBEERSAFT VERSPRICHT EIN AUSSERGEWÖHNLICHES GESCHMACKSERLEBNIS.

für 4 Personen

3 große und
2 kleine rote Grapefruits
2 El roter Johannisbeergelee oder Himbeerkonfitüre
3 Eiweiß
¾ Tasse Puderzucker
Puderzucker zum Bestäuben
ganze Haselnüsse
halbe Walnüsse
grobgehackte Nüsse zum Garnieren

Die 3 großen Grapefruits mit einem scharfen Messer schälen. Die bittere, weiße Haut entfernen, die Fruchtscheiben voneinander trennen und in eine Schüssel legen. Sehr große Scheiben können geteilt oder gedrittelt werden.

Die kleinen Grapefruits halbieren und im elektrischen Entsafter auspressen. Die Schalen und die Ränder der Schalen nicht beschädigen. Den Saft durch ein feines Sieb in eine Schüssel passieren. Mit rotem Johannisbeergelee oder Himbeerkonfitüre cremig rühren. Das restliche Fruchtfleisch aus den Grapefruitschalen entfernen.

Bis hierhin kann das Dessert auch im voraus zubereitet werden.

Den Backofen auf 230° C vorheizen und die Grapefruitschalen auf ein Backblech legen. Wenn notwendig, unten etwas beschneiden. Die Schalen mit den Grapefruitscheiben auslegen und die Johannisbeer- oder Himbeercreme einfüllen. Die Eiweiß schaumig schlagen, den Puderzucker hinzufügen und weiterschlagen, bis der Meringeteig glänzend und steif ist. Den Teig in einen Spritzbeutel mit mittelgroßer, sternförmiger Tülle füllen und dekorativ auf die gefüllten Grapefruits spritzen. Die Grapefruitscheiben und die Ränder der Schalen völlig mit Teig bedecken. Mit den Hasel- und Walnüssen und grobgehackten Nüssen bestreuen und leicht mit Puderzucker bestäuben. 4 Minuten backen, bis der Teig goldgelb ist. Sofort servieren.

ANMERKUNG DES KÜCHENCHEFS: Zum Servieren empfehlen sich Dessertteller mit Rand oder flache Schalen, die den herauslaufenden Fruchtsaft auffangen.

S O M

M E R

SOMMERGEMÜSE

WENN SEIDENWEICHE SOMMERWINDE ÜBER ÜPPIGES, SAFTIGES GRÜN STREICHEN, IST DIE ZEIT DER REIFE UND DES ÜBERFLUSSES GEKOMMEN. SCHON IN DER ANTIKE WURDE DER SOMMER ALS GÖTTIN DER FRUCHTBARKEIT MIT EINEM ÜBERLADENEN FÜLLHORN PERSONIFIZIERT. DIE MARKTHÄNDLER ÜBERBIETEN EINANDER MIT FARBENPRÄCHTIGEN KOMPOSITIONEN AUS BLUMEN, FRÜCHTEN UND GEMÜSEN.

PROFITEROLES AU CELERI, AU FROMAGE DE CHEVRE ET AU SUC DE TOMATE

PROFITEROLES MIT ZIEGENKÄSE UND SELLERIE IN TOMATENSAUCE

ÜBER DIESE PROFITEROLES MIT ZIEGENKÄSE HAT SICH GANZ BESONDERS UNSER »ZIEGENKÄSEKÖNIG« LOUIS CHEVENET D'HURIGNY GEFREUT. FRÜHER DIENTEN SEINE KELLER IN HURIGNY, IN DER GEGEND VON MACON, ALS WASSERRESERVOIR. HEUTE WIRD HIER FRISCHER UND GEREIFTER

ZIEGENKÄSE PRODUZIERT, DER UNTER SPEZIELLEN BEDINGUNGEN MIT GRÖSSTER UMSICHT GELAGERT WIRD.

DIE PROFITEROLES VERLANGEN NACH EINER KRÄFTIG ROTEN TOMATENSAUCE. DIE TOMATE, FRUCHT UND GEMÜSE ZUGLEICH, LÄSST MIT IHRER LEUCHTEND ROTEN FARBE JEDES ANDERE GEMÜSE AUF DEM SOMMERMARKT ERBLASSEN.

für 4 Personen

FÜR DIE PROFITEROLES:
- ⅔ Tasse Wasser
- 3½ El Butter
- 2 gestrichene Tl Zucker
- 1 Prise Salz
- ⅔ Tasse Mehl
- 3 Eier (in Zimmertemperatur)

FÜR DIE FÜLLUNG:
- 300 g Sellerieknolle, geschält und in 2,5 cm große Stücke geschnitten
- 170 g frischer Ziegenkäse
- Salz, Pfeffer aus der Mühle

FÜR DIE TOMATENSAUCE:
- 2 große, reife Tomaten
- 1 El Olivenöl
- 1 Tl Weinessig
- Salz, Pfeffer aus der Mühle

FÜR DIE KRÄUTER-GLASUR:
- 2 dicke Bund Schnittlauch, fein gehackt
- 1½ Tl Olivenöl
- 1 Tl Essig
- Salz, Pfeffer aus der Mühle

DIE PROFITEROLES: Den Backofen auf 230° C vorheizen.

Wasser, Butter, Zucker und Salz in einem mittelgroßen Topf aufkochen. Das Mehl auf einmal hinzugeben und mit einem Holzlöffel kräftig verrühren, bis ein glatter Teig entsteht. 2 Minuten bei mittlerer Temperatur weiterrühren, bis der Teig trocken ist. Den Topf von der Herdplatte nehmen und nacheinander die Eier unterrühren.

Ein Backblech buttern und mit Mehl bestäuben. Den Teig in einen Spritzbeutel mit runder Tülle mit 2,5 cm Durchmesser füllen. Gleichmäßig verteilt 16 gleichgroße Teighäufchen auf das Backblech spritzen. 10 Minuten bei 230° C backen, die Hitze auf 175° C reduzieren und 20 Minuten weiterbacken, bis die Profiteroles gleichmäßig gebräunt sind. Zum Abkühlen auf ein Gitter legen und waagerecht aufschneiden.

DIE FÜLLUNG: Während die Profiteroles backen, den Sellerie in gesalzenem Wasser 20 bis 25 Minuten weich kochen. Abgießen, unter kaltem Wasser kurz abschrecken, abtropfen lassen und durch ein Sieb die überschüssige Flüssigkeit herausdrücken. Den Sellerie im Mixer pürieren und durch ein Sieb in einen Topf passieren. Den Ziegenkäse cremig rühren. Mit dem Selleriepüree vermischen, mit Pfeffer und Salz abschmecken und zugedeckt im Kühlschrank kalt werden lassen.

DIE TOMATENSAUCE: Die Tomaten vierteln und im Mixer pürieren. Olivenöl und Essig hinzufügen und mit dem Tomatenpüree verquirlen. Die Tomatensauce durch ein feines Sieb passieren, mit Pfeffer und Salz würzen und bis zum Servieren zugedeckt in den Kühlschrank stellen.

DIE KRÄUTERGLASUR: Den Schnittlauch mit Essig und Öl im Mixer fein pürieren. Durch ein feines Sieb streichen und mit Pfeffer und Salz abschmecken.

Die Füllung mit einem Teelöffel oder mit einem Spritzbeutel mit runder Tülle und 1 cm Durchmesser auf die unteren Profiteroleshälften spritzen. Die oberen Profiteroleshälften in die Kräuterglasur tauchen und obenauf legen.

4 Teller bereitstellen, die Tomatensauce aufgießen und jeweils 4 Profiteroles auftragen. Sofort servieren.

ANMERKUNG DES KÜCHENCHEFS: Die Profiteroles können auch heiß serviert werden. Den Backofen vor dem Füllen auf 150° C vorheizen und die Profiteroles etwa 2 bis 3 Minuten aufbacken. Nicht vergessen, die Tomatensauce ebenfalls aufzuwärmen.

Die Profiteroles lassen sich auch füllen, indem in die Böden für die Füllung eine Vertiefung eingedrückt wird. Profiteroles, Füllung, Tomatensauce und Kräuterglasur können problemlos im voraus zubereitet werden.

TERRINE D'AVOCATS ET DE POIREAUX

AVOCADO-PORREE-TERRINE

für 8 Personen

3 mittelgroße Avocados, geschält und entkernt
6–8 Porreestangen (etwa 1250 g)
Saft einer Zitrone
2 El Gelatine
⅓ Tasse kaltes Wasser
⅔ Tasse Sahne
3 El weiche Butter
1 Tasse Vinaigrette
Salz, Pfeffer aus der Mühle

Den Porree waschen und putzen, die äußeren grünen Blätter entfernen. Die Porreestangen in gesalzenem Wasser 15 Minuten weich kochen, abgießen, kurz unter kaltem Wasser abschrecken, abtropfen lassen und zum Trocknen auf ein Küchenpapier legen.

Das Avocadofleisch im Mixer ½ Minute pürieren, mit Pfeffer und Salz abschmecken und mit Zitronensaft verquirlen.

Die Gelatine 10 Minuten in kaltem Wasser auflösen. Die Sahne bei niedriger Temperatur allmählich erhitzen (nicht aufkochen lassen) und abgekühlt mit der aufgelösten Gelatine vermengen. Eventuell durch ein feines Sieb passieren. Die Sahne unter das Avocadopüree rühren und bei Zimmertemperatur ziehen lassen.

Eine Auflaufform mit 22 cm Durchmesser einbuttern und an den Seiten großzügig mit Pergamentpapier abdecken. Die Avocadocreme zur Hälfte einfüllen und glattstreichen. Die Porreestangen längs halbieren, über der Avocadocreme verteilen, mit Pfeffer und Salz würzen und mit einer dünnen Avocadocreme-Schicht bestreichen. Im Kühlschrank 10 Minuten fest werden lassen und mit der restlichen Avocadocreme auffüllen. Die Form mit Pergamentpapier und mit einem Deckel luftdicht abgeschlossen 24 Stunden in den Kühlschrank stellen.

Zum Servieren ein dünnes, scharfes Messer in heißes Wasser tauchen. Die Avocado-Porree-Terrine vorsichtig in Tortenstücke schneiden und mit frisch gemahlenem Pfeffer und einer Vinaigrette servieren. Die Vinaigrette kann nach Belieben mit frischen Trüffelschnitzeln und/oder feingehackten Kräutern verfeinert werden.

PORREE HAT IN FRANKREICH DEN BEINAMEN »SPARGEL DES ARMEN MANNES«, ABER DIESE PORREE-TERRINE MIT AVOCADOCREME GENÜGT AUCH HÖCHSTEN ANSPRÜCHEN.

DIE TROPISCHE, BIRNENFÖRMIGE AVOCADOFRUCHT KOMMT URSPRÜNGLICH AUS MEXIKO UND IST IN

FRANKREICH SEIT ETWA DREISSIG JAHREN BEKANNT. IHRE BEKÖMMLICHKEIT UND VIELSEITIGKEIT WURDE ERST VOR WENIGEN JAHREN ENTDECKT.

RATATOUILLE COMME EN PROVENCE

RATATOUILLE A LA PROVENCE

DIE RATATOUILLE, DAS KLASSISCHE SOMMERGERICHT DER PROVENCE, IST EINE GROSSARTIGE KOMPOSITION AUS FRISCHEM SOMMERGEMÜSE. AUBERGINEN, ZUCCHINI, PAPRIKA, ZWIEBELN UND TOMATEN SCHMECKEN IM SOMMER SO GUT WIE ZU KEINER ANDEREN JAHRESZEIT.

DIE AUBERGINE GEHÖRT WIE DIE ZUCCHINI UND DIE TOMATE ZUR FAMILIE DER CUCURBITA, DER KÜRBISSE, UND KOMMT AUS INDIEN. TOMATE UND ZUCCHINI SIND DAGEGEN IN DER WESTLICHEN WELT BEHEIMATET. TOMATEN UND AUBERGINEN WURDEN LANGE ZEIT ALS ZIERPFLANZEN ANGEBAUT. DIE MÖGLICHKEIT, SIE ALS GEMÜSE ZU VERWENDEN, WURDE ERST DURCH KONTAKTE MIT SÜDLICHEN LÄNDERN ENTDECKT.

für 4 Personen

- ⅔ Tasse Pflanzenöl
- 1 feingehackte Zwiebel
- 4 feingehackte Knoblauchzehen
- 500 g Tomaten, gehäutet und geviertelt
- 1 Tl Tomatenmark
- 1 Bouquet garni (aus Petersilie, Sellerieblättern, Rosmarin, Thymian, Lorbeer und Majoran)
- Salz, Pfeffer aus der Mühle
- 500 g Zucchini, dünn geschält und in 2,5 cm große Würfel geschnitten
- 400 g Auberginen, in 2,5 cm große Würfel geschnitten
- 1 großer roter Paprika, ausgehöhlt und in 2,5 cm große Würfel geschnitten
- 1½ El Olivenöl
- 1½ El feingehackte Petersilie

2 Eßlöffel Pflanzenöl in einer großen Pfanne mit schwerem Boden erhitzen. Die Zwiebeln hineingeben und 2 bis 3 Minuten glasig dünsten. 2 Knoblauchzehen, die Tomaten, das Tomatenmark und den Bouquet garni hinzugeben, mit Pfeffer und Salz würzen und 8 Minuten bei mittlerer Temperatur unter Umrühren schmoren lassen, bis die Flüssigkeit verkocht ist. Die Pfanne von der Herdplatte nehmen.

2½ Eßlöffel Pflanzenöl in einer großen Pfanne erhitzen, die gewürfelten Zucchini hineingeben und bei mittlerer Temperatur 6 Minuten sautieren, bis sie weich sind. In ein Sieb abschütten und abtropfen lassen.

3½ Eßlöffel Pflanzenöl in der Pfanne erhitzen, die gewürfelten Auberginen hineingeben und 10 Minuten bei mittlerer Temperatur sautieren, bis sie leicht gebräunt sind. Abgießen und abtropfen lassen. Das restliche Pflanzenöl in der Pfanne erhitzen.

Den gewürfelten Paprika hineingeben und unter Umrühren bei mittlerer Temperatur 7 Minuten sautieren, bis er weich ist. Abgießen und abtropfen lassen.

Den Backofen auf 220° C vorheizen.

Zucchini-, Auberginen- und Paprikawürfel mit den Tomaten in eine feuerfeste Auflaufform geben. Vorsichtig umrühren und das Gemüse nicht zerdrücken. Zugedeckt 15 Minuten backen. Den Bouquet garni herausnehmen.

Bis hierhin kann das Gericht problemlos im voraus zubereitet werden.

Kurz vor dem Servieren das Olivenöl in einer kleinen Pfanne erhitzen, 2 Knoblauchzehen und die Petersilie hineingeben und bei mittlerer Temperatur 45 Sekunden dünsten. Der Knoblauch darf nicht braun werden. Das Knoblauch-Petersilien-Öl über die Ratatouille geben und sofort servieren.

ANMERKUNG DES KÜCHENCHEFS: Die Ratatouille kann kalt als Hors d'œuvre oder als Hauptgericht wieder aufgewärmt in ausgehöhlten, gebratenen Auberginenhälften mit gebratenen Zwiebelringen und Petersilie garniert serviert werden.

ROUSSILLON

GRAPPE DE POIREAUX A LA VINAIGRETTE DE BETTERAVE ROUGE

PORREE IN ROTE-BETE-VINAIGRETTE

für 4 Personen

8–12 gerade Porreestangen, gewaschen und geputzt
1 mittelgroße (125 g) Rote Bete, gekocht und geschält
4 frische Sellerie- oder Weinblätter zum Garnieren
1 El Essig
1 Tasse Salatöl
2 Tl Dijon-Senf
Salz, Pfeffer aus der Mühle

Die äußeren grünen Porreeblätter entfernen und für eine Suppe verwenden. Die Porreestangen mit einem Bindfaden zu einem Bündel zusammenschnüren. In einem großen Topf, mit gesalzenem Wasser bedeckt, 10 bis 15 Minuten kochen. Abgießen, kurz unter kaltem Wasser abschrekken, zum Trocknen auf ein Küchenpapier legen und auseinander binden.

Die Rote Bete würfeln und mit dem Essig im Mixer pürieren. Durch ein feines Sieb passieren und den herausgepreßten Saft mit Senf, Pfeffer und Salz abschmecken. Tropfenweise das Öl hinzugeben und mit dem Schneebesen unterrühren. Die Porreestangen in 2 cm dicke Ringe schneiden.

4 Teller bereitstellen und die Porreeringe pyramidenförmig arrangieren. Mit Vinaigrette übergießen. Die Sellerie- oder Weinblätter in Öl tauchen und dekorativ auf dem Porree verteilen.

EIN EINFACHES, ORIGINELLES REZEPT: PORREE IN ROTE BETE-VINAIGRETTE.

ROTE BETE WÄCHST IN KLEINEN, RUNDEN ODER LÄNGLICHEN KNOLLEN UND IST MIT DER ZUCKERRÜBE VERWANDT, DIE IN EUROPA SOWOHL ALS VIEHFUTTER (WIE AUF DEM KARREN AUF S. 102), ALS AUCH ZUR ZUCKERHERSTELLUNG VERWENDET WIRD.

FEIN GERASPELT UND MIT EINEM WÜRZIGEN DRESSING KANN ROTE BETE AUCH ROH GEGESSEN WERDEN.

PETITE FRITURE DE HARICOTS VERTS

GRÜNE BOHNEN IM TEIGMANTEL

MONSIEUR »LE GEORGES«, EIN LEIDENSCHAFTLICHER NATURFREUND, DER SICH VOR KURZEM ZUR RUHE GESETZT HAT, BELIEFERT MICH IM SOMMER JEDEN TAG MIT FRISCHEM GEMÜSE AUS SEINEM GROSSEN GARTEN. UNTER DEN SCHÄTZEN, DIE ER MIR BRINGT, SIND OFT GRÜNE BOHNEN, GERADE SOLCHE, WIE SIE FÜR DIESES REZEPT BENÖTIGT WERDEN. NATÜRLICH IST DIE BEHAUPTUNG, DASS DIE BESTEN BOHNEN DER WELT IN FRANKREICH, IN DEN MONATEN VON MAI BIS SEPTEMBER GEERNTET WERDEN, ÜBERTRIEBEN.

BOHNEN STAMMEN AUS DEN SÜDAMERIKANISCHEN ANDEN UND WURDEN ERST VOR ZWEIHUNDERT JAHREN VON ITALIEN NACH FRANKREICH GEBRACHT. DIE FRANZOSEN HABEN IMMER GEZÖGERT, IHRE ITALIENISCHEN NACHBARN NACHZUAHMEN, ABER IN DIESEM FALLE HABEN WIR DAS, WAS UNS VORHER ENTGANGEN IST, SEHR SCHNELL AUFGEHOLT.

für 4 Personen

FÜR DIE BOHNEN:

500 g grüne, lange Salatbohnen
1 El Olivenöl
2 Tl Zitronensaft
1 Zitrone
Salz, Pfeffer aus der Mühle
1 El feingehackte Petersilie
1 El feingehackter Kerbel

FÜR DEN TEIG:

2 Eier (Eiweiß und Eigelb voneinander getrennt)
¾ Tasse Bier
2 El Öl
½ Tl Salz
1 Tasse Mehl
1 Liter leichtes Pflanzenöl zum Fritieren

DIE BOHNEN: Die Bohnen putzen und 1½ Minuten in kochendem, gesalzenen Wasser blanchieren. Abgießen, kurz unter kaltem Wasser abschrecken, gut abtropfen lassen und zum Trocknen auf einem Küchenpapier ausbreiten. Olivenöl, Zitronensaft, Pfeffer und Salz, Petersilie und Kerbel in eine große Schüssel geben, die Bohnen hinzufügen und gut vermengen.

DER TEIG: Die Eigelb, Bier, Öl und Salz in einer mittelgroßen Schüssel mit einem Schneebesen verquirlen. Das Mehl unterrühren, bis ein glatter Teig entsteht. Das Eiweiß steif schlagen und unterziehen.

Das Öl in einer Friteuse erhitzen, bis es glänzt. Die Bohnen in den Teig tauchen und nacheinander in mehreren Schüben fritieren, bis sie leicht gebräunt sind (etwa 20 Sekunden). Auf Küchenpapier abtropfen lassen und im Backofen warm stellen.

4 vorgewärmte Teller bereitstellen. Die Bohnen leicht salzen, auf die Teller verteilen und mit Zitronenscheiben garniert sofort servieren.

RATSCHLÄGE FÜR DIE SALATZUBEREITUNG

Salate aus verschiedenen Salatpflanzen oder Gemüsen werden meist mit einer Marinade aus Öl, Essig oder Zitrone, Pfeffer und Salz angemacht. Senf, Zwiebeln, Knoblauch oder frische Kräuter dienen zur Aromatisierung und Verfeinerung. Erfrischende Salate lassen sich ohne großen Aufwand einfach und schnell zubereiten, können aber auch zu wahren Meisterwerken künstlerischer Kreativität werden. Die Auswahl der Zutaten richtet sich nach ortsspezifischen, saisonbedingten Marktangeboten. Der Phantasie sind keine Grenzen gesetzt: Salate können mit gekochten oder rohen Gemüsen, aber auch mit zahlreichen anderen Beigaben (z. B. Früchten, Käse oder Eiern) verfeinert werden. Das Gelingen eines Salates hängt von der liebevollen Auswahl und der harmonischen Abstimmung der Zutaten ebenso wie von einer sorgfältigen Zubereitung ab. Das richtige Würzen und Abschmecken ist eine Kunst für sich, die Übung braucht. Auf ein appetitliches Arrangement sollte auch bei einer einfachen Salatbeilage nicht verzichtet werden. Große Salate brauchen nicht immer künstlerische Meisterwerke zu werden. Ich persönlich bevorzuge einfache Salate mit wenigen, sorgfältig aufeinander abgestimmten Zutaten. Eine breite Palette von Zutaten ist oft schwer zu kombinieren. Das wesentliche Geheimnis der Salatzubereitung liegt in optischer und geschmacklicher Harmonie.

DIE ZUBEREITUNG GRÜNER SALATE

Die sorgfältige Zubereitung grüner Salate beginnt damit, die Salatblätter nach dem Waschen gut abtropfen zu lassen und zu trocknen: an feuchten Blättern haftet das Dressing nicht. Damit der Salat nicht zusammenfällt, sollte das Dressing immer erst kurz vor dem Servieren untergemischt werden. Es empfiehlt sich, auf die Größe der Schüssel zu achten. In einer zu kleinen Schüssel kann sich der Salat nicht richtig entfalten.

Zwei besondere Tips: den Salat direkt vor dem Anmachen mit einer Prise Salz bestreuen und dem Dressing in der letzten Minute noch ein paar Tröpfchen abgelagerten Weinessig hinzufügen.

Feingehackte Kräuter wie Schnittlauch und Kerbel werden erst nach dem Anmachen untergemischt; Estragon entfaltet seinen besonderen Geschmack dagegen erst, wenn er in der Vinaigrette gut durchgezogen ist.

Öle mit ausgeprägtem Eigengeschmack (vor allem Hasel- oder Walnußöl) müssen sparsam dosiert und können mit weniger geschmacksintensiven Ölen vermischt werden. Ich empfehle für grüne Salate vor allem Olivenöl. Auch Olivenöl kann nach Belieben mit anderen Ölen (Erdnuß-, Soya-, Mais- und Rapsöl) vermischt werden.

Essig kann durch Zitronensaft ersetzt werden und läßt sich ebenso vielfältig kombinieren wie Öl (z. B. Weinessig mit Sherryessig).

SALAT WURDE AUS ASIEN NACH EUROPA GEBRACHT UND DIE ERSTEN SALATSAMEN KAMEN WIE DIE KEIMLINGE DER BOHNE AUS ITALIEN NACH FRANKREICH. DIE SALATZUCHT IST DAGEGEN AUF DEN ERFINDUNGSGEIST EINES FRANZOSEN ZURÜCKZUFÜHREN. DER CHEVALIER D'ALBIGNAC FLÜCHTETE WÄHREND DER

FRANZÖSISCHEN REVOLUTION NACH LONDON UND MACHTE EIN VERMÖGEN, INDEM ER DIE ENGLÄNDER MIT GRÜNEN SALATEN BEKANNT MACHTE. ER ZEIGTE IHNEN DIE AUFZUCHT DER SALATPFLANZEN, BEHIELT ABER DAS GEHEIMNIS EINER GUT GEWÜRZTEN VINAIGRETTE FÜR SICH. WAS ZUR FOLGE HATTE, DASS ER IN BEGLEITUNG EINES DIENERS UND EINER GROSSEN MAHAGONI-TRUHE MIT DEN NOTWENDIGEN ZUTATEN VON RESTAURANT ZU RESTAURANT UND ZU HERRSCHAFTLICHEN HAUSHALTEN ZOG UND FÜR SEINE DIENSTE FÜRSTLICH ENTLOHNT WURDE.

Wie ein altes Sprichwort sagt, braucht man für einen guten Salat vier Personen mit ganz besonderen Eigenschaften:

- einen Weisen mit dem rechten Maß für Salz, Pfeffer und Senf,
- einen Geizkragen für den sparsamen Umgang mit Essig und Zitrone,
- einen Verschwender für das Öl und
- einen Ausgelassenen, der die Zutaten mit dem Schneebesen kräftig verrührt und die Salatblätter gründlich darin badet.

ANMERKUNG DES KÜCHENCHEFS: Auf den ersten Blick scheint nichts einfacher als die Zubereitung eines grünen Salates. Beim Ausprobieren zeigt sich aber, daß für das Gelingen viel Sorgfalt und Fingerspitzengefühl erforderlich ist.

DIE ZUBEREITUNG VON GEMÜSESALATEN

Gemüsesalate aus gekochtem oder rohem Gemüse werden meist mit einer Vinaigrette oder einer Mayonnaise angemacht. Mayonnaise ist eine fast schon legendäre, vielfach verwendete Sauce aus Eigelb, Öl, Senf, Essig, Pfeffer und Salz und verdient viel mehr Anerkennung, als sie erhält. Für Gemüsesalate ist Mayonnaise eine unvergleichliche Bereicherung. Mit sorgfältig ausgewählten Zutaten phantasievoll zubereitet, bietet Mayonnaise nahezu unbegrenzte Möglichkeiten. Je nach Verwendungszweck kann sie z. B. mit einem aromatischen Kräuter- oder Gewürzsud aus Trüffelsaft, Anisschnaps oder Weißwein verdünnt oder mit püriertem Gemüse (z. B. Brunnenkresse, Tomate, rotem Paprika) verfeinert werden. Mayonnaise läßt sich mit unzähligen Zutaten kombinieren: sauren Gurken, Kapern, Schalotten, Knoblauch, Anchovis, Kaviar, Krabben, Trüffeln, gehackten Kräutern wie Estragon, Kerbel und Schnittlauch, Gewürzen wie Safran, Curry und Paprika und mit Fruchtsäften, wie z. B. Zitronen- oder Orangensaft.

MON CONSEIL POUR LA MAYONNAISE

GRUNDREZEPT FÜR EINE FEINE MAYONNAISE

für ¾ Tasse

1	großes Eigelb		Pfeffer aus der Mühle
½	Tl Salz	⅔	Tasse Öl
½	Tl Senf		Essig oder Zitronensaft

Eigelb, Senf, Öl, Essig und Zitronensaft nur in Zimmertemperatur verarbeiten.

Eigelb und Senf verquirlen, pfeffern und salzen und tropfenweise mit dem Öl zu einer dicken Creme rühren. Nach Bedarf zwischendurch mit 1 Eßlöffel Zitronensaft oder Essig verdünnen.

Die Mayonnaise mit Zitronensaft oder Essig, Pfeffer und Salz abschmecken und kühl (nicht im Kühlschrank) aufbewahren.

ANMERKUNG DES KÜCHENCHEFS: Die Mayonnaise schmeckt weniger ölig, wenn sie mit ein paar Tropfen heißem Wasser oder Essig verrührt wird.

Bei der Zubereitung kann es vorkommen, daß sich die Zutaten nicht richtig miteinander verbinden. Mein Ratschlag: 2 bis 3 Eßlöffel abfüllen, mit ¼ Teelöffel Senf verrühren, in die Schüssel zurückgeben und gründlich verquirlen.

Nicht mehr als ¾ Tasse Öl pro Eigelb verwenden.

EMINCE DE CONCOMBRE A LA CIBOULETTE

GURKENSCHEIBEN IN SAHNESAUCE

WENN MITTWOCHS IN BOURG-EN-BRESSE MARKT STATTFINDET, TREFFEN SICH VIELE KLEINE BAUERN AUS DEN UMLIEGENDEN DÖRFERN, UM OBST UND GEMÜSE AUS DEM EIGENEN GARTEN FEIL ZU BIETEN. DIE WUNDERSCHÖN GEFÄRBTEN GETROCKNETEN BOHNEN SIND IN EINEN ALTEN ZUCKER-

PAPPKARTON GEFÜLLT UND DIE DICKEN, FRISCHEN SCHNITTLAUCHBÜNDEL DANEBEN FÜR DIESES GURKENREZEPT GENAU RICHTIG. OB GEKOCHT ODER ROH, GEHÖREN GURKEN IN JEDE SOMMERKÜCHE UND SIND AUSSERDEM SEIT ALTEN ZEITEN FÜR IHRE HEILKRÄFTE BEKANNT.

für 4 Personen

- 2 Salatgurken
- 8 El Butter
- 1 Prise Zucker
- Salz
- 1 Tasse Sahne
- weißer Pfeffer aus der Mühle
- 1 Prise Paprikapulver
- ½ Bund Schnittlauch, fein gehackt

Die Gurken so schälen, daß grüne Stege stehen bleiben, und in 4 cm lange, zylinderförmige Stücke schneiden. Mit einem kleinen Löffel die Kerne entfernen. Die Gurkenzylinder in 3 mm dünne Scheiben schneiden. Die Gurkenscheiben 30 Sekunden in kochendem, gesalzenem Wasser blanchieren, abgießen, unter kaltem Wasser kurz abschrecken und zum Trocknen auf ein Küchenpapier legen.

In einer großen Pfanne bei mittlerer Temperatur 5 Eßlöffel Butter erhitzen und die Gurken hineingeben. Mit Pfeffer und Salz würzen und unter leichtem Umrühren 5 Minuten weich dünsten. Auf einer vorgewärmten Platte arrangieren.

Für die Sahnesauce die Sahne in die Pfanne geben, bei hoher Temperatur aufkochen und bei reduzierter Temperatur etwa 2 Minuten einkochen lassen. Mit Pfeffer und Salz abschmecken, durch ein Sieb in einen Topf passieren und bei niedriger Temperatur löffelweise die restliche Butter unterrühren.

Die Sahnesauce mit Paprikapulver abschmecken und über den Gurkenscheiben verteilen. Mit Schnittlauch bestreut heiß servieren.

Georges Blanc

COQUETIER POMME D'AMOUR

EIERBECHER »POMME D'AMOUR«

Diese originelle Eierspeise eignet sich vor allem als Vorspeise zum Apéritif. Eierbecher aus Glas oder Keramik werden mit verschiedenen, getrennt zubereiteten Cremes gefüllt, die einander optisch und im Geschmack hervorragend ergänzen.

CONCASSE DE TOMATES (geschmolzene Tomaten): Die Tomaten häuten und entkernen. Grob hacken und bei hoher Temperatur einkochen lassen. Mit feingehackten Schalotten oder Zwiebeln, frischem Thymian, ein paar Tröpfchen Essig, Olivenöl, Sahne, Salz und frisch gemahlenem Pfeffer würzen.

EIERCREME: Die hartgekochten Eier im Mixer kurz durchpürieren. Den Mixer dabei mehrmals ein und aus schalten. Die pürierten Eier mit Mayonnaise verquirlen und mit Pfeffer und Salz abschmecken.

OLIVEN-TAPENADE (»provenzalische Kapern-Oliven-Creme«): Große, schwarze, entkernte Oliven, Anchovisfilets, zerdrückten Knoblauch, ein paar Kapern und gehacktes, frisches Basilikum im Mixer fein pürieren. Das Verhältnis von Anchovis zu Oliven sollte 1 : 5 betragen. Damit das Püree cremig wird, nach und nach etwas Olivenöl einrühren.

DAS FÜLLEN DER EIERBECHER: Mit einem Teelöffel oder mit dem Spritzbeutel zuerst eine dünne Schicht Oliven-Tapenade, dann eine dicke Schicht Concassé de tomates und eine dünne Schicht Eiercreme einfüllen. Die Eierbecher mit einer dünnen Schicht Oliven-Tapenade, frischer Petersilie, 1 Kerbelblättchen oder feinen Tomatenstreifen bekrönen.

Bis zum Servieren in den Kühlschrank stellen.

Zum Auslöffeln empfiehlt sich ein kleiner Eierlöffel, mit dem man gleich beim ersten Bissen bis zur untersten Cremeschicht vordringen kann.

ANMERKUNG DES KÜCHENCHEFS: Ich habe diesmal darauf verzichtet, die Zutaten für eine bestimmte Personenzahl anzugeben. Die Zubereitung der Cremes lohnt sich nur für zahlreiche Gäste.

Die Auswahl der Tomaten muß mit größter Sorgfalt geschehen: Die Tomaten müssen reif, dürfen aber nicht überreif, angedrückt oder aufgeplatzt sein. Auf französisch heißt Tomate auch »Pomme d'amour«, »Liebesapfel«, ein Name den sie verdient hat. Die Tomate ist äußerst vielseitig zu verwenden und eignet sich gleichermaßen für Salate und Gemüsegerichte.

DIE EIERVERKÄUFER AUF DEM MARKT IN BOURG-EN-BRESSE HABEN IHRE EIER VON UNSEREN BERÜHMTEN BRESSE-HÜHNERN. EIER LASSEN SICH HERVORRAGEND MIT TOMATEN KOMBINIEREN. DIE »GEFÜLLTEN EIERBECHER« SIND EIN ÜBERZEUGENDES BEISPIEL UND

ERHALTEN IHREN BESONDEREN CLOU DURCH DIE TAPENADE, EINE OLIVENCREME MIT ANCHOVISFILETS.

UNVORSTELLBAR, DASS MAN DREIHUNDERT JAHRE AN DEM GLAUBEN FESTHIELT, DIE TOMATE SEI HÖCHST GIFTIG. ALS ZIERPFLANZE WAR DIE TOMATE DAGEGEN SEHR BELIEBT UND TRUG POETISCHE NAMEN WIE »POMME DE PEROU«: »PERUANISCHER APFEL« UND »POMME D'AMOUR«: »LIEBESAPFEL«.

VERMICELLE DE LEGUMES ET MACARONIS AU BEURRE DE CITRON

MAKKARONI MIT GESCHNETZELTEM GEMÜSE IN ZITRONENBUTTER

DIE ZUCCHINI AUS DEM GARTEN VON MONSIEUR ROZIER AUS ST. CYR MENTHON, NAHE BEI VONNAS, TRAGEN NOCH IHRE MÄNNLICHEN UND WEIBLICHEN BLÜTEN. MONSIEUR ROZIER BELIEFERT MICH AUSSERDEM MIT ERSTKLASSIGEN KARTOFFELN. DIE BESTEN ZUCCHINI HABEN EINE

HAUCHDÜNNE SCHALE UND SIND KNACKIG UND SÜSS. SIE EIGNEN SICH FÜR PÜREES UND SCHMECKEN IN FEINE SCHEIBEN GESCHNITTEN, MIT ZITRONE, OLIVENÖL UND KNOBLAUCH GEWÜRZT AUCH ROH ALS SALAT.

für 4 Personen

1 große Möhre, geputzt und geschält
1 kleine Sellerieknolle, geputzt und geschält
1 mittelgroße Zucchini, geschält
Saft und geriebene Schale von 1 unbehandelten Zitrone
1 Tasse Sahne
10 El Butter
Salz
Pfeffer aus der Mühle
½ El Pflanzenöl
1½ Tassen Makkaroni oder andere Röhrennudeln
zum Garnieren: glatte, großblättrige Petersilie, frischer Kerbel, feingehackter Schnittlauch, frischer Dill nach Belieben

Nacheinander die Möhre, den Sellerie und die Zucchini mit dem Gemüsehobel fein raspeln und in je einer Schüssel beiseite stellen.

Die geriebene Zitronenschale 20 Sekunden in kochendem Wasser blanchieren, abgießen und gut abtropfen lassen.

Die Sahne in einem mittelgroßen Topf aufkochen lassen und 2 Minuten weiterkochen, bis sie eingedickt ist. Bei mittlerer Temperatur löffelweise 8 Eßlöffel Butter zufügen und mit dem Schneebesen verquirlen. Die blanchierte Zitronenschale und den Zitronensaft einrühren und mit Pfeffer und Salz abschmecken. Die Zitronenbutter bis zum Servieren im Wasserbad warm halten.

In einem mittelgroßen Topf gesalzenes Wasser aufkochen, und die Makkaroni mit dem Pflanzenöl hineingeben. Etwa 7 Minuten al dente kochen, abgießen, in den Topf zurückgeben und mit der restlichen Butter verrühren. Die gebutterten Makkaroni bis zum Servieren warm stellen.

In einem kleinen Topf gesalzenes Wasser aufkochen, die geraspelten Möhren hineingeben und 1½ Minuten kochen. Mit dem Schaumlöffel herausnehmen und gut abtropfen lassen. Mit dem geraspelten Sellerie und den Zucchini ebenso verfahren: der Sellerie muß 1½ Minuten und die Zucchini 45 Sekunden kochen.

4 vorgewärmte Teller bereitstellen. Die Makkaroni in die Mitte häufen, das Gemüse jeweils getrennt in kleinen Portionen rundherum verteilen und mit Zitronenbutter beträufeln. Vor dem Servieren Makkaroni und Gemüse mit frischgemahlenem Pfeffer bestreuen und mit frischen Kräutern garnieren.

ANMERKUNG DES KÜCHENCHEFS: Geschnetzeltes Gemüse, Nudeln und Zitronenbutter können im voraus zubereitet und kurz vor dem Servieren wieder aufgewärmt werden.

Grappe Exquise
Un Grand Vin sur votre table
PRIX
ORIGINE
CATEGORIE
10,00F
enfant

BOUQUET DE HARICOTS VERTS AUX TRUFFES

EXTRA FEINE GRÜNE BOHNEN MIT TRÜFFELN

EIN UNKOMPLIZIERTES GERICHT, DESSEN GELINGEN VON DER QUALITÄT DER BOHNEN ABHÄNGT. DER SOMMER IST DIE BESTE ZEIT FÜR GRÜNE BOHNEN UND DIE BESTEN GRÜNEN BOHNEN SIND (FRANZÖSISCHE) KNACKIG FRISCHE, GRÜNE STANGENBOHNEN, DIE JUNG GEPFLÜCKT WERDEN. GRÜNE BOHNEN

SOLLTEN NIEMALS ZUGEDECKT ODER ZU LANGE GEKOCHT WERDEN, SIE VERLIEREN SONST IHRE LEUCHTEND GRÜNE FARBE UND WERDEN WÄSSERIG UND WEICH.

für 4 Personen

500 g extra feine, grüne Bohnen
¾ Tasse Vinaigrette
2 Schalotten, fein gehackt
1 El Crème fraîche
Salz, Pfeffer aus der Mühle
16 kleine, zarte Blätter von 1 Kopfsalat
40 g frische Trüffeln, in feine Streifen geschnitten
frische Kerbelzweige

In einem großen Topf gesalzenes Wasser aufkochen lassen, die grünen Bohnen hineingeben und etwa 4 Minuten kochen, bis sie gar, aber noch knackig sind. Die Bohnen abgießen und in eine große Schüssel mit Eiswasser geben.

Kurz vor dem Servieren abgießen, gut abtropfen lassen und gründlich mit einem Küchentuch abtrocknen. In einer großen Schüssel die Vinaigrette mit der Crème fraîche und den Schalotten verrühren. Die trockenen Bohnen dazugeben, unter das Dressing heben und mit Pfeffer und Salz abschmecken.

4 Teller bereitstellen. Auf jedem Teller 4 Salatblätter arrangieren und den Bohnensalat in die Mitte geben. Mit Trüffelstreifen und frischem Kerbel garnieren.

GRATIN DE COURGETTES A L'EPICE

ZUCCHINIGRATIN

FRÜHER GALTEN ZUCCHINI ALS GESCHMACKLOS UND WÄSSERIG, WEIL SIE ENTWEDER ZU GROSS ODER ZU ALT GEERNTET WURDEN. SEIT WIR WISSEN, DASS ZUCCHINI EBENSO WIE BOHNEN KLEIN UND FEST GEERNTET WERDEN MÜSSEN, ERFREUEN SIE SICH GROSSER BELIEBTHEIT.

für 4 Personen

8	kleine Zucchini, in 6 mm dicke Scheiben geschnitten	1	Tasse Crème fraîche
			Curry
4	Knoblauchzehen		Safran
1	Bouquet garni		frischgeriebener Muskat
½	Tl Butter		Cayennepfeffer
	Salz	¾	Tasse geriebener Gruyèrekäse nach Belieben
	Pfeffer aus der Mühle		

Die Zucchini mit 3 Knoblauchzehen und dem Bouquet garni in einem großen Topf mit gesalzenem, kaltem Wasser zum Aufkochen bringen. Nicht länger als 4 Minuten kochen, bis die Zucchini gerade weich sind. Abgießen, unter kaltem Wasser abschrecken und zum Trocknen auf ein Küchenpapier legen. Die Knoblauchzehen aufheben. Die Zucchini können auch im voraus gekocht und zugedeckt im Kühlschrank aufbewahrt werden.

Den Backofen auf 230° C vorheizen. Eine mittelgroße Gratin- oder Auflaufform mit der letzten Knoblauchzehe ausreiben und einbuttern.

Schichtweise mit den Zucchinischeiben auslegen und jede Zucchinischicht mit Pfeffer und Salz würzen. Damit das Gratin nicht verwässert, müssen die Zucchinischeiben trocken sein. Die drei gekochten Knoblauchzehen fein hacken und über die Zucchini streuen.

Die Crème fraîche mit je 1 Prise Curry, Safran, Muskat und Cayennepfeffer würzen, mit Salz abschmecken und gleichmäßig über den geschichteten Zucchini verteilen. Nach Belieben mit geriebenem Gruyère bestreuen. Den Gratin etwa 15 Minuten im vorgeheizten Ofen backen, bis die Oberfläche eine goldbraune Kruste hat. Heiß servieren.

NID DE POMME NOELLEUSE AU CAVIAR

KARTOFFELNESTER MIT KAVIAR

WEIL DIE KARTOFFEL SO VIELSEITIG IST, ERNENNE ICH SIE ZUR GEMÜSEKÖNIGIN UND BEKRÖNE SIE MIT KAVIAR.

DIE KARTOFFELKNOLLE STAMMT AUS DEM REICH DER INKAS, UND DIE FRANZOSEN FEIERN AM 25. AUGUST DEN KARTOFFELGEDÄCHTNISTAG. IM JAHRE 1785 ÜBERREICHTE ANTOINE-AUGUSTIN PARMENTIER KÖNIG LUDWIG XVI UND MARIE ANOTINETTE EINEN STRAUSS KARTOFFELBLUMEN, MIT DEM ZIEL, DIE KARTOFFEL, DIE BIS DAHIN EINEN ÄUSSERST SCHLECHTEN RUF IN FRANKREICH HATTE, ZU REHABILITIEREN.

für 4 Personen

4	große oder 8 kleine, neue Kartoffeln (ungefähr 500 g)	½	Bund Schnittlauch, fein gehackt
		55	g Kaviar
2	El Butter		Salz, Pfeffer aus der Mühle
¾	Tasse Crème fraîche		

Die möglichst gleich großen Kartoffeln unter kaltem Wasser kräftig abschrubben und ungeschält in gesalzenem Wasser 15 bis 20 Minuten garen. Abgießen, unter kaltem Wasser abschrecken und die Kuppe abschneiden. Die Kartoffeln vorsichtig aushöhlen und das Kartoffelfleisch zu Brei zerstampfen. Den Kartoffelbrei mit Butter, Crème fraîche, Schnittlauch, Pfeffer und Salz würzen und zu ¾ in die ausgehöhlten Kartoffeln füllen.

Die gefüllten Kartoffeln kurz vor dem Servieren im Backofen aufwärmen und mit einer großzügigen Portion Kaviar garnieren.

ANMERKUNG DES KÜCHENCHEFS: Die Kartoffeln können als warmes Zwischengericht oder als Beilage zu Fischgerichten »à la Müllerin« serviert werden.

PIPERADE A L'ŒUF POCHE VIGNERONNE

PIPERADE MIT POCHIERTEN EIERN IN CHAMPIGNON-ROTWEIN-SAUCE

HIER WIRD DIE GELUNGENE KOMBINATION VON TOMATEN UND EIERN MIT SÜSSEM ROTEN PAPRIKA VERFEINERT. FÜR DIE SPEZIALITÄT DES BASKENLANDES, DIE PIPÉRADE, IST DER URSPRÜNGLICH AUS SÜDAMERIKA STAMMENDE PAPRIKA UNENTBEHRLICH. DIE PIPÉRADE IST EINE ART VON

FONDUESUD AUS SÜSSEM, ROTEM PAPRIKA UND REIFEN TOMATEN UND WIRD OFT MIT RÜHREIERN ODER OMELETTEIG UND EINER DICKEN SCHEIBE BAYONNE-SCHINKEN SERVIERT.

für 4 Personen

- 1/4 Tasse Olivenöl
- 2 Zwiebeln, 1/2 cm dick gewürfelt
- 1 kleine Aubergine, 1/2 cm dick gewürfelt
- 2 rote Paprikaschoten, im Backgrill oder über einer Gasflamme geröstet, geschält und ausgehöhlt
- 3 Tomaten, gehäutet, 1/2 cm dick gewürfelt
- Salz, Pfeffer aus der Mühle
- 3 El Butter
- 1 1/2 Tl Zitronensaft
- 250 g Champignons, geputzt und in Scheiben geschnitten
- 2 1/2 Tassen trockener Rotwein (z. B. Côtes-du-Rhône)
- 1 Bouquet garni aus Petersilie, 1/2 Lorbeerblatt, frischem Thymian, 1 Knoblauchzehe und Zwiebelringen
- 4 frische Eier
- 2 Tl Mehl

Olivenöl in einer großen Pfanne erhitzen, die Zwiebeln dazugeben und unter häufigem Umrühren bei mittlerer Temperatur 5 Minuten glasig dünsten. Auberginen und Paprika hinzufügen und unter ständigem Umrühren 5 Minuten schmoren lassen. Die gewürfelten Tomaten unterrühren, mit Pfeffer und Salz abschmecken und die Tomatenflüssigkeit bei reduzierter Temperatur 20 Minuten einkochen lassen. Die Pfanne vom Herd nehmen.

In einer mittelgroßen Pfanne 2 Eßlöffel Butter erhitzen, Zitronensaft und die Champignons dazugeben und bei hoher Temperatur unter häufigem Umrühren 5 Minuten leicht anbräunen lassen. Mit Pfeffer und Salz würzen und beiseite stellen.

Wein und Bouquet garni in einem kleinen Schmortopf aufkochen und 5 Minuten einkochen lassen. Den Bouquet garni herausnehmen und den Wein weiterkochen lassen. Die Eier in ein Glas schlagen, in den siedenden Wein geben und 5 Minuten pochieren, bis das Eiweiß gerade fest ist. Die Eier mit einem Schaumlöffel herausheben und in eine große Schüssel mit warmem Wasser legen.

Weinsud durch ein Sieb in eine Pfanne passieren und um die Hälfte einkochen lassen. Inzwischen die restliche Butter mit dem Mehl verrühren und nach und nach in den Weinsud geben, so daß eine dicke Sauce entsteht. Bei reduzierter Temperatur weiterrühren, die Champignons dazugeben und die Sauce mit Pfeffer und Salz abschmecken.

Zum Servieren das Gemüse wieder aufwärmen. Die pochierten Eier zum Trocknen auf ein Küchenpapier legen und nach Belieben in Form schneiden.

4 vorgewärmte Teller bereitstellen. Das Gemüse verteilen und mit je einem pochierten Ei bekrönen. Mit Champignon-Rotwein-Sauce übergießen und sofort servieren.

ANMERKUNG DES KÜCHENCHEFS: Gemüse, Eier und Sauce können problemlos im voraus zubereitet und vor dem Servieren wieder aufgewärmt werden. Die pochierten Eier zum Aufwärmen 1 Minute in eine Schüssel mit heißem Wasser legen.

FONDANT A LA TOMATE DE JOEL ROBUCHON

TOMATEN A JOEL ROBUCHON

für 6 Personen

6–8 mittelgroße Tomaten (ungefähr 1½ kg), gehäutet und gewürfelt
½ Tasse Tomatenmark
3 mittelgroße rote Paprikaschoten (ungefähr 750 g), ausgehöhlt und gewürfelt
1 Stange Staudensellerie, ½ cm dick in Ringe geschnitten
1 sparsame Prise Safranpulver
2 frische Thymianzweige
3 frische Basilikumblätter
½ Knoblauchzehe
1 El Zucker
¼ Tasse kaltes Wasser
1 El Gelatine
1 El Ketchup
2 El kleingehackter, frischer Estragon
2 feingehackte, frische Basilikumblätter
1 Schuß Tabasco
⅔ Tasse Sahne

ZUM ANRICHTEN:

6 El Tomatensauce (nach Rezept)
Salz, Pfeffer aus der Mühle

FÜR DIE TOMATENSAUCE:

(ungefähr 2½ Tassen)

3 große, reife Tomaten (ungefähr 500 g), gehäutet
2 El Tomatenketchup
¼ Tasse Tomatenmark
1 sparsame Prise Zucker
1 großzügige Prise Salz
1 Schuß Tabasco
1 Tl Sherryessig
1 El Olivenöl

DIE TOMATEN: Tomaten, Tomatenmark, Paprika, Staudensellerie, Safran, Thymian, Basilikum, Knoblauch und Zucker mit Pfeffer und Salz gewürzt in einem großen Schmortopf (nicht aus Aluminium) unbedeckt unter gelegentlichem Umrühren 1 Stunde kochen lassen. Mit Ketchup, Estragon, gehacktem Basilikum und Tabasco würzen und durch ein feines Sieb passieren. Die Menge soll 2 Tassen ergeben. Bei mehr als 2 Tassen das Püree weiter einkochen lassen.

Das Wasser in eine große Rührschüssel gießen, die Gelatine einstreuen und 10 Minuten warten, bis sie sich aufgelöst hat. Nicht umrühren. Das Tomatenpüree bis kurz vor dem Aufkochen erhitzen und die Gelatine unterrühren. Abkühlen lassen, aber nicht in den Kühlschrank stellen.

Die Sahne steif schlagen und mit ⅓ des Tomatenpürees verquirlen. Das restliche Püree vorsichtig unterrühren. Mindestens 8 Stunden oder über Nacht im Kühlschrank ziehen lassen.

DIE SAUCE: Die Zutaten, bis auf das Olivenöl, mit dem Mixer 30 Sekunden durchpürieren. Tropfenweise das Olivenöl hinzufügen und darauf achten, daß das Püree nicht zu weich wird. Bis zum Servieren in den Kühlschrank stellen.

6 kleine Teller bereitstellen und jeweils 1 Eßlöffel Sauce in die Tellermitte gießen. Die Teller drehen, so daß sich die Sauce gut verteilt. Das Tomatenpüree mit 2 Eßlöffeln zu ovalen Kugeln formen und jeweils 3 Kugeln auf den Tellern arrangieren. Kalt servieren.

DIESES REZEPT IST DER KÖNIGIN DER SOMMERGÄRTEN, DER TOMATE, GEWIDMET UND EINE KREATION MEINES BERÜHMTEN KOLLEGEN JOEL ROBUCHON AUS DEM RESTAURANT JASMIN. JOEL ROBUCHON HAT EIN EINZIGARTIGES TALENT FÜR PERFEKTE ARRANGEMENTS UND IST, WIE DIE

MEISTEN FRANZOSEN, EIN GROSSER TOMATENFREUND. ES HEISST, DASS NEUN VON ZEHN FRANZOSEN IM SOMMER NICHT OHNE IHREN ALLTÄGLICHEN TOMATENSALAT AUSKOMMEN. TROTZDEM WISSEN NUR DIE WENIGSTEN, DASS TOMATEN AUCH FÜR EINEN SALAT NUR GEHÄUTET VERWENDET WERDEN SOLLTEN.

TARTE ECARLATE A L'OLIVE NOIRE

GEMÜSETARTE MIT TOMATEN, ROTEM PAPRIKA UND SCHWARZEN OLIVEN

IM CHATEAU VON PONT DE VEYLE WIRD FRISCHES GEMÜSE AUS DEM KÜCHENGARTEN VERKAUFT. DIE FARBENPRÄCHTIGE GEMÜSETORTE MIT TOMATEN, ROTEM PAPRIKA UND SCHWARZEN OLIVEN WIRD VON DER SOMMERSONNE WARMGEHALTEN UND RUFT URLAUBSERINNERUNGEN AN SÜDLÄNDISCHE KÜCHESPEZIALITÄTEN WACH.

DIE TOMATE IST AUSSERORDENTLICH VIELSEITIG ZU VERWENDEN, Z. B. IN EINEM FRISCHEN SALAT MIT GARTENKRÄUTERN, KNOBLAUCH,

SCHALOTTEN, OLIVEN UND ANCHOVIS. ES GIBT ALLERDINGS AUCH TOMATENFREUNDE, DIE IHRE TOMATEN GEKOCHT UND GEFÜLLT BEVORZUGEN, Z. B. A LA PARISIENNE (MIT TRÜFFELSCHEIBEN UND PILZEN) ODER SAUTIERT A LA PROVENÇALE.

für 4 Personen

- 300 g Brot- oder Pizzateig (tiefgefroren oder als Backmischung)
- 2 El Olivenöl
- 2 El Pflanzenöl
- 3 kleine Zwiebeln, feingehackt
- 6 zerdrückte Knoblauchzehen
- 1 El Tomatenmark
- 600 g Tomaten, überbrüht, gehäutet und fein gewürfelt
- Salz, Pfeffer aus der Mühle
- 1 großzügige Prise Safranpulver
- 1 Bouquet garni aus Thymianzweigen, Lorbeerblättern, Petersilie, ½ Stange Staudensellerie und 1 Estragonzweig
- 2 große rote Paprikaschoten
- 1 Thymianzweig
- 1 Lorbeerblatt
- 1 verquirltes Ei
- ¾ Tasse entkernte schwarze Oliven
- Petersilien- oder Olivenzweige zum Garnieren

Den Teig nach Vorschrift zubereiten, zu einem Kreis mit 35 cm Durchmesser ausrollen, in eine leicht gebutterte Springform legen und den Rand ausziehen. Zum Aufgehen 1 Stunde zugfrei warm stellen.

1 Eßlöffel Olivenöl und 1 Eßlöffel Pflanzenöl in einer großen Pfanne erhitzen, die Zwiebeln dazugeben und unter häufigem Umrühren bei mittelhoher Temperatur 10 Minuten goldbraun rösten. 2 Knoblauchzehen, Tomatenmark und die Tomaten dazugeben, mit Pfeffer und Salz würzen, und den Safran und den Bouquet garni hinzufügen. Unter häufigem Umrühren bei mittlerer Temperatur 20 Minuten einkochen lassen. Die Pfanne vom Herd nehmen.

Den roten Paprika über einer Gasflamme oder im Grill rösten und zwischendurch wenden, bis sie von allen Seiten gebräunt sind. 5 Minuten in Alufolie wickeln, schälen und aushöhlen. Den Paprika mit dem restlichen Oliven- und Pflanzenöl in eine mittelgroße Pfanne geben. Den restlichen Knoblauch, Thymian und das Lorbeerblatt hinzufügen, leicht salzen und bei niedriger Temperatur 5 Minuten dünsten.

Den Backofen auf 250° C vorheizen. Die Tomatensauce gleichmäßig auf dem Teig verteilen. Den Paprika in kleine Würfel schneiden und mit der glänzenden Seite nach oben in einem dekorativen Muster über die Tomatensauce schichten. Den Teigrand mit verquirltem Ei bestreichen und die Torte etwa 30 Minuten backen. Sollte die Oberfläche während des Bakkens zu sehr austrocknen, kann sie mit Folie abgedeckt werden.

Die Torte aus der Springform lösen und leicht mit Olivenöl bestreichen. Mit Oliven und Petersilie oder Olivenzweigen garniert servieren.

ANMERKUNG DES KÜCHENCHEFS: Tomatensauce und Paprika können im voraus zubereitet werden.

BRUNOISE D'AUBERGINES, TOMATES ET POIS A L'ŒUF EN COCOTTE

BRUNOISE MIT AUBERGINEN, TOMATEN, ERBSEN UND EIERN

für 4 Personen

- 3 El Olivenöl
- 2 kleine Auberginen, ½ cm dick gewürfelt
- Salz
- Pfeffer aus der Mühle
- 2 El zerlassene Butter
- 2 Tomaten, gehäutet und ½ cm dick gewürfelt
- 1¼ Tasse gekochte, junge Erbsen
- 4 extra große Eier

Das Olivenöl in einer mittelgroßen Pfanne erhitzen, die gewürfelten Auberginen hinzufügen, mit Pfeffer und Salz würzen und 5 Minuten bei hoher Temperatur sautieren, bis sie leicht gebräunt sind. Zum Trocknen auf ein Küchenpapier legen. Vier, jeweils 1 Tasse fassende, Auflaufformen mit zerlassener Butter ausstreichen und die Böden mit Salz bestreuen. Die gewürfelten Auberginen und Tomaten mit den Erbsen einfüllen und die Oberfläche glattstreichen. In jede Form ein Ei schlagen. Die Formen in eine große Pfanne setzen und die Pfanne zur Hälfte mit Wasser füllen. Den Deckel auflegen und den Auflauf bei mittelhoher Temperatur etwa 8 Minuten dünsten, bis die Eier fest sind. Sofort servieren.

ANMERKUNG DES KÜCHENCHEFS: Dies Rezept ist nur ein Beispiel für zahlreiche Möglichkeiten, frisches Gemüse und Eier miteinander zu kombinieren. Der Auflauf kann mit Croûtons oder mit gekochten Spargelspitzen verfeinert werden.

IN PONT DE VEYLE BLÜHEN DIE AUBERGINEN. ZUSAMMEN MIT TOMATEN, FRISCHEN GRÜNEN ERBSEN UND EIERN GEHÖREN AUBERGINEN AUCH IN DIESES BUNTE SOMMERGERICHT. NUR EIN BEISPIEL FÜR UNZÄHLIGE MÖGLICHKEITEN FRISCHES GEMÜSE UND EIER AUF HARMONISCHE WEISE ZU KOMBINIEREN. DIE BRUNOISE KANN IM FRÜHLING MIT GEKOCHTEN SPARGELSPITZEN UND IM SOMMER MIT GEBUTTERTEN, GEBRATENEN BAGUETTESCHEIBEN ABGERUNDET WERDEN.

VARIATION SUR LES PETITS FARCIS

VERSCHIEDENE REZEPTE FÜR GEFÜLLTES GEMÜSE

COURGETTES FARCIES

GEFÜLLTE ZUCCHINI

für 4 Personen

8 kleine Zucchini
Salz, Pfeffer aus der Mühle
3½ El Butter
1 kleine, weiße, feingehackte Zwiebel
150 g Champignons, geputzt und gewürfelt
1 feingehackte Knoblauchzehe
1 Tomate, gehäutet und gewürfelt
3 El trockener Weißwein
Quarte épices (4 gemahlene Gewürze: Muskat, Nelken, Pfeffer, Ingwer oder Zimt)
1 Eigelb
6 El frische Semmelbrösel, im Backofen getrocknet
2 El geriebener Gruyère
1 El kleingehackte Petersilie
1 El Olivenöl
1½ El geriebener Parmesan
4 El zerlassene Butter

DIE ZUCCHINI: Von jeder Zucchini längs eine Scheibe abschneiden, so daß sie flach aufliegen. Die Enden abschneiden und das Innere aushöhlen: mit der Spitze eines kleinen Schälmessers in jede Zucchini ein tiefes Rechteck einritzen, so daß vom Rand nur ½ cm stehenbleibt. Die Rechtecke quer einschlitzen und mit der Messerspitze auslösen. Falls erforderlich, mit einem Löffel oder Kartoffelausstecher nachhelfen. Das herausgeschnittene Zucchinifleisch kleinschneiden und beiseite legen.

Die ausgehöhlten Zucchini in einem großen Topf mit kochendem, gesalzenem Wasser 2 Minuten blanchieren, abgießen und kurz unter kaltem Wasser abschrecken. Gut abtropfen lassen und mit der ausgehöhlten Seite nach oben in eine gut gebutterte Backform legen. Mit Pfeffer und Salz und 1½ Eßlöffeln Butterstückchen bestreuen.

DIE FÜLLUNG: Die restliche Butter in einer mittelgroßen Pfanne erhitzen, die Zwiebeln dazugeben und unter Umrühren bei mittelhoher Temperatur 2 Minuten glasig dünsten. Die Champignons dazugeben und schmoren lassen, bis die Flüssigkeit verkocht ist.

Den Wein, den Knoblauch und die gewürfelte Tomate einrühren und unter Umrühren bei mittlerer Temperatur 2 Minuten weiterschmoren lassen. Mit Pfeffer, Salz, Quatre épices abschmecken und die Pfanne vom Herd nehmen. Das Eigelb, 4 Eßlöffel Semmelbrösel, den Gruyère und die Petersilie einrühren.

Den Backofen auf 175° C vorheizen.

Das Olivenöl in einer mittelgroßen Pfanne erhitzen, das Zucchinifleisch hineingeben und 3 Minuten bei mittlerer Temperatur sautieren. Salzen und das Zucchinifleisch zu den Champignons geben.

Die Füllung in die ausgehöhlten Zucchini füllen, die Zucchini mit den restlichen Semmelbröseln und Parmesan bestreuen und mit zerlassener Butter beträufeln. In den Backofen schieben und etwa 40 Minuten backen. Heiß servieren.

ANMERKUNG DES KÜCHENCHEFS: Die Zucchini können problemlos im voraus zubereitet werden. Im Kühlschrank aufbewahrt, verlängert sich ihre Backzeit um 5 bis 10 Minuten.

SEITE 128 ZEIGT EINE BUNTE PRACHT GEFÜLLTER SOMMERGEMÜSE: ZUCCHINI, ROTE ZWIEBELN, PAPRIKA, MÖHREN, AUBERGINEN UND, NICHT ZU VERGESSEN, DIE KARTOFFEL.

IN BRENOT, IN DER GEGEND VON BUGEY, WIRD BESONDERS GUTER KÄSE HERGESTELLT. DIE GROSSEN KÄSERÄDER WERDEN ZUM REIFEN IN KELLERGEWÖLBEN GELAGERT. GRUYÈRE HAT EINEN LEICHT NUSSIGEN GESCHMACK UND EIGNET SICH VORZÜGLICH ZUM ÜBERBACKEN VON GEMÜSE.

AUBERGINES FARCIES

GEFÜLLTE AUBERGINEN

für 6 bis 8 Personen

FÜR DIE GEFÜLLTEN AUBERGINEN:

4 kleine Auberginen (1½ kg)
½ Tasse Olivenöl
1 Tasse Reis
1½ Tassen Wasser
Safranfäden oder 1 Prise Safran
2 kleine Zwiebeln, fein gehackt
5 El Butter
½ Tasse frische, gekochte Erbsen
½ rote Paprikaschote, geschält, ausgehöhlt und gewürfelt
2 feingehackte Knoblauchzehen
1 El Tomatenmark
½ Tasse geriebener Gruyèrekäse
1 verquirltes Ei
Salz, Pfeffer aus der Mühle

FÜR DIE SAUCE:

2 Tassen Sahne
1 halbierte Knoblauchzehe
2 Eigelb
Salz, Pfeffer aus der Mühle
Safranfäden oder Petersilie zum Garnieren

DIE GEFÜLLTEN AUBERGINEN: Die Auberginen halbieren, 1 cm vom Rand rundherum einritzen und in die Mitte große Kreuze schlitzen. Salzen und 1 Stunde auf einem Küchenpapier ziehen lassen.

Das Olivenöl (bis auf einen Eßlöffel) in einem großen Schmortopf erhitzen, die Auberginen hineingeben und schubweise 15 Minuten weich dünsten. Zwischendurch häufig umwenden und nach Bedarf mehr Öl zugeben. Die Schalen nicht aufplatzen lassen. Die Auberginen aushöhlen, das Fleisch mit Pfeffer und Salz würzen und beiseite stellen. Die ausgehöhlten Auberginen in eine gebutterte Backform legen.

Den Backofen auf 200° C vorheizen. In einem kleinen Schmortopf mit gut schließendem Deckel 2 Eßlöffel Butter erhitzen, 1 Zwiebel dazugeben und 3 Minuten glasig dünsten. In einem kleinen Topf 1½ Tassen Wasser aufkochen lassen. Den Reis zu der Zwiebel geben und 1 Minute dünsten. Das kochende Wasser zugießen, salzen und den Reis aufkochen lassen. Zugedeckt 14 Minuten im vorgeheizten Backofen garen. Den fertigen Reis mit einer Gabel auflockern und 1 Eßlöffel Butter unterrühren.

In einem kleinen Topf mit schwerem Boden das restliche Olivenöl erhitzen, die gewürfelte rote Paprika und 1 Knoblauchzehe hineingeben. Salzen und bei mittlerer Temperatur 5 Minuten dünsten.

In einem großen Schmortopf die restliche Butter erhitzen, die zweite Zwiebel und die zweite Knoblauchzehe dazugeben und bei mittlerer Temperatur 3 bis 5 Minuten dünsten. Das Tomatenmark unterrühren, das gekochte Auberginenfleisch würfeln und 5 Minuten schmoren lassen. Auberginenfleisch und Sud in eine große Rührschüssel geben und mit dem Reis, den roten Paprikawürfeln, dem Ei und 1 Prise Gruyère vermischen. Die gekochten Erbsen hinzufügen und das Gemüse pfeffern und salzen.

Den Backofen auf 250° C vorheizen. Das Gemüse in die ausgehöhlten Auberginen füllen und mit Käse bestreuen. Die gefüllten Auberginen im Backofen erhitzen, bis der Käse zerläuft.

DIE SAUCE: Die Sahne mit der halbierten Knoblauchzehe in einem Topf mit schwerem Boden kurz aufkochen und bei reduzierter Temperatur um die Hälfte eindicken lassen. Den Safran dazugeben und mit Pfeffer und Salz würzen.

Kurz vor dem Servieren die Eigelb einrühren. Die Sauce noch einmal erhitzen, aber nicht aufkochen lassen, und durch ein feines Sieb passieren.

6 oder 8 vorgewärmte Teller bereitstellen. Die Sauce verteilen und die gefüllten Auberginen in die Tellermitte legen. Mit Safranfäden oder Petersilie garniert sofort servieren.

POMMES DE TERRE FARCIES

GEFÜLLTE KARTOFFELN

für 4 Personen

FÜR DIE FÜLLUNG:

¼ Tasse kleine weiße Bohnen, über Nacht eingeweicht und gut abgetropft
1 kleine Zwiebel, mit 1 Gewürznelke gespickt
1 Möhre, geschält und halbiert
1 Stange Staudensellerie, halbiert
1 Petersilienzweig
100 g junge grüne Bohnen, geputzt
1½ Tl Butter
1½ Tl Mehl
¼ Tasse Milch
3 El Sahne
1 Eigelb
½ Tl feingehackte Petersilie
½ Tl feingehackter Kerbel
Salz, Pfeffer aus der Mühle

FÜR DIE KARTOFFELN:

2 großzügige Prisen Safranpulver
4 große oder 8 kleine Kartoffeln
1¼ Tasse Gemüsebrühe
zerlassene Butter

DIE FÜLLUNG: Einen mittelgroßen Kochtopf etwa 8 cm hoch mit Wasser füllen, die weißen Bohnen, die Zwiebel, den Staudensellerie und den Petersilienzweig hineingeben und aufkochen lassen. Bei mittlerer Temperatur etwa 45 Minuten weiterkochen, bis die Bohnen weich sind. Die Bohnen abgießen und das Gemüse herausnehmen. Die grünen Bohnen in gesalzenem Wasser etwa 5 Minuten kochen, bis sie gerade gar sind. Abgießen, kurz unter kaltem Wasser abschrecken, zum Trocknen auf ein Küchenpapier legen und in 1 cm lange Stücke schneiden.

In einem kleinen Kochtopf die Butter erhitzen, mit dem Schneebesen das Mehl einrühren und unter Weiterrühren aufkochen lassen. Die Milch unterquirlen und unter Weiterquirlen einkochen lassen. Weiterrühren und bei reduzierter Temperatur 1½ Minuten kochen lassen. Den Topf vom Herd nehmen und die Sauce mit Pfeffer und Salz würzen.

In einem kleinen Topf die Sahne erhitzen und 1 Minute andicken lassen. Die Sahne unter die weißen und grünen Bohnen rühren. Die weiße Sauce hinzugeben. Eigelb, Petersilie und Kerbel unterziehen und mit Pfeffer und Salz abschmecken.

DIE KARTOFFELN: Einen Topf, der gerade groß genug für die Kartoffeln ist, mit gesalzenem Wasser füllen und den Safran zugeben. Die Kartoffeln schälen. Je eine dünne Scheibe abschneiden, so daß sie flach aufliegen. Von der anderen Seite eine 2 cm dicke Scheibe als »Deckel« abschneiden. Die Kartoffeln aushöhlen. Der zurückbleibende Rand soll 1,5 bis 2 cm dick sein. Den Backofen auf 230° C vorheizen.

Die Kartoffeln mitsamt den Deckeln in das Safranwasser geben, aufkochen lassen und 10 Minuten kochen, bis sie gelb gefärbt sind. Abschütten und abtropfen lassen.

Die Kartoffeln mit der ausgehöhlten Seite nach oben in eine gebutterte Backform legen, die so groß ist, daß die Kartoffeln gerade darin Platz haben. Die Kartoffeln füllen und die Deckel obenauf legen. Die Backform mit so viel Gemüsebrühe auffüllen, daß die Kartoffeln halb bedeckt sind. Die Kartoffeln 30 Minuten backen und zwischendurch mit dem Gemüsesud übergießen. Zum Servieren mit zerlassener Butter beträufeln.

POIVRONS FARCIES

GEFÜLLTE PAPRIKASCHOTEN

für 4 Personen

FÜR DIE FÜLLUNG:
- ½ Tasse Kurzkornreis
- 6 El Olivenöl
- 1 kleine Aubergine, ½ cm dick gewürfelt
- 1 kleine Zucchini, ½ cm dick gewürfelt
- ½ grüne Paprikaschote, ½ cm dick gewürfelt
- 1 sehr großer Champignon, ½ cm dick gewürfelt
- 1 Artischockenboden, ½ cm dick gewürfelt
- 1 Tomate, überbrüht, gehäutet und ½ cm dick gewürfelt
- 1 kleine Zwiebel, ½ cm dick gewürfelt
- Salz, Pfeffer aus der Mühle
- Paprikapulver
- 1 hartgekochtes Ei, ½ cm dick gewürfelt
- ½ Tasse junge, gekochte Erbsen
- 2 El zerlassene Butter
- 1 verquirltes Ei
- ¾ Tasse geriebenen Gruyèrekäse
- 1 Tl geriebenen Parmesankäse

FÜR DIE PAPRIKASCHOTEN:
- 4 große rote Paprikaschoten
- 1 Zwiebel, in Ringe geschnitten
- 4 zerdrückte Knoblauchzehen
- ½ Tasse Olivenöl
- 4 Thymianzweige
- 2 Lorbeerblätter
- Salz, Paprikasauce
- ¼ Tasse junge, gekochte Erbsen

DIE FÜLLUNG: Den Reis 8 Minuten in kochendem, gesalzenem Wasser weich kochen. Abgießen, kurz unter kaltem Wasser abschrecken und gut abtropfen lassen.

Das Olivenöl in einer großen Pfanne erhitzen, Auberginen, Zucchini, Paprika, Champignon, Artischocke, Tomate und Zwiebel dazugeben und mit Pfeffer, Salz und Paprika würzen. Das Gemüse unter Umrühren 10 Minuten bei mittlerer Temperatur weich dünsten. In ein Sieb abgießen, abtropfen lassen und wieder in die Pfanne geben. Den Reis, die zerlassene Butter, das hartgekochte Ei und die Erbsen unterrühren. Das verquirlte Ei mit Gruyère- und Parmesankäse verrühren und unter das Gemüse geben. Mit Pfeffer, Salz und Paprika abschmecken.

DIE PAPRIKASCHOTEN: Die roten Paprikaschoten mit einem scharfen, biegsamen Messer entstielen und aushöhlen. Die Stiele aufheben und als Deckel verwenden. Den Backofen auf 175° C vorheizen. Eine Backform, in der die Paprika gerade Platz haben, einbuttern und mit Zwiebelringen und zerdrücktem Knoblauch auslegen. Das Gemüse so fest wie möglich in die Paprika füllen, mit den Stielen verschließen und die Paprika in die Backform legen. Gleichmäßig mit Olivenöl beträufeln. Den Thymian und das Lorbeerblatt obenauf legen.

Bis hierhin können die gefüllten Paprika auch im voraus zubereitet werden.

Die Paprika 40 Minuten backen und zwischendurch einmal wenden. Nach dem Backen 10 Minuten abkühlen lassen. Die gefüllten Schoten in 3 cm dicke Scheiben schneiden. Die Erbsen in die Paprikasauce rühren. 4 vorgewärmte Teller bereitstellen und auf jedem Teller eine in Scheiben geschnittene Paprika mit Paprikasauce servieren.

CAROTTES FARCIES

GEFÜLLTE MÖHREN

für 4 Personen

FÜR DIE GEFÜLLTEN MÖHREN:
4 sehr große, lange, gerade Möhren
Salz
1 Tl Zucker
5½ El Butter
1 große Stange Staudensellerie, in 3 mm kleine Würfel geschnitten
1 kleine Steckrübe, geschält und in 3 mm kleine Würfel geschnitten
1 Tasse Milch
1 Bouquet garni
1 kleine, feingehackte Zwiebel
150 g Champignons, geputzt und fein gewürfelt
4 Tl Mehl
¾ Tasse frische, gekochte Erbsen
4 El zerlassene Butter

FÜR DIE SAUCE:
1 El klein gewürfelten, weichgekochten Sellerie
1 El klein gewürfelte, weichgekochte Möhren
1 El frische, gekochte Erbsen
1 Tasse Beurre blanc (s. Anhang)
rautenförmig geschnittene, gekochte Zuckererbsenschoten und frischen Kerbel nach Belieben

DIE MÖHREN: Die Möhren so schälen, daß kantige Stege stehenbleiben, und in 3 cm lange Zylinder schneiden. Die Möhrenzylinder mit einem kleinen Kartoffelausstecher ausstechen.

Die Möhrenzylinder mit der ausgehöhlten Seite nach oben in eine große, gebutterte Pfanne geben und halb mit Wasser bedecken. Mit Salz und Zucker würzen und mit 2½ Eßlöffeln Butterstückchen bestreuen.

Aufkochen lassen und 35 Minuten kochen, bis die Möhren weich sind.

DIE FÜLLUNG: Für 2 Eßlöffel Möhrenwürfel einen Teil des herausgeschnittenen Möhrenfleisches kleinschneiden. Die Möhrenwürfel mit dem Sellerie, der Steckrübe und der Milch in einen kleinen Topf geben, den Bouquet garni dazugeben, pfeffern und salzen und bei hoher Temperatur aufkochen lassen. Das Gemüse 5 Minuten bei reduzierter Temperatur weiterkochen, bis es gar ist. Abgießen und die Milch auffangen und aufbewahren. Den Bouquet garni herausnehmen.

Den Backofen auf 175° C vorheizen.

In einer mittelgroßen Pfanne die restliche Butter erhitzen, die Zwiebel dazugeben und 2 Minuten glasig dünsten. Mit den gewürfelten Champignons bei hoher Temperatur 5 Minuten weiterschmoren lassen, bis fast alle Flüssigkeit verkocht ist. Bei reduzierter Temperatur das Mehl einrühren und nach und nach soviel Milch dazugeben, daß eine dicke Sauce entsteht. Die Sauce 1 Minute kochen lassen, die Erbsen unterrühren und 2 Minuten weiterkochen lassen. Die Sauce durch ein feines Sieb passieren und pürieren. Das Gemüse dazugeben und mit Pfeffer und Salz abschmecken. Die Füllung mit einem kleinen Löffel in die ausgehöhlten Möhrenzylinder geben. Mit zerlassener Butter beträufeln und 25 Minuten im vorgeheizten Ofen backen.

DIE SAUCE: In der Zwischenzeit die Beurre blanc mit dem gewürfelten Gemüse verrühren.

4 vorgewärmte Teller bereitstellen und die Sauce darauf verteilen. Die gefüllten Möhren auftragen, mit Zuckererbsen und frischem Kerbel garnieren und sofort servieren.

ANMERKUNG DES KÜCHENCHEFS: Die gefüllten Möhren können problemlos im voraus zubereitet und kurz vor dem Servieren gebacken werden.

IN DEN KELLERN VON JUJURIEUX WERDEN CHAMPIGNONS NOCH NACH ALTER FRANZÖSISCHER TRADITION IN PFERDEMIST GEZÜCHTET. DIE KALORIENARMEN WEISSEN UND BRAUNEN KULTURCHAMPIGNONS SIND BEI DIÄTKUREN SEHR BELIEBT.

CONFIT DE NAVETS, CAROTTES ET PETITS OIGNONS AUX RAISINS BLONDS

CONFIT VON PERLZWIEBELN, MÖHREN UND STECKRÜBEN MIT GRÜNEM PFEFFER UND ROSINEN IN MUSKATELLERSAUCE

VONNAS IST IM SOMMER FÜR SEINE BUNTE GERANIENPRACHT BERÜHMT. IN DEN FRANZÖSISCHEN FARBEN ROT, WEISS UND BLAU SCHMÜCKEN GERANIEN STRASSEN, BRÜCKEN, FLUSSUFER UND FENSTERBÄNKE.
DIESES GERICHT BESTEHT AUS PERLZWIEBELN, MÖHREN UND

STECKRÜBEN. FRANZOSEN WAREN SCHON IMMER GROSSE ZWIEBELESSER UND REGELRECHTE ZWIEBELEXPERTEN. ZWIEBELN WERDEN IN FRANKREICH IN ALLEN MÖGLICHEN VARIATIONEN GEZÜCHTET UND IM MITTELALTER WAR ES BRAUCH UND STOLZ JEDER GUTEN HAUSFRAU, GÄSTE MIT EINEM EIGENEN, BESONDEREN ZWIEBELGERICHT ZU ÜBERRASCHEN.

für 4 Personen

- ½ Tasse helle Rosinen
- ½ Tasse und 3 El Muskateller (z. B. Muscat de Beaumes-de-Venise)
- 20 Perlzwiebeln
- 6 mittelgroße, geschälte Steckrüben
- 6 große, geschälte Möhren
- 14 El Butter
- 1 El Zucker
- 1 frischer Thymianzweig
- ½ Lorbeerblatt
- Salz
- ¼ Weißweinessig
- 1½ Tl gut abgetropfte grüne Pfefferkörner
- 3 El Zitronensaft
- Pfeffer aus der Mühle

Die Rosinen in einer ½ Tasse Muskateller bei Zimmertemperatur gut durchziehen lassen.

Die Zwiebeln 20 Sekunden mit kochendem Wasser überbrühen, kalt abschrecken, die Haut abziehen und die Wurzeln abschneiden.

Aus den Möhren und den Steckrüben mit einem Kartoffelausstecher kleine Kugeln ausstechen, die etwa so groß wie die Perlzwiebeln sind.

Das Gemüse mit 2 Eßlöffeln Butter, Zucker, Thymian, Lorbeerblatt und 1 kräftigen Prise Salz in eine große Pfanne geben und die Pfanne 1 bis 1½ cm hoch mit Wasser füllen. Die Pfanne mit gebuttertem Pergamentpapier abdecken und in die Mitte des Papiers ein Loch schneiden.

Das Gemüse bei hoher Temperatur aufkochen lassen und 5 Minuten weich kochen. Das Pergamentpapier entfernen und das Gemüse 10 Minuten unter Umrühren weiterkochen lassen, bis der Gemüsesud karamelisiert. Den Essig und die grünen Pfefferkörner unterrühren und bei reduzierter Temperatur weiterkochen lassen. Die Rosinen abgießen, den Wein aufbewahren, und die abgetropften Rosinen unter das Gemüse geben.

4 vorgewärmte Teller oder Suppentassen bereitstellen und das Gemüse verteilen. Den Karamelsud mit 2 Eßlöffeln Wasser und dem Muskateller verrühren und bei mittlerer Temperatur erhitzen. Den Zitronensaft hinzufügen, löffelweise die restliche Butter einrühren, und die Sauce mit Pfeffer und Salz abschmecken. Durch ein Sieb passieren und über dem Gemüse verteilen. Sofort heiß servieren.

ANMERKUNG DES KÜCHENCHEFS: Statt der ausgestochenen Möhrenkugeln können auch 20 kleine Zuckermöhren mit Blättern verwendet werden.

TOMATE ARLEQUIN

HARLEKIN-TOMATEN

für 4 Personen

- 12 Salattomaten
- 2 Tassen frische oder tiefgefrorene Erbsen
- 1 Sellerieknolle, geschält und in dicke Scheiben geschnitten
- ½ Tasse Sahne
- 1 Eiweiß
- 1 große weiße Zwiebel, fein gehackt
- ¼ Tasse Butter
- ½ Tasse Gemüsebrühe
- 2 Eßlöffel Crème fraîche oder Sahne
- Paprikapulver
- Cayennepfeffer
- 1 sparsame Prise Zucker
- Salz, Pfeffer aus der Mühle
- Kerbelzweige und nach Belieben feingeraspelte rote und grüne Paprikaschoten zum Garnieren

Von den Tomaten unter der Blüte eine ½ cm dicke Scheibe abschneiden und als Deckel aufbewahren. Die Tomaten vorsichtig mit einem Löffel oder einem Kartoffelausstecher aushöhlen und mit Pfeffer, Salz und Zucker würzen. Zum Austropfen auf dem Kopf auf ein Küchenpapier legen.

Die Erbsen in gesalzenem Wasser 7 Minuten garen, abgießen und kurz unter kaltem Wasser abschrecken.

Den Sellerie in einem mittelgroßen Topf mit gesalzenem Wasser bedeckt aufkochen lassen und bei reduzierter Temperatur weich kochen (etwa 20 Minuten). Abgießen, abtropfen und abkühlen lassen. Den gekochten Sellerie im Mixer fein pürieren. Das Püree durch ein Sieb (nicht aus Aluminium) passieren und mit dem Eiweiß verquirlen. Mit Salz und Cayennepfeffer würzen, die Sahne unterrühren und mit einer Prise Paprika abschmecken. Bis auf ¼ Tasse die Erbsen dazugeben, und das Gemüse mindestens 2 Stunden kalt stellen.

Die Tomaten mit der Sellerie-Erbsen-Mischung füllen, die Deckel oben auflegen und festdrücken.

Den Backofen auf 160° C vorheizen. Die Butter in einem großen, feuerfesten Schmortopf zum Schmelzen bringen, die Zwiebel dazugeben und unter Umrühren 5 Minuten glasig dünsten. Mit 1 Prise Paprika würzen. Die gefüllten Tomaten vorsichtig in den Schmortopf legen, die Gemüsebrühe dazugießen und aufkochen lassen. Den Schmortopf lose mit gebutterter Alufolie abdecken und die gefüllten Tomaten im Backofen 10 bis 15 Minuten backen.

Nach dem Backen die Tomaten mit dem Schaumlöffel herausnehmen und warm stellen. Den Sud im Schmortopf aufkochen und um die Hälfte einkochen lassen. Die Crème fraîche oder die Sahne dazugeben und noch einmal um die Hälfte einkochen lassen. Die Sauce durch ein feines Sieb passieren und mit Pfeffer und Salz abschmecken.

4 vorgewärmte Teller bereitstellen. Die Sauce auftragen und jeweils 3 gefüllte Tomaten in die Tellermitte legen. Mit den restlichen Erbsen, frischem Kerbel und nach Belieben mit geraspeltem Paprika garniert servieren.

HARLEQUIN-TOMATEN, SERVIERT ZUR MITTAGSZEIT AM UFERSTRAND BEI MEINEM FREUND MONSIEUR VACHERESSE, DER SEIN GEMÜSE SELBER ZIEHT UND EIN GROSSER TOMATENFREUND IST. TOMATENLIEBHABER SIND SICH NIEMALS EINIG: WÄHREND DIE EINEN

TOMATENSALAT VORZIEHEN, RUFEN DIE ANDEREN NACH GEFÜLLTEN TOMATEN. DIE HARLEQUIN-TOMATEN SIND U. A. MIT FRISCHEN, GRÜNEN ERBSEN GEFÜLLT. ERBSEN ERFREUEN SICH IN FRANKREICH FAST EBENSO GROSSER BELIEBTHEIT WIE TOMATEN UND VIELE FRANZOSEN STIMMEN MIT DEM GASTRONOMEN GRIMOD DE LA REYNIERE ÜBEREIN, DER BEHAUPTET, FRISCHE ERBSEN SEIEN DAS BESTE UND SCHMACKHAFTESTE GEMÜSE ÜBERHAUPT.

QUENELLES D'AUBERGINES EN ECAILLES DE COURGETTES

AUBERGINENKLÖSSCHEN MIT ZUCCHINI-»BLÄTTCHEN«

für 4 Personen

½ Tasse Olivenöl
750 g Auberginen, geschält und 1,5 cm dick gewürfelt
5 große Zucchini
1 El Butter
½ Tl frischer gehackter Thymian
Vinaigrette oder Tomaten-Coulis (s. Anhang)

Das Olivenöl in einer großen Pfanne erhitzen, die gewürfelten Auberginen dazugeben und bei mittlerer Temperatur 15 Minuten weich schmoren. Abgießen und im Mixer pürieren. Das Auberginenpüree mit Pfeffer und Salz abschmecken und zugedeckt warm stellen.

Aus den Zucchini mit einem scharfen, kleinen Messer etwa daumennagelgroße »Blättchen« ausschneiden. Die Zucchini-»Blätter« in kochendem, gesalzenem Wasser 1 Minute sautieren, kurz unter kaltem Wasser abschrecken, abtropfen lassen und zum Trocknen auf ein Küchenpapier legen.

In einer mittelgroßen Pfanne die Butter erhitzen, die Zucchini-»Blättchen« dazugeben und in der zerlassenen Butter schwenken. Mit Thymian, Pfeffer und Salz würzen.

Aus dem Auberginenpüree mit 2 Eßlöffeln ovale Kugeln formen.

4 Teller bereitstellen und jeweils 3 Auberginenklößchen wie Blütenblätter in die Tellermitte legen. Die Zucchini-»Blättchen« darüber arrangieren. Auf Zimmertemperatur abgekühlt mit Vinaigrette oder frischem, mit Essig verfeinertem Tomaten-Coulis servieren.

DER ROSENGARTEN GEHÖRT ZU EINEM ALTEN HAUS IN CHATEAU-CHALON, EINEM WUNDERSCHÖNEN, MITTELALTERLICHEN DÖRFCHEN DER JURA-REGION, WO EIN AUSGEZEICHNETER WEISSWEIN WÄCHST.

WIE DIE TOMATE WURDE DIE AUBERGINE EINST ALS ZIERPFLANZE

GEZOGEN UND IST HEUTE EIN BELIEBTES, VIELSEITIG VERWENDETES GEMÜSE. DIE AUBERGINENKLÖSSCHEN SIND EINE AUSGEFALLENE KREATION. AUBERGINEN WERDEN MEIST MIT ANDEREN GEMÜSEN ZUBEREITET UND EIGNEN SICH FÜR SOUFFLES, OMELETTS, PÜREES, GRATINS ODER GEMÜSEFÜLLUNGEN. SIE SCHMECKEN ABER AUCH SAUTIERT ODER ROH ALS SALAT MIT EINER ESTRAGON-VINAIGRETTE.

EFEUILLEE DE CŒUR D'ARTICHAUT AU PERSIL ET MESCLUN

GEFÜLLTE ARTISCHOCKENHERZEN MIT PETERSILIENPÜREE

GLEICH HINTER MEINEM KÜCHENFENSTER BLÜHEN AN DEN UFERN DER VEYLE WUNDERSCHÖNE SEEROSEN. KEIN WUNDER, DASS ICH MICH ZU ARTISCHOCKEN IN LOTOSBLÜTENFORM INSPIRIEREN LIESS. ARTISCHOCKEN KÖNNEN MIT BLÄTTERN GEKOCHT UND NACH DEM KOCHEN ABGEPFLÜCKT WERDEN. FÜR DIESES REZEPT WIRD DER BODEN FÜR EINE PETERSILIENFÜLLUNG AUSGEHÖHLT UND VOR DEM FÜLLEN IN FORM GESCHNITTEN. DIE GEFÜLLTEN

ARTISCHOCKENBÖDEN IM BLÄTTERKRANZ MIT TOMATENSTÜCKCHEN SERVIEREN.

für 4 Personen

4 große oder 8 kleine Artischocken
1 El Mehl
Saft einer ½ Zitrone
500 g Petersilie (glatt und/oder krauss)
1 Tl Essig
2 El Sahne, mit der Gabel leicht durchgeschlagen
1 grüner Salat nach Wahl
1 Tasse Vinaigrette
1 mittelgroße Tomate, überbrüht und gehäutet
Salz
Pfeffer aus der Mühle

Die Stiele abschneiden und die Artischocken mit kaltem Wasser bedeckt in einen großen Topf geben. Mehl und Zitronensaft hinzufügen, salzen und aufkochen lassen. 20 Minuten garen, den Topf vom Herd nehmen und die Artischocken in ihrem Sud abkühlen lassen. Die Petersilie waschen und entstielen und in einen Topf mit kochendem, gesalzenem Wasser geben. 10 Minuten bei hoher Temperatur kochen lassen, mit dem Schaumlöffel herausholen und im Mixer 30 Sekunden pürieren. Das Püree mit Essig, Pfeffer und Salz würzen, die Sahne unterrühren und noch einmal mit Pfeffer und Salz abschmecken. Bis zum Servieren in den Kühlschrank stellen.

Den grünen Salat putzen, waschen und trocknen.

Von den Artischocken die Blätter abpflücken und die faserigen Blüten an den Böden entfernen. Die Artischockenböden mit dem Petersilienpüree füllen.

Die Tomate achteln. Den grünen Salat mit der Vinaigrette anmachen.

4 Teller bereitstellen, den Salat verteilen, mit den gefüllten Artischokkenherzen bekrönen und mit Tomatenstückchen garnieren.

ANMERKUNG DES KÜCHENCHEFS: Die Artischockenblätter werden erst nach dem Kochen abgepflückt und können nach Belieben zur Dekoration verwendet werden.

COROLLE D'ARTICHAUT A LA CREME DE CHEVRE FRAIS ET CIBOULETTE

ARTISCHOCKENBÖDEN IN ZIEGENKÄSE-SAHNE-CREME

für 8 Personen

- 8 Artischocken
- ⅔ Tasse (ungefähr 250 g) ausgedrückter Ziegenfrischkäse
- 1½ Tassen Sahne
- ½ Tasse feingehackter Schnittlauch
- 1 El Essig
- 2 El Olivenöl
- 1 gehäutete Tomate zum Garnieren
- Zitronensaft

Die Artischocken mit kaltem, gesalzenem Wasser bedeckt aufkochen lassen und etwa 20 Minuten weich kochen. Zur Probe mit der Messerspitze einstechen. Kurz unter kaltem Wasser abschrecken und abtropfen lassen. Die Blätter entfernen und die faserigen Blüten aus den Böden herausschneiden. Die Artischockenböden an den Seiten beschneiden und in je 8 gleich große Scheiben schneiden. Auf einen Teller legen und mit Zitronensaft beträufeln.

Den Ziegenkäse in einer Rührschüssel mit einer Gabel zerdrücken und mit dem Schneebesen nach und nach mit der Sahne verrühren. Mit Essig und Öl, Schnittlauch, Pfeffer und Salz würzen und mindestens 1 Stunde im Kühlschrank durchziehen lassen.

4 Teller bereitstellen. Die Artischockenscheiben verteilen und mit Tomatenwürfeln garnieren. Die Sahnecreme in die Tellermitte geben und vor dem Servieren mit Schnittlauch bestreuen.

EIN UNKOMPLIZIERTES GERICHT, PERFEKT ARRANGIERT. DIE KRONE AUS ARTISCHOCKENBÖDEN TRÄGT STATT RUBINEN TOMATENSTÜCKCHEN UND IST MIT ZIEGENKÄSECREME GEFÜLLT.

ARTISCHOCKEN WERDEN VON MAI BIS OKTOBER GEERNTET. IN FRANKREICH WIRD MEIST DIE RUNDKÖPFIGE CAMUS-

ARTISCHOCKE MIT BREITEN, KURZEN BLÄTTERN ANGEBAUT. DIE BESTEN ARTISCHOCKEN SIND SCHWER UND FEST UND HABEN STEIFE, FLEISCHIGE BLÄTTER.

COMPOTE ESTIVALE A LA CUILLER

SOMMERGEMÜSE-KOMPOTT

für 4 Personen

3	mittelgroße Auberginen (ungefähr 1 kg)
6	mittelgroße Tomaten (ungefähr 1250 g), überbrüht und gehäutet
2	feingehackte Knoblauchzehen
1	große Zwiebel, fein gehackt
2	El Butter
4	El Olivenöl
	frische Thymianzweige
2	El Crème fraîche
½	Tasse Vinaigrette
	Salz
	Pfeffer aus der Mühle
	Kerbel oder feingehackter Schnittlauch nach Belieben
	grobkörniges Meersalz nach Belieben zum Garnieren

Den Backofen auf 160° C vorheizen.

Die Auberginen längs halbieren, die Hälften in eine leicht geölte Backform legen und mit 2 Eßlöffeln Olivenöl beträufeln. 30 Minuten im Backofen backen, mit einem großen Löffel aushöhlen und das Auberginenfleisch in Würfel schneiden.

Das restliche Olivenöl und die Butter in einem großen Schmortopf erhitzen, die Zwiebel und den Knoblauch dazugeben und 5 Minuten bei mittlerer Temperatur dünsten. Das gewürfelte Auberginenfleisch, Salz, Pfeffer und Thymian hinzufügen, kurz erhitzen, noch einmal mit Pfeffer und Salz abschmecken und den Schmortopf vom Herd nehmen und beiseitestellen.

Die Tomaten vierteln und aushöhlen, so daß die Tomaten wie Blütenblätter aussehen. 12 »Tomatenblüten« zum Garnieren aufheben. Das restliche Tomatenfleisch würfeln und zu dem Gemüse geben. Die Crème fraîche einrühren und das Gemüse 5 Minuten bei niedriger Temperatur aufwärmen.

4 Teller bereitstellen. Das Gemüse mit 2 Löffeln zu ovalen Klößchen formen und auf den Tellern verteilen. Mit dem Rücken einer Gabel breit drücken. Die Teller warm stellen.

Die »Tomatenblüten« auf ein geöltes Backblech legen und 1 Minute in den Backofen schieben. Die heißen Tomaten zwischen den Gemüseklößchen auf den Tellern arrangieren und mit Vinaigrette beträufeln. Mit feingehacktem Schnittlauch oder Kerbelzweigen und mit grobem Meersalz bestreut heiß oder kalt servieren.

IM SCHATTEN DER ALTEN STADTMAUERN VON CHATILLON SUR CHARLARONNE GEDEIHEN PRÄCHTIGE GEMÜSEGÄRTEN. HIER ERHÄLT DAS PIKANTE SOMMERGEMÜSE EINEN BESONDEREN PFIFF DURCH BLUTENBLATTER AUS TOMATEN.

BOUILLON DE LEGUMES PARFUME SELON MARC MENEAU

GEMÜSEBOUILLON À MARC MENEAU

MEIN FREUND UND KOLLEGE MARC MENAUD KREIERTE EINE GEMÜSEBOUILLON, DIE ER MIR IM GARTEN SEINES BERÜHMTEN RESTAURANTS L'ESPARANCE IN SAINT PERE SOUS VEZELAY, AUF EINER ALTEN BEMOOSTEN HOLZBRÜCKE SERVIERTE.

DIE SCHALOTTEN, DIE ER FÜR SEINE

BOUILLON VERWENDET, GEHÖREN ZUR GROSSEN FAMILIE DER ZWIEBELN, SIND ABER WENIGER SCHARF ALS DIE MEISTEN IHRER VERWANDTEN UND IN FRANKREICH BESONDERS BELIEBT.

für 4 Personen

FÜR DIE GEMÜSEBRÜHE:

1 (2 l fassendes) Einmachglas
6 Möhren, in 2½ cm lange Stücke geschnitten
2 Zwiebeln, in Ringe geschnitten
1 Porreestange, geputzt und in 2½ cm lange Stücke geschnitten
1 Stange Staudensellerie, in Ringe geschnitten
3 Petersilienzweige
2 Knoblauchzehen
2 Schalotten, in Ringe geschnitten
1 Zweig frischer Thymian
1 Lorbeerblatt
10 Pfefferkörner
1 Tl Salz
1 l Wasser

FÜR DAS GEMÜSE:

2 Möhren, geschält und in 5 cm lange Stücke geschnitten
2 kleine Steckrüben, geschält und geviertelt
1 kleine Zucchini, in 5 cm lange Scheiben geschnitten
125 g grüne Bohnen, geputzt (die Fäden abziehen)
4 Blumenkohlröschen
1 mittelgroße Tomate, gehäutet und geviertelt

DIE GEMÜSEBRÜHE: Das Gemüse mit Kräutern, Gewürzen und Wasser in das Einmachglas geben und luftdicht verschließen. 3 Stunden sterilisieren und warten, bis die Gemüsebrühe völlig abgekühlt ist. Ein Sieb mit einem Leintuch auslegen, das Glas öffnen, die Brühe vorsichtig durch das Sieb passieren und darauf achten, daß das Gemüse nicht zerdrückt wird.

DAS GEMÜSE: Die verschiedenen Gemüsesorten getrennt voneinander in der Gemüsebrühe gerade weich kochen, so daß das Gemüse gar, aber noch knackig ist.

Abkühlen lassen und das Gemüse auf 4 flache Teller verteilen. Die restliche Gemüsebrühe mit Pfeffer und Salz abschmecken und darübergießen.

BEIGNETS DE FLEURS DE COURGETTES AU PERSIL FRIT

ZUCCHINIBLÜTEN-BEIGNETS MIT FRITIERTER PETERSILIE

für 4 Personen

FÜR DIE FÜLLUNG:

- 12 große, entstielte Zucchiniblüten
- 1 Zwiebel, in dünne Ringe geschnitten
- 1 rote Paprikaschote, gehäutet und ausgehöhlt
- 1 zerdrückte Knoblauchzehe
- 1 kleine Aubergine, in 1½ cm große Würfel geschnitten
- 2 Tomaten, gehäutet
- 1 Bund kleinblättrige Petersilie, gewaschen und gut getrocknet
- Olivenöl
- 1 l Pflanzenöl
- Salz, Pfeffer aus der Mühle

FÜR DEN AUSBACKTEIG:

- 1 Tasse Mehl
- 1 Ei
- 1 Prise Salz
- 1 Tasse kaltes Wasser

DER AUSBACKTEIG: Ei und Wasser in einer Rührschüssel mit einer Gabel verquirlen, Mehl und Salz einrühren und 1 Stunde bei Zimmertemperatur ruhen lassen.

DIE FÜLLUNG: Wie bei der Zubereitung einer Ratatouille Zwiebel, Paprika, Aubergine und Tomaten getrennt voneinander in Olivenöl dünsten. Das Gemüse in einen großen Topf geben, die Knoblauchzehe hinzufügen, pfeffern und salzen und 15 Minuten bei niedriger Temperatur dünsten. Den Topf von der Herdplatte nehmen und das Gemüse abkühlen lassen.

Das Gemüse mit einem Spritzbeutel mit einer Tülle von 1 cm Durchmesser in die Zucchiniblüten füllen.

Das Pflanzenöl in einer großen Pfanne auf circa 175°C erhitzen. Die gefüllten Zucchiniblüten in Mehl wälzen, in den Teig tauchen und 3 bis 5 Minuten im heißen Öl braten. Zum Abtropfen auf ein Küchenpapier legen und mit Pfeffer und Salz würzen.

Kurz vor dem Servieren die trockene Petersilie in das heiße Öl geben und 10 bis 15 Sekunden (nicht länger!) braten, herausnehmen und abtropfen lassen.

Die gebackenen Zucchiniblüten kreisförmig auf einer vorgewärmten, großen Platte arrangieren. Die Petersilie in der Mitte dekorieren. Sofort servieren.

WENN WIR VON ZUCCHINIS SPRECHEN, DÜRFEN WIR DAS KLEINE KULINARISCHE WUNDER DER ZUCCHINIBLÜTEN NICHT VERGESSEN, DIE AUF DEN MÄRKTEN NUR SELTEN ANGEBOTEN WERDEN UND AM BESTEN DIREKT BEIM BAUERN ZU BEKOMMEN SIND. ZUCCHINI-BLÜTEN WERDEN MEIST

IN EINEN EIER-MEHL-TEIG GETAUCHT UND FRITIERT, SIE SCHMECKEN ABER AUCH GEFÜLLT UND GEBACKEN. HIER WERDEN SIE VOR DEM BACKEN MIT »RATATOUILLE«-GEMÜSE GEFÜLLT.

FLAN DE COURGETTE AUX COURGETTES A LA CREME DE SAUMON FUME

ZUCCHINIFLAN MIT RÄUCHERLACHSCREME

LACHS MIT ZUCCHINIPÜREE – EINE HARMONISCHE GAUMENFREUDE. ZUM ANRICHTEN AUS DEN LACHSSCHEIBEN VOR DER ZUBEREITUNG DER LACHSCREME 12 KLEINE DREIECKE HERAUSSCHNEIDEN, UNMITTELBAR VOR DEM SERVIEREN KURZ ANBRATEN UND UM DAS ZUCCHINIPÜREE ARRANGIEREN.

für 4 Personen

600 g Zucchini
1 große Porreestange, ohne äußeres Grün, in Ringe geschnitten
2 kleine oder 1 große Kartoffel (etwa 100 g), in Scheiben geschnitten
2 große verquirlte Eier
2 Tassen Sahne
Salz
Pfeffer aus der Mühle
100 g hauchdünn geschnittener Räucherlachs
10 El Butter
Zitronensaft

DER ZUCCHINIFLAN: 1 Zucchini mit dem Schälmesser so schälen, daß grüne Stege stehenbleiben, in 32 dünne Scheiben schneiden und beiseite legen. Die restlichen Zucchini ungeschält in dicke Scheiben schneiden.

Die Kartoffeln in einem großen Topf mit gesalzenem Wasser 2 Minuten kochen und den Porree und die in dicke Scheiben geschnittenen Zucchini hinzufügen. 6 Minuten kochen lassen, bis die Kartoffeln weich sind. Abgießen, kurz unter kaltem Wasser abschrecken, abtropfen lassen und durch ein Leintuch möglichst viel Flüssigkeit herausdrücken.

Den Backofen auf 190° C vorheizen.

Kartoffeln und Zucchini im Mixer pürieren und durch ein feines Sieb in eine Schüssel passieren. Mit dem Schneebesen die verquirlten Eier und 3 Eßlöffel Sahne unterrühren und mit Pfeffer und Salz abschmecken.

4 Flanformen, die jeweils ¾ Tasse fassen, einbuttern und das Zucchinipüree einfüllen. Die Formen in einer Backform ins heiße Wasserbad stellen und das Gemüse 25 Minuten im vorgeheizten Ofen backen. Zur Probe ein Messer einstechen: es darf kein Püree daran kleben bleiben.

DIE LACHSCREME: Die restliche Sahne mit dem Lachs in einem mittelgroßen Topf bei mittlerer Temperatur aufkochen lassen. Die Temperatur reduzieren und löffelweise 8½ Eßlöffel Butter unterrühren. Nach Belieben mit Zitronensaft abschmecken, mit Pfeffer und Salz würzen, die Lachscreme durch ein Sieb passieren und warm stellen.

Die 32 Zucchinischeiben 1 Minute in kochendem Wasser blanchieren, abgießen, kurz unter kaltem Wasser abschrecken, abtropfen lassen und zum Trocknen auf ein Küchenpapier ausbreiten.

In einer mittelgroßen Pfanne die restliche Butter erhitzen, die Zucchinischeiben hineingeben und 2 Minuten unter Umrühren bei mittlerer Temperatur weich dünsten. Abgießen und abtropfen lassen.

Zum Servieren den Zucchiniflan vorsichtig mit einem Messer aus den Formen lösen und auf 4 vorgewärmte Teller stürzen. Die Lachscreme rundherum geben und den Flan mit Zucchinischeiben einfassen.

ANMERKUNG DES KÜCHENCHEFS: Zucchiniflan, Lachscreme und die gedünsteten Zucchinischeiben können im voraus zubereitet und kurz vor dem Servieren aufgewärmt werden.

CONCOMBRE FARCI A LA MORUE FRAICHE

GEFÜLLTE GURKEN MIT KABELJAUMOUSSE

für 4 Personen

- 2 Salatgurken
- 250 g Kabeljau ohne Haut und ohne Gräten, in Stücke geschnitten
- 2 gekühlte Eiweiß
- ½ Tl Salz
- 1 Prise Paprikapulver
- 1 Prise Cayennepfeffer
- ¾ Tasse eisgekühlte Sahne
- 1 Tl feingehackte Pistazien
- Pfeffer aus der Mühle
- 3 El zerlassene Butter
- 1 Tasse Beurre battu (s. Anhang), mit feingehackten, frischen Kräutern und Paprikapulver verfeinert

Die Gurken mit einem Schälmesser so schälen, daß grüne Stege stehenbleiben, in 3,5 cm dicke Stücke schneiden und mit einem kleinen Kartoffelausstecher so viele Kerne wie möglich herausschaben. Die Gurkenstücke dürfen dabei nicht durchstochen, sondern nur für die Füllung ausgehöhlt werden. Die Gurkenstücke 1½ Minuten in kochendem, gesalzenem Wasser blanchieren, abgießen, kurz unter kaltem Wasser abschrekken (oder kurz in Eiswasser tauchen) und zum Trocknen auf ein Küchenpapier ausbreiten.

Den Kabeljau mit den Eiweiß, Salz, Paprikapulver und Cayennepfeffer im Mixer pürieren. Das Fischpüree nach und nach mit der Sahne und zuletzt mit den Pistazien vermixen.

Den Backofen auf 175° C vorheizen.

Die Gurkenstücke mit der ausgehöhlten Seite nach oben in eine gebutterte Backform legen, pfeffern und salzen und mit einem Löffel oder mit einem Spritzbeutel mit der Kabeljaumousse füllen. Die Backform mit gebuttertem Pergamentpapier abdecken und die gefüllten Gurken 15 Minuten backen. Das Pergamentpapier entfernen und die Gurken noch weitere 10 Minuten backen, bis die Füllung leicht gebräunt ist.

4 vorgewärmte Teller bereitstellen. Die gebackenen Gurken mit zerlassener Butter bestreichen und auf den Tellern verteilen. Mit Beurre battu umgießen und heiß servieren. Die restliche Beurre battu in einer Sauciere dazureichen.

EIN WEITERES BEISPIEL FÜR EINE HARMONISCHE ERGÄNZUNG VON FISCH UND GEMÜSE: GEFÜLLTE GURKEN MIT KABELJAUMOUSSE. ZUM ROH ESSEN SOLLTEN GURKEN GESCHÄLT UND GESALZEN WERDEN. GESALZENE GURKEN SCHMECKEN WENIGER BITTER UND SIND BEKÖMMLICHER. IN BUTTER SAUTIERT, GEFÜLLT ODER GEKOCHT MIT EINER BECHAMELSAUCE SERVIERT IST DIE URSPRÜNGLICH IM HIMALAYA BEHEIMATETE GURKE EIN VORZÜGLICHER BEGLEITER VON FISCH UND FLEISCH.

ZUM GARNIEREN EMPFEHLE ICH GEHÄUTETE TOMATENSTÜCKCHEN, FRISCHEN KERBEL UND IN BUTTER GESCHMORTE GURKENKÜGELCHEN.

TOMATES A LA TOMATE ET AU CRABE

GEFÜLLTE TOMATEN MIT KRABBEN

DIE WINZIGEN GEFÜLLTEN TOMATEN EIGNEN SICH VORZÜGLICH FÜR EIN GROSSES KALTES BÜFETT ODER EIN PICKNICK IM FREIEN, WIE Z. B. HIER, MITTEN IM TOMATENGARTEN VON MONSIEUR »LE GEORGES« IN CHANNON-CHATENAY. CHERRYTOMATEN SIND EMPFINDLICHER

ALS IHRE GROSSEN VERWANDTEN UND SCHMECKEN MIT UND OHNE SALZ AUCH ZUM APERITIF.
ROTE, FESTE TOMATEN LASSEN SICH BIS ZU EINER WOCHE IM KÜHLSCHRANK AUFBEWAHREN.

für 4 Personen

24	Cherrytomaten oder sehr kleine andere Tomaten
4	große, reife Salattomaten (gut 750 g), gehäutet
2	Eßlöffel Essig
1	Tasse Mayonnaise
1	El trockener Weißwein
1	Tl feingehackter, frischer Estragon
1	gekochtes Ei, fein gehackt
2	Tassen gekochtes Krabbenfleisch
	Salz, Pfeffer aus der Mühle

Von den Cherrytomaten unter der Blüte eine ½ cm dicke Scheibe abschneiden und als Deckel aufbewahren. Die Tomaten vorsichtig mit einem kleinen Löffel oder Kartoffelausstecher aushöhlen und das Tomatenfleisch in einer kleinen Schüssel beiseite stellen. Die ausgehöhlten Tomaten pfeffern und salzen, mit Essig beträufeln und 1 Stunde ziehen lassen. Umdrehen und zum Trocknen auf ein Küchenpapier legen.

Die großen Tomaten in kleine Stücke schneiden, mit dem Fleisch der kleinen Tomaten im Mixer zu Saft pürieren und durch ein Sieb passieren. Der Tomatensaft soll 2 Tassen füllen.

Den Tomatensaft in einem großen Topf (nicht aus Aluminium) unter häufigem Umrühren bei mittlerer Temperatur auf ¾ Tasse einkochen lassen, mit Pfeffer und Salz würzen, abkühlen lassen und bis zum Servieren in den Kühlschrank stellen.

Die Mayonnaise mit dem Ei, dem Wein und dem Estragon verfeinern, das Krabbenfleisch unterziehen und mit Pfeffer und Salz abschmecken.

4 Teller bereitstellen und je 6 ausgehöhlte Cherrytomaten darauf verteilen. Die Cherrytomaten mit etwas Tomatensaft und Krabbenmayonnaise füllen, die Deckel obenauf setzen und servieren.

QUICHE AU POIREAU, A LA TOMATE ET AU SAUMON

PORREE-TOMATEN-QUICHE MIT LACHS

für 6 Personen

FÜR DEN TEIG:

2 Tassen Mehl
1 Stück weiche Butter
1 Eigelb
¼ Tasse Wasser
1 Prise Salz

FÜR DIE FÜLLUNG:

500 g Tomaten, überbrüht und gehäutet
Salz, Pfeffer aus der Mühle
500 g Porree ohne äußeres Grün, in feine Ringe geschnitten
2½ El Butter
⅓ Tasse trockener Weißwein
1¼ Tassen Sahne
1 Tasse Milch
1 Ei
2 Eigelb
Paprikapulver
500 g Lachsfilet oder 375 g Räucherlachs, hauchdünn geschnitten
feingehackter Schnittlauch

Das Mehl durchsieben und in eine große Rührschüssel geben. In die Mitte eine Vertiefung eindrücken, Butter, Eigelb, Wasser und Salz hineingeben, vermengen und mit dem Mehl verkneten. Den Teig nach Bedarf löffelweise mit etwas Wasser verdünnen, auf eine bemehlte Arbeitsfläche geben, durchkneten, zu einer Kugel formen und in Pergamentpapier oder Folie wickeln. Mindestens ½ Stunde im Kühlschrank ruhen lassen.

Den Backofen auf 200° C vorheizen.

Die Tomaten in 8 mm dicke Scheiben schneiden, auf ein gebuttertes Backblech legen und 15 Minuten backen. Mit Pfeffer und Salz würzen und abkühlen lassen.

Eine runde Springform mit 28 cm Durchmesser und 5 cm hohem Rand einbuttern. Den Teig auf einer bemehlten Arbeitsfläche 6 mm dick ausrollen und in die Springform geben. Mit Pergamentpapier abdecken und das Pergamentpapier mit 500 g getrockneten Bohnen beschweren. 15 Minuten backen, das Pergamentpapier und die Bohnen entfernen und den Teig noch weitere 10 Minuten backen, bis die Ränder gerade braun werden und der Boden fest ist. Zum Abkühlen auf ein Gitter stellen.

In der Zwischenzeit den Porree in kochendem, gesalzenem Wasser 30 Sekunden blanchieren, abgießen, abschrecken und abtropfen lassen. Den blanchierten Porree mit der Butter in einer mittelgroßen Pfanne bei mittlerer bis niedriger Temperatur 8 Minuten weich dünsten, aber nicht braun werden lassen. Mit Wein ablöschen und 2 Minuten bei mittlerer Temperatur weiterkochen. ½ Tasse Sahne einrühren, 4 Minuten eindikken lassen und mit Pfeffer und Salz abschmecken.

Bis hierhin kann das Gericht problemlos im voraus zubereitet werden.

Den Porree und den Porreesud auf dem Quicheboden verteilen. Die restliche Sahne mit dem Ei, den Eigelb und der Milch verquirlen, nach Belieben mit Pfeffer, Salz und Paprikapulver würzen und zu ⅓ auf dem Porree verteilen. Die Quiche 10 Minuten in den Backofen schieben und die Füllung fest werden lassen. Die Quiche aus dem Backofen nehmen, mit den Lachsscheiben und den gebackenen Tomaten belegen, mit der restlichen Sahnecreme auffüllen und mit feingehacktem Schnittlauch bestreuen.

Weitere 15 Minuten backen, bis die Oberfläche leicht gebräunt ist. Die Quiche aus der Springform lösen und heiß servieren.

EIGENTLICH IST LAUCHTORTE EINE FLÄMISCHE SPEZIALITÄT. DIESE ORIGINELLE QUICHE MIT LACHS UND FRISCHEM GARTENGEMÜSE HABE ICH MIR FÜR EIN PICKNICK AN DEN BLÜHENDEN UFERN DER VEYLE AUSGEDACHT. DER VIELSEITIGE PORREE ERWEIST SICH

ALS AUSGEZEICHNETER BEGLEITER VON FISCH UND FLEISCH.

SALADE DE TOMATES CONFITES AU HOMARD DE MICHEL GUERARD

TOMATENSALAT MIT HUMMER A MICHEL GUERARD

MICHEL GUERARD IST EIN ANERKANNTER MEISTERKOCH DER NEUEN FRANZÖSISCHEN KÜCHE UND KREIERTE AUS FRISCHEN, GRÜNEN BOHNEN, GEBACKENEN TOMATEN UND HUMMERFLEISCH EINEN GANZ BESONDEREN SALAT.

für 2 Personen

FÜR DEN TOMATENSALAT:

3 große Tomaten (500 g)
250 g grüne Bohnen
1 Prise Zucker
frische Thymianzweige
3 feingehackte Knoblauchzehen
Olivenöl
Salz, Pfeffer aus der Mühle

FÜR DEN HUMMER:

1 kleiner Hummer (vorzugsweise weiblich, etwa 750 g)
2 l Court-bouillon (s. Anhang, mit der doppelten Menge der Zutaten)

FÜR DIE SAUCE:

1 Eigelb
½ El Dijon-Senf
1 Tl Ketchup
1 Tl Zitronensaft
Salz, Pfeffer aus der Mühle
½ Tasse Salatöl
1 Tl Armagnac oder Weinbrand
1 El feingehackter Estragon
1 El feingehackter Kerbel

DER TOMATENSALAT: Den Backofen auf 120° C vorheizen.

Eine große Backform mit Olivenöl einfetten. Die Tomaten überbrühen, häuten, quer aufschneiden, entkernen, in die Backform legen und mit Olivenöl bestreichen. Mit Thymian, Knoblauch, Zucker, Pfeffer und Salz würzen und 1½ Stunden im vorgeheizten Ofen backen. Abkühlen lassen, aber nicht in den Kühlschrank stellen.

Die grünen Bohnen in einem großen Topf mit kochendem, gesalzenem Wasser 10 Minuten kochen, bis sie gar, aber noch knackig sind. Kurz unter kaltem Wasser abschrecken und abtropfen lassen.

DER HUMMER: Den Hummer in einem großen Topf mit dem Court-bouillon und 1 Prise Salz aufkochen und 5 Minuten bei hoher Temperatur kochen lassen. In eine große Schüssel mit kaltem Wasser werfen und abkühlen lassen.

Bei einem weiblichen Hummer die Eier unter dem Magen herausschaben, in eine kleine Schüssel geben und für die Sauce verwenden. Vorsichtig den Schwanz abziehen. Die harte Schale an der Unterseite in der Mitte mit einer Küchenschere aufschneiden und auseinanderziehen. Das Fleisch abziehen und in 6 Medaillons schneiden. Die Hummerscheren mit der Küchenschere oder dem Griff eines großen Messers aufknacken und das Fleisch herausziehen. Das Hummerfleisch bis zur Fertigstellung des Salates abgedeckt beiseite stellen.

DIE SAUCE: Eigelb, Senf, Ketchup, Zitronensaft, Pfeffer und Salz in einer kleinen Rührschüssel mit dem Schneebesen verquirlen. Tropfenweise mit dem Salatöl zu einer dicken Creme rühren, den Armagnac oder Weinbrand, die gehackten Kräuter und gegebenenfalls die Hummereier untermischen und bis zum Servieren im Kühlschrank ziehen lassen.

2 Teller bereitstellen, jeweils 3 gebackene Tomatenhälften auflegen und mit Hummermedaillons bekrönen. Das Fleisch der Hummerscheren in der Tellermitte und die grünen Bohnen rundherum arrangieren. Hummermedaillons und Tomaten mit je einem Löffel Sauce beträufeln und mit frischem Kerbel garnieren. Sofort servieren.

TOMATE EN COCCIMELLE A L'OLIVE ET SARDINE FRAICHE

»TOMATENKÄFER« MIT GEBACKENEN SARDINEN UND OLIVEN

DER MARIENKÄFER ZWISCHEN DEN BUNTEN BLÄTTERN SYMBOLISIERT NICHT NUR DIE VIELFALT DER NATUR, SONDERN AUCH DIE PHILOSOPHIE, DIE HINTER DER »CUISINE NATURELLE« STEHT. ALS VORSPEISE REICHT PRO PERSON EIN »TOMATEN-KÄFER« AUS. FÜR »TOMATEN-KÄFER« NUR REIFE UND FESTE TOMATEN VERWENDEN. DIE BRUNNENKRESSE KANN DURCH KERBEL UND/ODER PETERSILIE ERSETZT WERDEN.

für 4 Personen

FÜR DIE »TOMATENKÄFER«:
4 frische Sardinen
12–15 entkernte große, schwarze Oliven
4 große, reife Tomaten, gehäutet
10 feingehackte Basilikumblätter
4 El Mayonnaise
Olivenöl
1 Tl Essig
feingehackter Schnittlauch
2 dünne Trüffelscheiben nach Belieben
Salz, Pfeffer aus der Mühle
3 hartgekochte Eier

FÜR DIE SAUCE:
1 Bund Brunnenkresse (etwa 125 g)
¾ Tasse Mayonnaise
1 El trockener Weißwein
Salz, Pfeffer aus der Mühle

DIE »TOMATENKÄFER«: In einer großen Pfanne etwas Olivenöl erhitzen. Die Sardinen pfeffern und salzen, in die Pfanne geben und unter häufigem Wenden 5 bis 7 Minuten bei niedriger Temperatur braten. Damit die Haut nicht einreißt, muß das Umwenden mit größter Vorsicht geschehen.

Die gebratenen Sardinen auf einen Teller legen. Vorsichtig die Filets auslösen. Noch rohe Fleischpartien mit einem scharfen Messer abschaben.

4 Oliven beiseite legen. Die restlichen Oliven mit den Sardinenfilets und dem Basilikum im Mixer 30 Sekunden fein pürieren. Fisch- und Olivenfleisch, das sich an den Topfseiten absetzt, zurückstreichen und den Püriervorgang noch einmal wiederholen. Das Sardinen-Oliven-Püree mit Essig, einem Teelöffel Olivenöl und Pfeffer und Salz abschmecken. Die Eier im Mixer in kurzen Intervallen pürieren. Das Eierpüree mit 2 Eßlöffeln Mayonnaise zu einer dicken Creme verarbeiten und mit Pfeffer und Salz abschmecken.

Die Tomaten vierteln. Die Tomatenviertel zu »Blütenblättern« aushöhlen und abgedeckt beiseite stellen.

DIE SAUCE: Die Brunnenkresse entstielen und 2 Minuten in kochendem Wasser blanchieren. Kurz unter kaltem Wasser abschrecken, abtropfen lassen und 30 Sekunden im Mixer pürieren. Das Püree in einer kleinen Schüssel mit der restlichen Mayonnaise verrühren, mit dem Wein verdünnen und kräftig mit Pfeffer und Salz abschmecken.

Eine Servierplatte bereitstellen. Ein »Tomatenblütenblatt« mit Sardinen-Oliven-Creme bestreichen, ein zweites »Tomatenblütenblatt« obenauf legen, mit Eiercreme bestreichen und mit einem dritten »Tomatenblütenblatt« abdecken. Die geschichteten Tomaten sollen wie Marienkäfer aussehen. Zum Garnieren aus den Trüffelscheiben runde Punkte ausschneiden und auf dem oberen Tomatenviertel verteilen. Statt der Trüffel können für die Marienkäferpunkte auch schwarze Oliven verwendet werden. Dem »Tomatenkäfer« 1 schwarze Olive als Kopf ansetzen und den Kopf mit Schnittlauchspitzen als Fühlern garnieren. Mit den restlichen Tomatenvierteln weitere Marienkäfer zusammensetzen und mit grüner Kressesauce umgießen. Kalt servieren.

CAVIAR D'AUBERGINES EN PANNEQUET DE SAUMON FUME

GEFÜLLTER RÄUCHERLACHS MIT AUBERGINEN-KAVIAR

DER AUBERGINEN-KAVIAR WIRD AUS GEBACKENEM AUBERGINENFLEISCH, ZWIEBELN, OLIVENÖL UND FRISCHEN KRÄUTERN ZUBEREITET UND KANN MIT ZWIEBELRINGEN UND HARTGEKOCHTEN EIERN AUCH ZU EINEM EINFACHEN TOAST SERVIERT WERDEN.

für 4 Personen

750 g Auberginen
Olivenöl
Salz
Pfeffer aus der Mühle
7 in Salzwasser eingelegte schwarze Oliven, entkernt und feingehackt
1 feingehackte Knoblauchzehe
1½ El feingehackter Schnittlauch
feingehackter Schnittlauch zum Garnieren
12 dünne Scheiben Räucherlachs, etwa 6 × 11 cm
1 kleiner Eichblattsalat

Den Backofen auf 200° C vorheizen. Die Auberginen halbieren. Ein Backblech mit Olivenöl bestreichen und die Auberginen mit der aufgeschnittenen Seite nach oben auf das Blech legen.

Mit Olivenöl beträufeln, pfeffern und salzen und etwa 35 Minuten im Backofen garen. (Die Backzeit hängt von der Größe der Auberginen ab.)

Die Auberginen abkühlen lassen. Das Fleisch herausschaben, in ein Sieb geben und mit einer Gabel möglichst viel Flüssigkeit herauspressen. Die Auberginenschalen werden nicht mit verwertet. Das Auberginenfleisch würfeln, in eine Schüssel geben und mit 1½ Eßlöffel Olivenöl, Oliven, Knoblauch und Schnittlauch verrühren. Zugedeckt 2 Stunden im Kühlschrank ziehen lassen.

Die Lachsscheiben auf eine Arbeitsfläche legen. Je 1 gehäuften Eßlöffel Auberginen-Kaviar auf den Lachsscheiben verteilen und die Scheiben zusammenrollen.

Die gefüllten Lachsröllchen können bis zu 6 Stunden im voraus zubereitet und im Kühlschrank abgedeckt aufbewahrt werden.

4 Teller bereitstellen und mit Eichblattsalat garnieren. Je 3 Lachsröllchen darauf verteilen und mit Schnittlauch bestreut servieren.

ROSACE DE TOMATE FARCIE AUX CHAMPIGNONS, AUX NAVETS FONDANTS ET A L'ESCARGOT

»TOMATENROSEN« MIT CHAMPIGNONS, SCHNECKEN UND STECKRÜBEN

für 4 Personen

FÜR DIE GEFÜLLTEN TOMATEN:
3 mittelgroße Tomaten, gehäutet
12 große Schnecken, gewaschen
125 g Champignons, geputzt
Saft einer Zitrone
2 feingehackte Schalotten
1 feingehackte Knoblauchzehe
1 Tl Dijon-Senf
⅔ Tasse Crème fraîche
1 El feingehackter Schnittlauch
Salz, Pfeffer aus der Mühle

FÜR DIE STECKRÜBEN:
2 mittelgroße Steckrüben, geschält
2 El Butter
Salz, Pfeffer aus der Mühle

FÜR DIE KRÄUTERSAUCE:
1 Bund Petersilie
½ Bund Brunnenkresse
1 kleiner Bund Schnittlauch
frische Kerbelzweige
6 El Butter, in kleine Stücke geschnitten
2 Tl Essig
Salz, Pfeffer aus der Mühle

DIE GEFÜLLTEN TOMATEN: Die Tomaten vierteln und in »Blütenblätter-Form« aushöhlen, salzen und zum Trocknen auf ein Küchenpapier legen.

Die Schnecken in der Küchenmaschine oder im Mixer in Intervallen grob hacken.

Die Champignons mit gesalzenem Wasser bedeckt und dem Zitronensaft in einem kleinen Topf aufkochen und bei reduzierter Temperatur 10 Minuten kochen lassen. Abgießen, abtropfen lassen und mit den Schnecken in der Küchenmaschine vermixen. Die Küchenmaschine in Intervallen mehrmals hintereinander kurz an- und wieder ausstellen.

In einer mittelgroßen Pfanne die Butter erhitzen, die Schalotten und die Knoblauchzehe hinzufügen und 5 Minuten bei mittlerer Temperatur dünsten. Die Schnecken und die Champignons unterrühren und 5 Minuten bei mittelhoher Temperatur einkochen lassen. Die Crème fraîche und den Senf unterziehen, die Temperatur reduzieren und weitere 5 Minuten kochen lassen. Den Schnittlauch einrühren und die Creme mit Pfeffer und Salz abschmecken.

DIE STECKRÜBEN: Die Rüben vierteln und in olivengroße Kugeln schneiden. In einem kleinen Topf, mit gesalzenem Wasser bedeckt, aufkochen und 5 Minuten garen. Kurz unter kaltem Wasser abschrecken und abtropfen lassen.

DIE KRÄUTERSAUCE: Die gewaschenen Kräuter in einem mittelgroßen Topf mit kaltem Wasser bedeckt aufkochen und 3 Minuten blanchieren. Die Herdplatte abschalten, den Topf darauf stehen und die Kräuter in ihrem Sud ziehen lassen.

Die gekochten Kräuter mit dem Schaumlöffel aus dem Topf nehmen und im Mixer 30 Sekunden zu Sauce pürieren. Nach Bedarf etwas Sud zugießen. Die Kräutersauce in einem kleinen Topf nach und nach mit der Butter verquirlen, mit Essig, Pfeffer und Salz würzen und warm stellen.

Den Backofen auf 160° C vorheizen. 4 vorgewärmte Suppenteller bereitstellen und etwas Kräutersauce aufgießen. Aus der Schnecken-Champignon-Creme mit 2 Löffeln kleine Klöße formen und im Radspeichenmuster auf die Teller verteilen.

Die »Tomaten-Blüten« leicht mit Olivenöl bestreichen und dekorativ auf den Klößchen arrangieren.

2 Eßlöffel Butter in einer kleinen Pfanne erhitzen, die gekochten Rüben hineingeben, bei hoher Temperatur kurz sautieren, pfeffern und salzen und zwischen den Klößchen verteilen. Sofort servieren.

EINES MEINER LIEBLINGSGERICHTE! DIE DEKORATION KANN MIT FRISCHER TOMATENSAUCE UND KERBELZWEIGEN VERVOLLKOMMNET WERDEN. BEI DER [illegible] PHANTASIE KEINE GRENZEN GESETZT! SCHNECKEN UND PILZE KÖNNEN DURCH FISCH ODER MEERESFRÜCHTE AUSGETAUSCHT WERDEN. KERBEL HAT EINEN LEICHTEN ANISGESCHMACK, EIN AUSGEZEICHNETES AROMA FÜR SALATE UND VIELE SAUCEN, DAS ABER LEICHT VERFLIEGT. KERBEL SOLLTE DESHALB NIEMALS MITGEKOCHT, SONDERN IMMER ERST KURZ VOR DEM SERVIEREN AUFGESTREUT WERDEN.

SAUTE D'AUBERGINES AUX GOUJONNETTES DE MERLAN

GEBACKENER MERLAN IN BUTTERSAUCE MIT AUBERGINEN

für 4 Personen

- 8 kleine Merlanfilets mit Haut
- 4 kleine Auberginen
- 7 El besonders feines, kaltgepreßtes Olivenöl
- Salz, Pfeffer aus der Mühle
- 2 feingehackte Schalotten
- ⅓ Tasse trockener Weißwein
- 12 El weiche Butter
- 1 großzügige Prise Curry
- 1 großzügige Prise Safranpulver

Die Merlanfilets schräg in Scheiben schneiden, mit der Haut nach unten auf ein gebuttertes Backblech legen und kalt stellen.

Die Auberginen in 1 cm große Würfel schneiden.

Das Öl in einer großen Pfanne erhitzen, die Auberginen hineingeben, pfeffern und salzen und unter Umrühren 8 Minuten bei mittlerer Temperatur sautieren, bis sie leicht gebräunt sind. Zum Abtropfen auf einem Küchenpapier ausbreiten und warm halten.

Den Backofen auf 250° C vorheizen.

Die Schalotten, den Wein und 1 Eßlöffel Wasser in einem mittelgroßen Topf aufkochen und 2 Minuten einkochen lassen. Die Temperatur reduzieren und nacheinander je 2 Eßlöffel Butter unterrühren. Mit Curry und Safran würzen und mit Pfeffer und Salz abschmecken. Die Sauce durch ein feines Sieb in eine Schüssel passieren und im heißen Wasserbad warm stellen. Den Merlan pfeffern und salzen und 4 Minuten im vorgeheizten Ofen backen.

4 vorgewärmte flache Teller bereitstellen und die Sauce verteilen. Den Fisch und die Auberginen dekorativ arrangieren und sofort servieren.

DIN BLÜHENDER GARTEN AM FLUSSUFER IN PONT DE VEYLE. DER MERLAN, KEINE AUSGESPROCHENE FISCHDELIKATESSE, ABER EINER MEINER FAVORITEN, WIRD HIER IN EINER WÜRZIGEN BUTTERSAUCE MIT SAUTIERTEN AUBERGINEN SERVIERT. AUF DIE GLEICHE WEISE ZUBEREITET SCHMECKEN AUCH LACHS ODER BARSCH.

SOMMERFRÜCHTE

Gerade haben wir den Frühlingsgarten reich beladen verlassen, freuen wir uns schon auf die üppige Sommerernte. Die Obstbäume lösen das Versprechen ihrer Blüten ein und tragen ebenso schwer unter ihrer süssen Last wie die Beerensträucher. Wenn der Frühling in den Sommer übergeht, ist die Zeit der Beeren gekommen: rote und schwarze Johannisbeeren, Himbeeren, Stachelbeeren und Waldbeeren reifen im Juni und Juli und haben eine viel zu kurze Saison.

POIRES ET PRUNES EN TERRINE

FRUCHTSÜLZE AUS BIRNEN UND PFLAUMEN MIT FRISCHER BEERENSAUCE

für 4 Personen

FÜR DIE FRUCHTSÜLZE:
- 8 mittelgroße Birnen, geschält, halbiert und entkernt
- 10 – 15 (ungefähr 1 kg) Zwetschgen, halbiert und entsteint
- ½ Tasse süßer Weißwein (z. B. Sauternes)
- 2 El Puderzucker
- Saft 1 Zitrone
- 3 El Gelatine
- 1 El bittere Orangenmarmelade

FÜR DIE BEERENSAUCE:
- 2–3 Tassen Himbeeren, Brombeeren, rote oder schwarze Johannisbeeren
- Puderzucker
- Zitronensaft
- Wasser

DIE FRUCHTSÜLZE: Die Birnen in einem großen Topf, mit Wasser bedeckt, je nach Reife 5 bis 10 Minuten weich kochen. Abgießen und zum Abtropfen auf ein Küchenpapier legen. Die Hälfte der Birnen 15 Sekunden im Mixer fein pürieren. Das Birnenmus mit dem Wein, Zucker und Zitronensaft verrühren und ⅓ in eine große Rührschüssel abfüllen. Die Gelatine einstreuen und 10 Minuten quellen lassen. Nicht umrühren. Das restliche Birnenmus bis kurz vor dem Aufkochen erhitzen und in die Gelatinemischung geben. Die Orangenmarmelade einrühren und abkühlen lassen.

Sobald das Birnenmus geliert, eine ½ cm dicke Schicht in eine viereckige, tiefe Schüssel oder Form abgießen und 5 Minuten kalt stellen. Die restlichen gekochten Birnen in 3 mm dünne Scheiben schneiden und auf die fest gewordene Geleeschicht legen. ½ cm dick mit Birnenmus bedekken, fest werden lassen und mit den halbierten Pflaumen belegen. Eine Schicht Birnenmus darüberfüllen, fest werden lassen, mit Birnenscheiben belegen und nach diesem Verfahren die Schüssel abwechselnd mit Birnen und Pflaumen auffüllen. Die Fruchtsülze über Nacht in den Kühlschrank stellen.

DIE BEERENSAUCE: Nach Wahl Himbeeren, Brombeeren, rote oder schwarze Johannisbeeren im Mixer fein pürieren. Das Beerenmus in eine große Rührschüssel geben und nach Belieben mit Puderzucker süßen. Mit Zitronensaft abschmecken, einige Stunden im Kühlschrank durchziehen lassen und mit Wasser verdünnen.

Die Fruchtsülze zum Servieren in Scheiben schneiden. Dazu die Schüssel 2 Stunden vorher in das Gefrierfach stellen und kurz in heißes Wasser tauchen, damit sich der Gelee vom Rand löst. Zum Schneiden ein dünnes, scharfes Messer in heißes Wasser tauchen. Mit Beerensauce servieren.

DIE PFLAUMEN FÜR DIESES REZEPT HABE ICH BEI EINEM SOMMERAUSFLUG IN DEN OBSTGÄRTEN VON MONSIEUR ANTOINE RIBOUD IN CULOZ GEPFLÜCKT. MONSIEUR RIBOUD IST UNTER DEM SPITZNAMEN [illegible] FÜR SEINE BESONDEREN TALENTE ALS OBSTZÜCHTER BEKANNT. VON ALLEN

PFLAUMEN LIEBEN DIE FRANZOSEN GANZ BESONDERS DIE REINECLAUDEN, DIE DEN STOLZEN NAMEN DER ERSTEN GEMAHLIN FRANÇOIS I. VON FRANKREICH TRAGEN. REINECLAUDEN SIND AUSGEZEICHNETE TAFELFRÜCHTE, EIGNEN SICH GLEICHERMASSEN FÜR TORTEN UND KONFITÜREN UND SCHMECKEN EBENSO GUT IN SIRUP GEKOCHT.

GOURMANDISE GLACEE FREDERIC

JOHANNISBEERSORBET »GOURMANDISE« MIT MERINGEN IN JOHANNISBEERSAUCE

MEIN LIEBLINGSDESSERT: EINE KOMPOSITION AUS ROTEN BEEREN, DIE SICH AUCH MIT ANDEREN BEERENFRÜCHTEN UND EISCREME ODER VANILLESAUCE STATT EINEM SORBET ZUBEREITEN LÄSST. MIR PERSÖNLICH SAGEN BESONDERS DIE ZARTEN, KNUSPRIGEN MERINGEN ZU, DIE MIT GEFRORENEM BESONDERS GUT SCHMECKEN. ICH HABE DIESMAL VORWIEGEND ROTE JOHANNISBEEREN VERWENDET, DIE WENIGER SÜSS ALS HIMBEEREN UND WICHTIGE VITAMIN-C-TRÄGER SIND. ROTE JOHANNISBEEREN SCHMECKEN AUCH EINFACH NUR MIT ZUCKER BESTREUT, AUF TORTEN ODER IM OBSTSALAT UND SIND BELIEBTE KONFITÜRENFRÜCHTE.

für 8 Personen

FÜR DIE VANILLECREME:
1 Tasse Milch
1 Vanilleschote, längs halbiert
3 Eigelb
2 El Maisstärke (oder andere Speisestärke)
½ Tasse Zucker

FÜR DAS SORBET:
1¼ Tassen Zucker
1¼ Tassen Mineralwasser
1250 g rote Johannisbeeren, gewaschen und entstielt
Saft von 2 Zitronen

FÜR DIE MERINGEN:
5 Eiweiß
½ Tasse grobkörniger Zucker
½ Tasse Puderzucker

FÜR DIE JOHANNISBEERSAUCE:
500 g rote Johannisbeeren
1 Tasse Zucker
Zum Garnieren: 250 g Walderdbeeren, Himbeeren oder kleine Johannisbeertrauben und Minzeblätter

DIE VANILLECREME: Die Milch mit der Vanilleschote bei mittlerer Temperatur aufkochen. Vom Herd nehmen und zugedeckt 15 Minuten ziehen lassen. Die Vanilleschote herausnehmen.

Die Eigelb und den Zucker mit dem Schneebesen cremig schlagen. Die Maisstärke einrühren und unter die Milch geben. Bei niedriger Temperatur unter ständigem Rühren aufkochen, in eine Schüssel gießen und abkühlen lassen. Die Vanillecreme muß mindestens 4 Stunden im Kühlschrank ruhen.

DAS SORBET: Mineralwasser und Zucker in einem kleinen Topf mit schwerem Boden, bei mittlerer Temperatur aufkochen ohne umzurühren. Den Topf vom Herd nehmen und zum Abkühlen beiseite stellen.

Die Johannisbeeren im Mixer pürieren und durch ein feines Sieb passieren. Den Saft mit Zitronensaft abschmecken und mit dem abgekühlten Zuckerwasser vermischt nach Anleitung in die Eismaschine geben und gefrieren.

DIE MERINGEN: Den Backofen auf 95° C vorheizen. Das Eiweiß schaumig schlagen, 2 Eßlöffel Zucker hinzugeben, weiterschlagen, bis das Eiweiß fast steif ist und mit dem restlichen Zucker und Puderzucker zu festem, glänzendem Eischnee verarbeiten.

Ein großes Backblech buttern und mit Mehl bestäuben. Den Eischnee in einen Spritzbeutel mit einer Tülle von 1 cm Durchmesser füllen und 16 gleichmäßige Kreise mit 8 cm Durchmesser auf das Blech spritzen. Im vorgeheizten Ofen etwa 1½ Stunden backen, bis die Meringen leicht gebräunt sind.

DIE JOHANNISBEERSAUCE: Die Johannisbeeren im Mixer pürieren, durch ein feines Sieb passieren und den Saft mit Zucker und Zitronensaft abschmecken. Bis zum Servieren in den Kühlschrank stellen.

Die Hälfte der Meringen mit der Vanillecreme bestreichen und dicht mit Walderdbeeren oder Himbeeren belegen. Das Sorbet auf die restlichen Meringen verteilen. 8 Teller bereitstellen. Die Meringen aufeinandersetzen und auf den Tellern verteilen. Mit Beerensauce umgießen und frischen Minzeblättern und Johannisbeertrauben garnieren.

ANMERKUNG DES KÜCHENCHEFS: Dieses Rezept kann mit anderen Früchten und anderen Cremes vielfältig variiert werden. Seinen besonderen Pfiff erhält es durch die zarten, knusprigen Meringen.

BARBOTON DE PECHE DE VIGNE EN NAGE DE CASSIS ET CABERNET

WEISSE PFIRSICHE IN HIMBEER-CABERNET

DAS DESSERTGLAS AUF EINEM ALTEN MALSTEIN, DER ALS TISCHPLATTE DIENT, SPIEGELT DIE MITTELALTERLICHE KLOSTERMÜHLE VON VONNAS WIDER. FÜR DIESES REZEPT WERDEN WEISSE PFIRSICHE VERWENDET, DIE VON DER GESAMTEN FRANZÖSISCHEN PFIRSICHERNTE NUR EIN DRITTEL AUSMACHEN, OBWOHL SIE BESONDERS WOHLSCHMECKEND, ZART UND SAFTIG SIND. WEIL SIE EINE SEHR DÜNNE HAUT HABEN, SIND SIE SEHR EMPFINDLICH UND LASSEN SICH NICHT ÜBER LÄNGERE ZEIT LAGERN.

für 4 Personen

- 1½ Tassen Cabernet Sauvignon
- 1½ Tassen Mineralwasser
- ½ Tasse Zucker
- Zitronenschale (unbehandelt)
- Orangenschale (unbehandelt)
- 4 schwarze Pfefferkörner
- 1 Prise Zimt
- 200 g frische Himbeeren
- 8 reife, weiße Pfirsiche
- Zitronensaft nach Belieben

Wein und Mineralwasser mit dem Zucker, 2 Streifen Zitronenschale und 3 Streifen Orangenschale, Pfefferkörnern und Zimt in einem mittelgroßen Topf aus Edelstahl zum Kochen bringen. 15 Minuten kochen lassen. Den Topf vom Herd nehmen, den Weinsirup durch ein Sieb passieren und im Kühlschrank eiskalt werden lassen.

Die Himbeeren im Mixer pürieren und durch ein Sieb streichen. Den Himbeersaft unter den eiskalten Weinsirup rühren.

Die Pfirsiche häuten. Eventuell vorher kurz blanchieren. 4 große, bauchige Weingläser bereitstellen. Die Pfirsiche in gleichmäßige Scheiben schneiden und in die Weingläser verteilen. Den Himbeer-Cabernet mit Zucker und Zitronensaft abschmecken und, falls erforderlich, mit etwas Mineralwasser verdünnen. Über die Pfirsiche geben und servieren.

ANMERKUNG DES KÜCHENCHEFS: Der Himbeer-Cabernet kann mit schwarzen Johannisbeeren verfeinert werden. 300 g schwarze Johannisbeeren in den Weinsirup geben und vor dem Passieren 5 Minuten im Sirup ziehen lassen.

PATE AUX FRUITS ROUGES

ROTE GELEEFRÜCHTE

für 6 bis 8 Personen

- 1 kg frische rote Beerenfrüchte, z. B. Erdbeeren, Johannisbeeren, Waldbeeren oder Himbeeren
- 2 El flüssiges Pektin
- ⅓ Tasse und 2½ Tassen Zucker
- 2 Tl Butter
- Hagelzucker

Die Beeren im Mixer pürieren und durch ein feines Sieb streichen. Der Saft soll etwa 3½ Tassen ergeben.

Das Pektin mit ⅓ Tasse Zucker gut verrühren.

Den Fruchtsaft mit dem restlichen Zucker und der Butter in einem Topf mit schwerem Boden bei mittlerer Temperatur unter häufigem Umrühren aufkochen. Die Pektinmischung mit dem Schneebesen unterquirlen. Unter Rühren 25 Minuten kochen lassen, bis eine Temperatur von 110° C erreicht ist (mit dem Thermometer nachprüfen).

In der Zwischenzeit den Boden und die Ränder einer 20 × 20 cm großen Backform mit Pergamentpapier auslegen. Den Fruchtsaft in die Backform gießen und gleichmäßig verteilen. Mindestens 2 Stunden abkühlen lassen, aber nicht in den Kühlschrank stellen.

Das feste Gelee auf eine Platte stürzen, das Pergamentpapier vorsichtig abziehen und mit einem scharfen Messer in 2,5 × 2,5 cm große Quadrate oder Rauten schneiden. Das Messer vorher kurz in heißes Wasser tauchen. Die Geleequadrate oder -rauten in Hagelzucker wälzen und in einem luftdichten Behälter an einem kühlen, trockenen Ort aufbewahren.

MEIN SOHN ALEXANDER IST VON DIESEN GELEEFRÜCHTEN BEGEISTERT, DIE NACH DEM GLEICHEN REZEPT AUCH MIT ROTEN ODER SCHWARZEN JOHANNISBEEREN, HIMBEEREN, WALDBEEREN, WIE HIER AUS ERDBEEREN ODER ANDEREN FRISCHEN FRÜCHTEN ZUBEREITET WERDEN KÖNNEN.

ROSACE DE PECHES BLANCHES GLACEES AU JUS DE FRAMBOISES ET AU BASILIC

WEISSE PFIRSICHE IN HIMBEERSAUCE MIT BASILIKUM

für 4 Personen

200 g frische Himbeeren
¼ Tasse Puderzucker
Mineralwasser
Zitronensaft
4 große, reife weiße Pfirsiche
Zitronensaft nach Belieben
1 kleines Bund frisches Basilikum

Die Himbeeren mit dem Puderzucker vermischen und durch ein feines Sieb passieren. Damit sich die Beeren leichter durch das Sieb drücken lassen, eventuell etwas Mineralwasser zufügen.

Die Himbeersauce mit Zitronensaft abschmecken und bis zum Servieren in den Kühlschrank stellen.

Die Pfirsiche häuten. Falls erforderlich, vorher kurz blanchieren. Die gehäuteten Früchte in Achtel oder Sechzehntel schneiden, in eine Schüssel geben und mit Zitronensaft würzen. Bis zum Servieren in den Kühlschrank stellen.

4 große Teller bereitstellen und die Himbeersauce verteilen. Die Pfirsichscheiben darauf arrangieren und mit frischen Basilikumblättchen dekorieren. Sofort servieren.

DIESES ERFRISCHENDE DESSERT SCHMECKT MIT EINER GROSSEN KUGEL VANILLE- ODER BASILIKUMEIS NOCH EINMAL SO GUT UND KANN VERSCHIEDEN VARIIERT WERDEN: ICH EMPFEHLE STATT DER HIMBEERSAUCE EINE SAUCE AUS ANDEREN ROTEN BEERENFRÜCHTEN UND STATT DER WEISSEN PFIRSICHE REIFE NEKTARINEN ZU PROBIEREN. AUCH BEI NEKTARINEN GIBT ES WEISS- UND GELBFLEISCHIGE SORTEN. IN FRANKREICH ÜBERWIEGEN WEISSFLEISCHIGE.

TROIS PRUNES EN SALADE AU CITRON

DREIPFLAUMENSALAT MIT ZITRONENSAFT

für 4 Personen

500 g Zwetschgen, halbiert und entsteint
500 g Mirabellen (Renekloden), halbiert und entsteint
500 g gelbe oder rote Pflaumen, halbiert und entsteint
¾ Tasse Zucker
6 El Zitronensaft
Pflaumenschnaps nach Belieben

Große Pflaumen vierteln. Jede Pflaumensorte in einer extra Schüssel mit ¼ Tasse Zucker bestreuen, mit 2 Eßlöffeln Zitronensaft und nach Belieben mit Pflaumenschnaps beträufeln. Zugedeckt mindestens 3 Stunden im Kühlschrank ziehen lassen.

Die Pflaumen abgießen und in eine Schüssel oder auf 4 große Teller geben. Mit Zitronensud beträufeln und eisgekühlt servieren.

EIN EINZIGARTIGER OBSTSALAT AUS PFLAUMEN, PFLAUMEN UND NOCH MEHR PFLAUMEN, ABER NUR DEN FRISCHESTEN UND BESTEN, DIE DER MARKT ZU BIETEN HAT: VOLLREIFE, ABER KEINESFALLS ÜBERREIFE FRÜCHTE. WEIL PFLAUMEN, ZUR PFLAUMENZEIT, ZU MEINEN LIEBLINGSFRÜCHTEN ZÄHLEN, BEREITE ICH DIESES DESSERT BESONDERS GERN ZU. IDEAL SIND ZWETSCHGEN, DIE SICH GUT ENTSTEINEN LASSEN. DIE HIER VORGESCHLAGENEN PFLAUMENSORTEN KÖNNEN AUCH DURCH ANDERE AUSGETAUSCHT WERDEN.

BAVAROIS D'APRICOT A LA PECHE NECTARINE, AUX AMANDES ET PISTACHES VERTES

APRIKOSENBAVAROISE MIT NEKTARINEN, MANDELN UND PISTAZIEN

EINE AUSSERGEWÖHNLICHE ART, APRIKOSEN ZU SERVIEREN! APRIKOSEN SIND DIE ERSTEN SOMMERFRÜCHTE, DIE AUF DEN MÄRKTEN ANGEBOTEN WERDEN UND IHRE KURZE SAISON IST AUF WENIGE WOCHEN IM JUNI UND JULI BEGRENZT. APRIKOSEN DÜRFEN NUR VOLL AUSGEREIFT GEPFLÜCKT WERDEN, DENN, EINMAL GEERNTET, WIRD DER REIFEPROZESS UNTERBROCHEN. UNSERE VORFAHREN GLAUBTEN LANGE ZEIT, DIE GOLDGELBEN, ZARTHÄUTIGEN, SÜSSEN, SAFTIGEN FRÜCHTE SEIEN ÄUSSERST UNGESUND UND KÖNNTEN ALLE ARTEN VON KRANKHEITEN VERURSACHEN. EIN ABERGLAUBE, DER HEUTE VERGESSEN IST. WIR ZÄHLEN DIE APRIKOSE ZU RECHT ZU DEN AUSERLESENSTEN SOMMERFRÜCHTEN.

für 4 Personen

18 große, reife Aprikosen, halbiert und entsteint
1 El Gelatine
1 1/4 Tassen Zucker
3/4 Tasse Sahne
Zitronensaft
5 reife Nektarinen
30 g geraspelte Mandeln und
30 g geschälte Pistazien zum Garnieren

DIE APRIKOSENBAVAROISE: Die Aprikosen im Mixer pürieren und durch ein Sieb in eine Schüssel passieren. 2 Tassen Aprikosenmus in eine andere Schüssel abfüllen. Die Schüsseln zugedeckt in den Kühlschrank stellen.

Die Gelatine in 2 Eßlöffeln kaltem Wasser auflösen. In der Zwischenzeit 2 Tassen Aprikosenmus mit 1/2 Tasse Zucker in einen mittelgroßen Topf geben und bei mittlerer Temperatur unter Umrühren aufkochen lassen. Mit dem Schneebesen die Gelatine einrühren und den Topf vom Herd nehmen. Weiterrühren, bis sich die Gelatine völlig gelöst hat. Abkühlen lassen, aber nicht in den Kühlschrank stellen.

Die Sahne steif schlagen und unter das abgekühlte Aprikosenmus rühren. Die Creme in vier, jeweils 1 Tasse fassende, Auflaufformen oder Timbalen füllen und die Oberfläche mit dem Löffel glätten. Mindestens 4 Stunden oder über Nacht im Kühlschrank fest werden lassen.

DIE APRIKOSENSAUCE: Den restlichen Zucker mit dem Schneebesen unter das restliche Aprikosenmus rühren, mit Zitronensaft abschmecken und bis zum Servieren in den Kühlschrank stellen.

Zum Servieren die Auflaufformen kurz in heißes Wasser tauchen und die Aprikosenbavaroise mit einem dünnen, biegsamen Messer auslösen. Auf vier Dessertteller stürzen und mit Aprikosensauce umgießen. Die Nektarinen in 1 cm dünne Scheiben schneiden und um die Bavaroise dekorieren. Jede Portion mit Mandeln und Pistazien bestreuen und sofort servieren.

FRAICHEUR D'ETE

ERFRISCHENDE SOMMERFRUCHTSCHALE

für beliebig viele Personen

weiße Pfirsiche oder Birnen
Himbeeren oder rote Johannisbeeren
Aprikosen
Kiwis oder Reineclauden
Brombeeren oder Sauerkirschen
Zuckersirup nach Belieben

Zucker
Zitronensaft
Sahne
aufgebackene Brioche- oder Gugelhupfscheiben

Bei der Auswahl der Früchte sind der Phantasie keine Grenzen gesetzt. Die Früchte müssen reif, dürfen aber nicht überreif sein.

Die Früchte nach Sorten getrennt oder zusammen pürieren und durch ein Sieb in Schüsseln passieren. Aprikosen oder Birnen vor dem Pürieren kurz in Zuckerwasser pochieren und gut abtropfen lassen. Jedes Fruchtmus mit Zucker und Zitronensaft abschmecken und zugedeckt mindestens 2 Stunden in den Kühlschrank stellen.

Flache Suppenteller im Kühlschrank vorkühlen. Jedes Fruchtmus umrühren und dekorativ auf die Teller fließen lassen. Die Sahne in die Tellermitte geben. Von der Tellermitte zum Rand mit einer Gabel oder einem Messer tiefe Furchen ziehen, so daß die Sahne sternförmig verläuft. Mit aufgebackenen Brioche- oder Gugelhupfscheiben servieren.

EINE BUNTE COLLAGE AUS SOMMERFRÜCHTEN, BEI DEREN ZUSAMMENSTELLUNG PHANTASIE GEFRAGT IST. BESONDERE EFFEKTE ERZIELEN SCHWARZVIOLETTE ODER SCHWARZBLAUE WALDBEEREN, DIE WILD IM SCHATTEN HOHER BÄUME AN NIEDRIGEN STRÄUCHERN WACHSEN, ABER AUCH KULTIVIERT WERDEN. WALDBEEREN SIND FRÜCHTE DES SPÄTSOMMERS UND EIGNEN SICH GLEICHERMASSEN ZUR HERSTELLUNG VON SÄFTEN, LIKÖREN, GELEES UND KONFITÜREN.

GRATIN DE POIRES WILLIAM AU PRALIN ET AU SAUTERNES

BIRNENGRATIN MIT SAUTERNES UND GEBRANNTEN MANDELN

DAS DELIKATE BIRNENDESSERT STEHT IM SCHATTIGEN GARTEN ZUM VERZEHR BEREIT.

BIRNEN GIBT ES IN ÜBER HUNDERT VERSCHIEDENEN SORTEN, VON DENEN ETWA ZWANZIG AUF DEN GROSSEN OBSTPLANTAGEN ANGEBAUT WERDEN. DIE FRANZOSEN HABEN EINE AUSGESPROCHENE VORLIEBE FÜR DIE SAFTIGE, SÜSSE, AROMATISCHE WILLIAMS- ODER BARTLETTBIRNE, DIE ZWAR EINE ENGLISCHE ZÜCHTUNG, ABER SEIT MEHR ALS EINHUNDERTFÜNFZIG JAHREN IM

SÜDEN BEHEIMATET IST. WILLIAMSBIRNEN WERDEN IM AUGUST UND SEPTEMBER GEERNTET, EIGNEN SICH ZUR SAFTHERSTELLUNG UND SIND GRUNDLAGE FÜR EINEN HERVORRAGENDEN BRANDY.

UM DIESES DESSERT MIT EIN PAAR FARBTUPFERN AUFZUMUNTERN, EMPFEHLE ICH EINE DEKORATION AUS FRISCHEN WALDERDBEEREN UND MINZEBLÄTTERN.

für 4 Personen

FÜR DAS BIRNENGRATIN:

4 reife Birnen, halbiert und entkernt
5 Tassen Zuckersirup
4 Scheiben Sand- oder Topfkuchen
Puderzucker

FÜR DIE GEBRANNTEN MANDELN:

½ Tasse Zucker
½ Vanilleschote
¾ Tasse geröstete Mandeln

FÜR DIE SAUCE:

4 Eigelb
¼ Tasse Zucker
½ Tasse steif geschlagene Sahne
¼ Tasse Sauternes oder anderer süßer Weißwein

Die Birnen 8 Minuten in Zuckersirup pochieren, bis sie weich sind, und im Sirup abkühlen lassen.

DIE MANDELN: Ein Backblech mit Öl bestreichen. Zucker, Vanilleschote und 2 Eßlöffel Wasser in einem kleinen Kupfertopf verrühren. Zum Aufkochen bringen und ohne umzurühren bei mittlerer Temperatur 7 Minuten kochen, bis der Zucker karamelisiert. Die Mandeln dazugeben, verrühren, bis sie vollständig mit Karamel überzogen sind und auf dem geölten Backblech abkühlen lassen. Die gebrannten Mandeln in kleine Stücke brechen und in der Küchenmaschine fein mahlen.

DIE SAUCE: Die Eigelb und den Zucker zu einer dicken Creme schlagen, die Fäden zieht, wenn man den Schneebesen herausnimmt. Die steif geschlagene Sahne und den Sauternes vorsichtig unterziehen.

4 feuerfeste Teller bereitstellen und mit je einer Scheibe Sand- oder Topfkuchen belegen. Die Birnen gut abtropfen lassen, in Scheiben schneiden und fächerförmig auf dem Kuchen verteilen. Die Sauce darübergießen. Mit gemahlenen Mandeln und Puderzucker bestreut auf der obersten Schiene in den Backofen schieben und kurz backen, bis die Sauce leicht braun wird und der Zucker karamelisiert.

ANMERKUNG DES KÜCHENCHEFS: Das Dessert kann auch in einer großen Gratinschüssel zubereitet und serviert werden.

Die Menge der gemahlenen Mandeln ist sehr reichlich bemessen. Sie lassen sich in einem luftdichten Behälter aufbewahren und können für andere Zwecke verwendet werden. Als zusätzliche Dekoration empfehle ich frische Walderdbeeren und Minzeblätter.

ILE ROSE AU THE VERT

ROSENMERINGEN IN VANILLECREME MIT GRÜNEM TEE

für 4 Personen

FÜR DIE MERINGEN:

- 8 Eiweiß
- 1 sparsame Prise Salz
- 1 Tasse Zucker
- 1 El gemahlene, geröstete rote Mandeln oder
- 1 El kandierte, zerdrückte Rosenblütenblätter
- 1 El weiche Butter
- ¼ Tasse Puderzucker

FÜR DIE VANILLECREME:

- 2 Tassen Milch
- ¾ Tasse Zucker
- 5 Eigelb
- 2 Vanilleschoten
- 2 El grüner Tee
- 250 g Walderdbeeren
- 250 g Himbeeren
- und frische Minzeblätter zum Garnieren

DIE MERINGEN: Den Backofen auf 150° C vorheizen. Vier, jeweils eine Tasse fassende Auflaufformen oder Timbalen einbuttern und den Boden sowie die Seiten mit Puderzucker bestäuben. Die Eiweiß mit der Prise Salz schaumig schlagen, den Zucker hinzufügen und weiterschlagen, bis der Eischnee steif ist. Die zerdrückten Rosenblätter oder die roten Mandeln unterziehen und den Eischnee in die Formen füllen. Eine tiefe Backform zur Hälfte mit Wasser füllen und die Formen ins Wasserbad setzen. 20 bis 30 Minuten backen, bis die Meringen so weich wie Biskuit sind, und abkühlen lassen.

DIE VANILLECREME: Milch und Vanilleschoten in einem Topf, der nicht aus Aluminium sein darf, bei mittlerer Temperatur aufkochen lassen. Die Eigelb mit dem Zucker verquirlen, mit der kochenden Milch verrühren, den Tee hinzugeben und unter ständigem Umrühren bei niedriger Temperatur 5 bis 7 Minuten kochen lassen, bis eine dicke Creme entsteht (wenn man mit der Löffelrückseite über die Creme streicht, muß eine tiefe Rille zurückbleiben). Die Creme durch ein feines Sieb passieren, abkühlen lassen und einige Stunden oder über Nacht in den Kühlschrank stellen.

Zum Servieren 4 flache Dessertschalen bereitstellen. Die Meringen vorsichtig aus den Formen lösen und in die Schalenmitte geben. Mit Walderdbeeren oder Himbeeren und frischen Minzeblättern garnieren und mit Vanillecreme umgießen.

ANMERKUNG DES KÜCHENCHEFS: Die Vanille-Tee-Creme kann auch durch eine Creme aus frischer Minze oder aus frischen Himbeeren ersetzt werden.

MERINGEN, MIT WALDERDBEEREN, FRISCHEN HIMBEEREN UND MINZEBLÄTTCHEN BEKRÖNT, SERVIERT IN EINER ZARTGRÜNEN CREME MIT EINEM UNGEWÖHNLICHEN AROMASTOFF AUS GRÜNEM TEE.

NAPOLITAINE D'ANANAS A L'ANANAS

NEAPOLITANISCHE ANANAS

DAS GEOMETRISCHE ARRANGEMENT FÜR DIESES ERFRISCHENDE DESSERT STEHT IM KONTRAST ZU DEN WILD WUCHERNDEN PINKFARBENEN GERANIEN, DIE DEN GANZEN SOMMER HINDURCH ÜBERALL AUF DEM LAND BLÜHEN. HIMBEEREN, HIER ALS PÜREE, SIND ÄUSSERST VIELSEITIG ZU VERWENDEN UND GLEICHERMASSEN IN TORTENCREMES, EISCREME, SORBETS, KONFITÜREN UND GELEES BELIEBT UND, NICHT ZU VERGESSEN, ZUSATZ FÜR EINEN UNÜBERTROFFENEN HIMBEERGEIST.

für 6 Personen

1⅓ Tassen Puderzucker
1¼ Tassen Wasser
2 große, reife Ananas
1½ El Zitronensaft
300 g Himbeeren
Hagelzucker
6 große, reife Kiwis, geschält

Wasser und Puderzucker vermischen und aufkochen lassen. Den Sirup in eine Schüssel gießen und im Kühlschrank eiskalt werden lassen.

Die Ananas schälen. Die Früchte längs halbieren und den Strunk entfernen. Eine Ananas in 48 5 cm lange Stäbchen schneiden. Das restliche Ananasfleisch aufheben. (Falls die Ananas nicht für 48 Stäbchen ausreicht, muß die zweite mitverwendet werden.) Die zweite Ananas längs vierteln, in kleine Stücke schneiden und mit dem restlichen Fleisch der ersten Ananas im Mixer pürieren. Durch ein Sieb streichen und den Saft herauspressen.

2 Tassen Ananassaft und den Zitronensaft in den kalten Zuckersirup rühren, in die Eismaschine geben und gefrieren.

Die Himbeeren im Mixer pürieren und durch ein Sieb in eine Schüssel passieren. Nach Belieben mit Hagelzucker süßen und zugedeckt in den Kühlschrank stellen. Mit den Kiwis ebenso verfahren.

6 große Dessertteller im Kühlschrank vorkühlen. Die Ananasstäbchen im Zickzackmuster darauf verteilen. Himbeer- und Kiwimus dekorativ in die Tellermitte geben und das Kiwimus mit einer großen Kugel Ananassorbet bekrönen. Sofort servieren.

H E R

B S T

HERBSTGEMÜSE

Mit dem Herbst ist die Zeit der Weinlese gekommen, die Bauern haben ihre Scheunen gefüllt und tragen grosse Körbe voller Obst und Gemüse zum Markt. Im Wald werden Pilze gesammelt, auf den Feldern die Zuckerrüben geerntet und im Garten warten die letzten reifen Tomaten darauf, vor dem ersten Frost gepflückt zu werden.

TARTE AUX POMMES DE TERRE

KARTOFFELTARTE

für 4 Personen

FÜR DEN TEIG:
- 2 Tassen Mehl
- ½ Tasse Butter
- 1 Eigelb
- 1 Tl Salz
- ¼ Tasse Wasser

FÜR DAS CONCASSE DE TOMATES:
- 3 El Olivenöl
- 2 feingehackte Schalotten
- 1 feingehackte Zwiebel
- 8 mittelgroße Tomaten, gehäutet und klein gehackt
- 2 zerdrückte Lorbeerblätter
- 1 Zweig frischer Thymian oder 1 Tl getrockneter Thymian
- 1 Prise Zucker
- Salz, Pfeffer aus der Mühle

FÜR DIE KARTOFFELN:
- 8 mittelgroße, gelbfleischige Kartoffeln
- 2 Eßlöffel Pflanzenöl oder Butter

FÜR DIE ZWIEBELN:
- 5 große Zwiebeln, in dünne Ringe geschnitten (etwa 6 Tassen)
- ½ Tasse Butter
- 1 Tasse aufgeschlagene Crème fraîche
- Salz, Pfeffer aus der Mühle
- frisch geriebener Muskat

DER TEIG: Das Mehl auf eine glatte Arbeitsfläche geben, in der Mitte eine Vertiefung eindrücken, Butter, Eigelb, Salz und Wasser hineingeben, vermengen und mit dem Mehl verkneten. Den Teig in drei Stücke teilen, jedes Teigstück mit der Handfläche breitklopfen und wieder zusammendrücken. Den Teig zu einer Kugel zusammenrollen und zugedeckt ½ Stunde im Kühlschrank ruhen lassen.

Arbeitsfläche mit Mehl bestäuben und eine runde Backform mit 28–30 cm Durchmesser einbuttern. Den Teig 3 mm dick zu einem Kreis von 30–33 cm Durchmesser ausrollen und in der Backform festdrücken. Mindestens ½ Stunde im Kühlschrank ruhen lassen.

DAS CONCASSE DE TOMATES: Das Olivenöl bei niedriger Temperatur erhitzen, die Schalotten und die Zwiebeln hinzufügen und 10 Minuten unter Umrühren glasig dünsten. Mit den Tomaten, Lorbeerblättern, Thymian, Zucker, Salz und Pfeffer 1–1½ Stunden ohne Deckel bei mittlerer Temperatur kochen.

DIE KARTOFFELN: Den Backofen auf 160° C vorheizen. Die Kartoffeln schälen und in Eiform schneiden. Das Öl in einem Schmortopf erhitzen und die Kartoffeln unter häufigem Wenden goldbraun rösten. Im Backofen 20–30 Minuten garen.

DIE ZWIEBELN: Die Butter erhitzen, die Zwiebeln pfeffern und salzen und 20 bis 30 Minuten dünsten.

Den Backofen auf 220° C vorheizen. Den Teig mit einer Gabel mehrmals einstechen und mit Pergamentpapier abdecken. Das Pergamentpapier mit 500 g getrockneten Bohnen oder Linsen beschweren. Den Teig 10 bis 15 Minuten backen, das Pergamentpapier entfernen und die Backofentemperatur auf 260° C erhöhen.

Den vorgebackenen Teig mit den Zwiebeln belegen und das Concassé de tomates darüberschichten. Die Kartoffeln in dünne Scheiben schneiden und fächerförmig über der Tomatensauce verteilen. Die Crème fraîche mit Pfeffer, Salz und Muskat abschmecken und in einer glatten Schicht über die Kartoffeln streichen. Die Kartoffeltarte 6 bis 7 Minuten backen und heiß servieren.

WENN SICH DIE BLÄTTER DES FARNS UNTER DEN LETZTEN WARMEN SONNENSTRAHLEN ALLMÄHLICH DUNKEL FÄRBEN, WERDEN ENDE AUGUST DIE ERSTEN SPÄTKARTOFFELN ZUM MARKT GETRAGEN. EINGEKELLERT, LAGERN SIE BIS ZUR NÄCHSTEN KARTOFFELERNTE IM JUNI. EINE KARTOFFELTARTE SCHMECKT NICHT OHNE ZWIEBELN, DIE BEIM SCHÄLEN SCHON SO MANCHEN KOCH ZUM WEINEN GEBRACHT HABEN. MEIN RATSCHLAG: DIE ZWIEBELN UNTER

FLIESSENDEM, KALTEM WASSER SCHÄLEN ODER VOR DEM SCHÄLEN 10 MINUTEN INS GEFRIERFACH LEGEN.

DAMIER D'AUBERGINE ET TOMATE MIMOSA

AUBERGINEN-TOMATEN-SCHACHBRETT

für 4 Personen

4	mittelgroße Tomaten, gehäutet und geviertelt	Rotweinessig
4	kleine Auberginen	Olivenöl
2	hartgekochte Eier	Salz
		Pfeffer aus der Mühle

Die Tomatenviertel aushöhlen, das Tomatenfleisch im Mixer pürieren und durch ein Sieb passieren. Die ausgehöhlten Tomatenviertel aufbewahren.

Den Backofen auf 160° C vorheizen. Die Auberginen pfeffern und salzen und getrennt in Alufolie wickeln. In einem ofenfesten Schmortopf etwas Olivenöl erhitzen und die Auberginen 30 Minuten im Backofen garen. Zwischendurch wenden.

Die gebackenen Auberginen halbieren und aushöhlen, so daß die Schale nur noch einen 3 mm dicken Fleischrand hat. Die Schale nicht beschädigen. Das Auberginenfleisch im Mixer pürieren und in eine Schüssel geben. Die ausgehöhlten Tomatenviertel und Auberginenhälften in 2,5 × 2,5 cm große Rauten schneiden.

4 Teller bereitstellen und die Tomaten und Auberginen im Schachbrettmuster darauf verteilen. Die Gemüsepürees mit Olivenöl, Essig, Pfeffer und Salz abschmecken und rund um das Auberginen-Tomaten-Schachbrett anordnen. Eiweiß und Eigelb der hartgekochten Eier getrennt durch ein Sieb streichen. Die Auberginen-Tomaten-Schachbretter mit Eipüree garnieren und kalt servieren.

GEGEN ENDE DER ERNTESAISON SCHÄTZEN WIR TOMATEN GANZ BESONDERS, VIELLEICHT WEIL WIR JETZT SCHON DARAN DENKEN, WIE SEHR UNS FREILANDGEMÜSE IM WINTER FEHLEN WIRD. DIESES AUSGEFALLENE TOMATEN-AUBERGINEN-GERICHT LÄSST NICHT NUR DIE HERZEN PASSIONIERTER SCHACHSPIELER HÖHER SCHLAGEN UND SOLLTE ENDE AUGUST ZUBEREITET WERDEN, WENN TOMATEN AM BESTEN SCHMECKEN.

RAVIOLIS D'AUTOMNE A L'HERBE SAUVAGE

RAVIOLI MIT WALDPILZEN IN KRÄUTERSAUCE

für 4 Personen

FÜR DIE RAVIOLI:
2 Tassen Mehl
1 Tl Salz
4 Eigelb
1 El Olivenöl
3 El Wasser

FÜR DIE FÜLLUNG:
¼ Tasse Butter
500 g Waldpilze (z. B. Pfifferlinge, Austernpilze oder Seitlinge), geputzt, gewaschen und fein gehackt
1 feingehackte Schalotte
Salz, Pfeffer aus der Mühle

FÜR DIE SAUCE:
1 kleines Bund frischer Kerbel (etwa ½ Tasse)
1 Bund krause Petersilie (etwa 2 Tassen)
1 Bund glatte Petersilie (etwa 2 Tassen)
¼ Tasse eisgekühlte Butter, in kleine Stücke geschnitten
2 El Rotweinessig
Salz, Pfeffer aus der Mühle

DIE RAVIOLI: Das Mehl in eine mittelgroße Schüssel geben. In der Mitte eine Vertiefung eindrücken, Salz, Eigelb, Olivenöl und Wasser hineingeben, vermischen und mit dem Mehl verkneten. Den Teig auf eine glatte, bemehlte Arbeitsfläche legen und 3 Minuten durchkneten, bis er glatt und elastisch ist. Zugedeckt im Kühlschrank 1 Stunde ruhen lassen.

DIE FÜLLUNG: Die Hälfte der Butter in einer Pfanne erhitzen, die Pilze dazugeben und bei mittlerer Temperatur 3 Minuten dünsten, bis der Saft austritt. In ein Sieb abgießen und abtropfen lassen. Die restliche Butter erhitzen, die Schalotte dazugeben und 5 Minuten unter Umrühren glasig dünsten. Die abgetropften Pilze dazugeben, pfeffern und salzen und die Pfanne vom Herd nehmen.

DIE RAVIOLI: Den Ravioliteig in 2 gleiche Stücke teilen. Eine glatte Arbeitsfläche mit Mehl bestäuben und ein Teigstück möglichst dünn ausrollen. Auf dem ausgerollten Teig in Abständen von 2½ cm jeweils ½ Teelöffel der Pilze verteilen und die leeren Flächen mit einem Pinsel anfeuchten. Den restlichen Teig in gleicher Größe und Dicke ausrollen, vorsichtig obenauf legen und rund um die Pilze festdrücken. Die Ravioli mit einer 5 × 5 cm großen Ausstechform ausstechen, auf ein Küchentuch legen und mit einem zweiten Küchentuch abdecken.

DIE SAUCE: Einen mittelgroßen Topf zu ¾ mit gesalzenem Wasser füllen und aufkochen lassen. Die gewaschenen Kräuter hineingeben und 5 Minuten kochen. Den Topf vom Herd nehmen und die Kräuter in ihrem Sud 15 Minuten abkühlen lassen. Mit dem Schaumlöffel herausheben und mit 1½ Eßlöffel Sud im Mixer pürieren. Die pürierten Kräuter in einem kleinen Topf aufkochen und unter ständigem Umrühren nach und nach die eiskalte Butter hinzugeben. Mit Essig, Pfeffer und Salz abschmecken.

Die Ravioli in einem großen Topf mit gesalzenem Wasser 3 Minuten gar kochen. Mit dem Schaumlöffel herausheben und abtropfen lassen.

4 vorgewärmte Teller bereitstellen und die Sauce darauf verteilen. Die Ravioli darübergeben und sofort servieren.

NACH EINEM SCHÖNEN SOMMER LOHNT SICH DAS PILZESAMMELN IN DEN WÄLDERN. ALLEIN IN FRANKREICH GIBT ES VIER- BIS FÜNFHUNDERT VERSCHIEDENE PILZSORTEN, VON DENEN EIN PAAR DUTZEND UNGIFTIG UND GENIESSBAR SIND. DER FAVORIT DER FRANZOSEN IST DER PFIFFERLING, DER MIT SEINEM TRICHTERFÖRMIGEN HUT LEICHT ZU ERKENNEN IST. DIE SELBSTGEMACHTEN RAVIOLI MIT FRISCHEN WALDPILZEN KÖNNEN MIT TOMATENSTÜCKCHEN, FRISCHEM KERBEL ODER TRÜFFELSCHEIBEN VERFEINERT WERDEN.

CANNELLONI DE FEUILLES DE BLETTES AUX NOIX

GEFÜLLTE CANNELLONI MIT MANGOLD UND WALNÜSSEN

DER VIEL ZU SELTEN VERWENDETE MANGOLD WÄCHST IN ZAHLREICHEN VERSCHIEDENEN ARTEN UND LÄSST SICH IM GESCHMACK MIT SPINAT VERGLEICHEN, OBWOHL ER MIT DER ZUCKERRÜBE VERWANDT IST. FALLS DIE ZEIT ZU KNAPP IST, KÖNNEN DIE SELBSTGEMACHTEN CANNELLONI

DURCH FERTIG GEKAUFTE, MIT EINEM ESSLÖFFEL OLIVENÖL »AL DENTE« GEKOCHT, ERSETZT WERDEN. STATT EINER WEISSEN SAUCE SCHMECKT AUCH EINE ESTRAGON-TOMATEN-SAUCE.

für 4 Personen

FÜR DIE FÜLLUNG:
- 1 kg frischer, junger Mangold
- ½ Tasse Butter
- 3 feingehackte Schalotten
- ¼ Tasse Kognak
- 2 El Sahne
- ¾ Tasse grob gehackte Walnüsse
- 1 verquirltes Ei
- 1 El geriebener Schweizer Käse
- Salz, Pfeffer aus der Mühle

FÜR DIE CANNELLONI:
- 3 Eier
- Salz, Pfeffer aus der Mühle
- 2 El feingehackte Petersilie
- 2 El Butter

FÜR DIE SAUCE:
- 1 Tasse Milch
- 1½ El Butter
- 1½ El Mehl
- 1 Eigelb
- Salz, Pfeffer aus der Mühle
- frischgeriebener Muskat

ZUM ÜBERBACKEN:
- ½ Tasse geriebener Schweizer Käse
- 2 El Butter

DIE FÜLLUNG: Den Mangold waschen und die äußeren Blätter entfernen. Den Mangold in kochendem, gesalzenen Wasser 1 Minute blanchieren. Abgießen, möglichst viel Wasser herausdrücken und grob hacken.

Die Hälfte der Butter in einer großen Pfanne erhitzen, die Schalotten dazugeben und bei niedriger Temperatur 5 Minuten glasig dünsten. Den Kognak hinzufügen, die Schalotten flambieren und so lange umrühren, bis die Flamme erloschen ist. Die Sahne unterrühren, den Mangold dazugeben und 5 Minuten bei mittlerer Temperatur dünsten.

In der Zwischenzeit die restliche Butter in einer großen Pfanne erhitzen, bis sie braun wird. Erst die Walnüsse, dann den gedünsteten Mangold hinzufügen, und die Pfanne vom Herd nehmen. Den geriebenen Käse mit dem verquirlten Ei verrühren und mit dem Mangold und den Nüssen cremig rühren. Mit Pfeffer, Salz und Muskat abschmecken.

DIE CANNELLONI: Die Eier verquirlen, durch ein Sieb passieren, mit Pfeffer und Salz würzen und die Petersilie dazugeben.

In einer kleinen Crêpe-Pfanne ½ Eßlöffel Butter erhitzen, 2 Eßlöffel der verquirlten Eier hineingeben, und die Pfanne schnell drehen, so daß der Boden gleichmäßig überzogen wird. Den Eierteig 30 Sekunden stokken lassen, vorsichtig mit einem Spachtel wenden, 15 Sekunden von der anderen Seite schmoren und auf einen Teller geben. Nach diesem Verfahren den Rest der verquirlten Eier verarbeiten. Benötigt werden 4 bis 6 dünne Cannelloni. Die Cannelloni abkühlen lassen und auf Pergamentpapier übereinanderschichten.

DIE SAUCE: Die Milch kurz aufkochen und vom Herd nehmen. Die Butter in einem kleinen Topf erhitzen, das Mehl hinzufügen und 2 Minuten bei mittlerer Temperatur schwitzen lassen. Die Milch dazugeben und unter ständigem Umrühren mit einem Schneebesen zum Aufkochen bringen. 5 Minuten bei reduzierter Temperatur weiterkochen lassen und mit einem Holzlöffel umrühren.

Den Topf vom Herd nehmen, das Eigelb einrühren, mit Pfeffer, Salz und Muskat abschmecken und die Sauce mit Butterstückchen bestreuen, damit sie keine Haut bildet. Den Backofen auf 230° C vorheizen. Die Cannelloni zu Quadraten schneiden und mit je einem großen Eßlöffel der Füllung zu Zylindern zusammenrollen. In eine gebutterte Backform legen, mit Sauce übergießen, mit geriebenem Käse bestreuen und mit Butter beträufeln. 5 bis 10 Minuten backen, bis sie leicht gebräunt sind. Sofort servieren.

REMOULADE DE CELERI ET POIVRONS ROUGES AUX COPEAU D'AVOCAT

SELLERIEREMOULADE MIT ROTEM PAPRIKA UND AVOCADO

für 4 Personen

1 mittelgroße Sellerieknolle (etwa 500 g), geschält und feingeraspelt
1 mittelgroßer, roter Paprika, ausgehöhlt und in hauchdünne Streifen geschnitten
¾ – 1 Tasse dicke, würzige Mayonnaise
1 Avocado, mittelreif und geschält
1 El Olivenöl
½ Zitrone
Salz, Pfeffer aus der Mühle

Sellerie, Paprika und Mayonnaise in einer kleinen Schüssel verrühren, in 4 jeweils ½ Tasse fassende Auflaufformen füllen und mindestens 2 Stunden im Kühlschrank ziehen lassen.

Das Avocadofleisch, wie beim Schälen eines Apfels, mit einem scharfen, kleinen Messer in langen Streifen abziehen. In eine Schüssel legen, mit Olivenöl und Zitronensaft beträufeln und mit Pfeffer und Salz würzen.

4 Teller bereitstellen und die Remoulade darauf stürzen. Mit Avocadostreifen garniert servieren.

DIE KLASSISCHE, ORIGINELL VERFEINERTE REMOULADE IST EINFACH ZUZUBEREITEN. DIE MAYONNAISE MUSS DICK GENUG SEIN, UM DAS GEMÜSE ZU BINDEN UND DARF NICHT IN DER DEKORATION VERLAUFEN.

SOUPE DE COURGE A LA CREME AUX HERBES

KÜRBISCREMESUPPE MIT FRISCHEN KRÄUTERN

KÜRBIS WIRD IM SPÄTHERBST GEERNTET UND IST VIELSEITIG ZU VERWENDEN. IN NORDFRANKREICH SCHWÖRT MAN AUF EINE KÜRBISTARTE MIT ZWIEBELN, ABER ICH ZIEHE EINE KÜRBISSUPPE MIT VIEL SAHNE VOR. DIE SAHNE KANN ZUM TEIL DURCH EINE GEMÜSEBRÜHE AUS PORREEGRÜN ERSETZT WERDEN. EIN AUSGEZEICHNETER KÜRBISGRATIN LÄSST SICH ZUBEREITEN, INDEM DAS GEKOCHTE KÜRBISFLEISCH IN EINER GRATINSCHÜSSEL, DIE ZUVOR MIT EINER KNOBLAUCHZEHE AUSGERIEBEN WURDE, MIT DER GABEL ZERDRÜCKT WIRD. KRÄFTIG PFEFFERN UND SALZEN, MIT SAHNE ÜBERGIESSEN UND IM VORGEHEIZTEN OFEN BACKEN.

für 4 Personen

FÜR DIE SUPPE:

1 kleiner Kürbis (etwa 1250 g), geschält, entkernt und in Stücke geschnitten
1 l Sahne
1 Tl Zucker
Salz
schwarzer Pfeffer aus der Mühle

FÜR DIE CROUTONS UND ZUM GARNIEREN:

4 dünne Scheiben Baguettes
2 El Butter
2 El Pflanzenöl
1 Tasse geriebener Schweizer Käse
½ Tasse gehackte, frische Kräuter (z. B. Petersilie, Schnittlauch, Kerbel oder Estragon)

DIE SUPPE: Den Kürbis 20 Minuten in gesalzenem Wasser weich kochen. Mindestens 1 Stunde zum Abtropfen und Trocknen auf ein Küchenpapier legen. Im Mixer oder durch ein feines Sieb pürieren.

Das Kürbispüree mit der Sahne in einen mittelgroßen Topf geben, mit Zucker, Salz, Pfeffer und Muskat würzen und 10 bis 15 Minuten bei niedriger Temperatur dünsten.

DIE CROUTONS: Butter und Öl in einer Pfanne erhitzen, die Brotscheiben hineinlegen und bei mittlerer Temperatur 1 Minute pro Seite braten. Zum Abtropfen auf ein Küchenpapier legen. Die heiße Suppe in 4 vorgewärmte Suppentassen gießen, die Croûtons obenauf legen und mit geriebenen Käse bestreuen. Mit gehackten Kräutern servieren.

COMPOTE DE PIMENTS DOUX ET D'AROMATES AUX CHAMPIGNONS CRUS

PAPRIKABRUNOISE MIT CHAMPIGNONS

für 4 Personen

1	große rote Paprikaschote
1	große grüne Paprikaschote
3	El Olivenöl
3	feingehackte Schalotten
10	feingehackte, kleine Knoblauchzehen
¾	Tasse trockener Weißwein
250	g Champignons
½	Zitrone
	Salz
	schwarzer Pfeffer aus der Mühle

Den Paprika halbieren, aushöhlen und unter kaltem Wasser abspülen. Zunächst in dünne Längsstreifen und dann in 3×3 mm kleine Würfel schneiden.

Das Olivenöl in einem kleinen Topf erhitzen, die Schalotten und den Knoblauch hinzufügen und 3 Minuten bei mittlerer Temperatur dünsten. Den gewürfelten Paprika dazugeben, mit dem Holzlöffel unterrühren, und 5 Minuten bei mittlerer Temperatur schmoren lassen. Den Wein zugießen und aufkochen lassen. Mit Pfeffer und Salz würzen, den Paprika mit dem Sud in eine Schüssel füllen und abkühlen lassen.

Die Champignons kurz vor dem Servieren in feine Scheiben schneiden, mit Zitronensaft beträufeln und mit Pfeffer und Salz würzen.

4 Teller bereitstellen und die abgekühlte Paprikabrunoise darauf verteilen. Mit Champginons servieren.

EIN STOLZER WINZER AUS DER GEGEND VON MACON VOR SEINEN WEINFÄSSERN. BEI DER PAPRIKABRUNOISE DARF AUF WEISSWEIN NICHT VERZICHTET WERDEN. ZUM VERFEINERN EMPFEHLE ICH 2 ESSLÖFFEL CONCASSE DE TOMATES.

BALLOTINE DE CHOU FARCI AUX MARRONS

GEFÜLLTER KOHL MIT MARONEN

für 4 Personen

500 g Maronen, geschält und blanchiert
1 sparsame Prise Zucker
½ Stange Staudensellerie
1 mittelgroßer Weißkohl (etwa 1 kg)
½ Sellerieknolle, geschält und in 6 × 6 mm kleine Würfel geschnitten,
oder
2 Stangen Staudensellerie, blanchiert und in 6 mm große Scheiben geschnitten
2 Möhren, geschält und in 2,5 cm kleine Stücke geschnitten
1 mittelgroße Zwiebel, geviertelt
1 feingehackte Knoblauchzehe
2 Eßlöffel Sahne
frische Thymianzweige
1 Lorbeerblatt
1 Tasse trockener Weißwein
Salz
schwarzer Pfeffer aus der Mühle
frisch geriebener Muskat

Den Backofen auf 175° C vorheizen. Die Maronen in eine kleine gebutterte Backform geben, pfeffern, salzen und mit Zucker bestreuen. Die halbe Selleriestange und so viel Wasser hinzufügen, daß der Boden der Backform gerade bedeckt ist. Mit einem gebutterten Stück Pergamentpapier lose abdecken, und die Maronen 25 Minuten im Backofen weich schmoren. Abkühlen lassen.

Nach dem gleichen Verfahren den Sellerie in eine kleine, gebutterte Backform geben, pfeffern und salzen, mit gebuttertem Pergamentpapier lose abdecken und im Backofen schmoren, bis er weich und leicht gebräunt ist. Abkühlen lassen.

Aus dem Weißkohl den harten Strunk herausschneiden. In einem großen Topf, in kochendem, gesalzenen Wasser 4 Minuten blanchieren.

Abgießen, abtropfen lassen und die Blätter abpflücken.

Die Kohlblätter auf einem Küchentuch ausbreiten und 2 cm hoch übereinander schichten. Ein zweites Küchentuch darüberlegen und die Blätter flach zusammendrücken. Das obere Tuch entfernen und den Kohl mit Pfeffer und Salz würzen. In einem mittelgroßen Topf etwas Butter erhitzen. Ein Viertel der Zwiebel in feine Ringe schneiden und mit dem Knoblauch in die Butter geben. Die Hälfte der Maronen und die Hälfte des Sellerie dazugeben und 5 Minuten dünsten. Das Gemüse im Mixer pürieren und nach und nach mit der Sahne verquirlen. Das Püree mit Pfeffer, Salz und Muskat würzen und gleichmäßig auf den flachgedrückten Kohlblättern verteilen. Die restlichen Maronen und den restlichen Sellerie obenauf schichten und leicht andrücken.

Den Kohl mit der Füllung in dem Küchentuch zusammenrollen, so daß eine große Kohlroulade entsteht. Das Küchentuch an den Enden mit Bindfäden fest zusammenschnüren.

In einem großen Schmortopf 2 Eßlöffel Butter erhitzen. Die Möhren, die restliche Zwiebel, den Thymian, das Lorbeerblatt und den Wein hinzufügen und 10 Minuten bei hoher Temperatur kochen lassen, bis der Wein zu ¼ verkocht ist.

Die eingewickelte Kohlroulade in den Schmortopf legen und so viel Wasser zugießen, daß sie gerade bedeckt ist. Unter häufigem Umwenden bei mittlerer Temperatur 25 bis 30 Minuten kochen lassen.

Die Kohlroulade auf ein großes Brett legen, vorsichtig aus dem Tuch wickeln, in Scheiben schneiden und servieren.

DIE KOHLSAISON BEGINNT IM JUNI, OBWOHL ES EIGENTLICH DAS GANZE JAHR HINDURCH KOHL GIBT. EIN GUTER WEISSKOHL MUSS SCHWER UND FEST SEIN UND WENN MAN ÜBER DIE BLÄTTER STREICHT, LEICHT QUIETSCHEN. ABGESEHEN VON DEN KLASSISCHEN METHODEN DER KOHLZUBEREITUNG (DÜNSTEN, FÜLLEN ODER ALS EINTOPF), IST KOHL EIN ERSTKLASSIGER BEGLEITER VON FASAN, PERLHUHN, METTWURST ODER CONFIT. DIE GROSSE KOHLROULADE SCHMECKT MIT EINER ZITRONENBUTTERSAUCE UND KANN NACH BELIEBEN MIT GEKOCHTEN WALDPILZEN VERFEINERT WERDEN.

PALTES GOURMANDS

KARTOFFELN MIT SCHWARZWURZELN UND TRÜFFELN

für 4 Personen

- 4 große Kartoffeln
- Steinsalz
- ½ Tasse Butter
- 1 El Trüffeln, geputzt und fein gehackt
- 1 El Portwein
- 4 Schwarzwurzeln, geschält und in Mineralwasser eingeweicht
- 1 El Mehl
- Saft einer ½ Zitrone
- ½ Tasse Sahne
- Salz
- Pfeffer aus der Mühle
- Petersilienzweige
- 7 El Butter
- ¾ Tasse Sahne

FÜR DIE SAUCE:

- 4 El Butter
- 3 El Mehl
- 1½ Tassen Milch
- ½ Tasse Sahne
- Salz
- Pfeffer aus der Mühle
- 1 Prise frisch geriebener Muskat

Den Backofen auf 220° C vorheizen. Die ungeschälten Kartoffeln mit einer runden oder ovalen Ausstechform mit 5 cm Durchmesser zu ¾ ausstechen. Das ausgestochene Kartoffelstück wieder in die Kartoffeln hineinstecken und darauf achten, daß die Kartoffeln unbeschädigt bleiben. Den Boden einer großen Backform 2,5 cm dick mit Steinsalz bestreuen, die Kartoffeln hineingeben und im Salz fest drücken. 45 bis 60 Minuten im Backofen garen.

In einem kleinen Topf 1 Eßlöffel Butter erhitzen, die Trüffelschnitzel dazugeben und 3 Minuten bei mittlerer Temperatur dünsten. Den Portwein hinzugießen und 3 Minuten bei mittlerer Temperatur einkochen lassen. Den Topf vom Herd nehmen.

In einem mittelgroßen Topf gesalzenes Wasser, das Mehl und den Zitronensaft aufkochen und die Schwarzwurzeln hineingeben. 20 Minuten weich kochen, abgießen und würfeln.

Die Butter in einem kleinen Topf zum Schmelzen bringen und das Mehl einrühren. Sobald die Mehlschwitze nicht mehr schäumt, unter ständigem Umrühren nach und nach die kalte Milch hinzufügen. Mit Sahne verfeinern und mit Pfeffer, Salz und Muskat würzen. Den Topf vom Herd nehmen.

Die ausgestochenen Stücke aus den Kartoffeln herausnehmen und beiseite legen. Die Kartoffeln vorsichtig mit dem Löffel weiter aushöhlen. Das Kartoffelfleisch mit der restlichen Butter vermischen, die restliche Sahne dazugeben und mit Pfeffer und Salz abschmecken.

Die Trüffelschnitzel mit dem Portweinsud und die Schwarzwurzeln unter die Sauce rühren und kurz erhitzen. Die ausgehöhlten Kartoffeln zu ¾ füllen. Eine Schicht Kartoffelbutter obenauf geben und die Oberfläche glätten. Die Kartoffeln 10 Minuten im Backofen bräunen lassen.

Zum Servieren die ausgestochenen Kartoffelstücke als Deckel auf die Kartoffeln legen und mit Petersilienzweigen garnieren.

SCHWARZWURZELN WERDEN IN DER NORMANDIE UM NORD PAS-DE-CALAIS UND PICARDY ANGEBAUT. SIE SIND ANSPRUCHSLOS UND GEDEIHEN AUCH IN HARTER, KRUSTIGER ERDE. WEIL DER KLEBRIGE SAFT DER SCHWARZWURZELN SCHNELL IN DIE HAUT EINZIEHT, ZIEHT MAN ZUM PUTZEN AM BESTEN HANDSCHUHE AN. DAMIT SICH DIE WURZELN NACH DEM SCHÄLEN NICHT VERFÄRBEN, MÜSSEN SIE IN ESSIG- ODER ZITRONENWASSER GELEGT WERDEN. NACH DIESER MÜHEVOLLEN PROZEDUR

KANN DAS GEMÜSE SEHR VIELSEITIG ZUBEREITET WERDEN UND SCHMECKT ZU FLEISCH EBENSO GUT WIE ZU GEFLÜGEL.

BOULANGERE AUX AMONIERES FARCIES D'HERBES

KOHLTASCHEN MIT KARTOFFELN UND TRÜFFELBUTTER

HIER ZEIGT SICH WIEDER EINMAL DER KOHL VON SEINER BESTEN SEITE: DIE APPETITLICHEN KOHLTASCHEN (ABGEBILDET AUF S. 219) WERDEN MIT KARTOFFELN UND ZWIEBELN SERVIERT UND SCHMECKEN STATT MIT TRÜFFELBUTTER AUCH MIT KRÄUTERBUTTER.

für 4 Personen

FÜR DIE KOHLTASCHEN:

1 mittelgroßer Weißkohl (etwa 750 g)
1 Tasse frische Semmelbrösel, im Backofen getrocknet
1 Tasse Milch
1 mittelgroße Zwiebel, feingehackt
1 Tasse frische, feingehackte Kräuter (z. B. Petersilie, Schnittlauch, Kerbel oder Estragon)
Salz, Pfeffer aus der Mühle
frisch geriebener Muskat
Schnittlauch
3 El Butter

FÜR DIE KARTOFFELN:

10 mittelgroße feste Kartoffeln (etwa 1250 g)
2 El Butter
1 El Pflanzenöl
½ Tasse Gemüsebrühe oder Wasser
Salz, Pfeffer aus der Mühle

FÜR DIE ZWIEBELN:

2 weiße Zwiebeln, in feine Ringe geschnitten
2 El Butter
2 Tl Zucker
Salz, Pfeffer aus der Mühle

FÜR DIE TRÜFFELBUTTER:

½ Tasse Trüffelschnitzel
¼ Tasse weiche Butter
Salz, Pfeffer aus der Mühle

DIE KOHLTASCHEN: Den harten Strunk aus dem Kohl herausschneiden und den ausgehöhlten Kohl in einem großen Topf mit gesalzenem Wasser aufkochen lassen. Das Wasser muß den Kohl 5 cm bedecken.

Den Kohl während des Aufkochens mit einer großen Gabel festhalten und die Blätter abpflücken. Die Kohlblätter 10 Minuten weich kochen. Abgießen, kurz unter kaltem Wasser abschrecken und zum Trocknen auf einem Gitter ausbreiten.

Die Semmelbrösel 10 Minuten in Milch einweichen, durch ein Sieb gießen und abtropfen lassen. Mit den Kräutern, Pfeffer, Salz und Muskat im Mixer pürieren.

Die vorstehenden, dicken Mittelrippen der Kohlblätter so dünn wie die Blätter beschneiden und auf jedes Kohlblatt einen Löffel der Semmelbrösel-Kräuter-Mischung geben. Die Kohlblätter zusammenrollen und mit Schnittlauchhalmen zusammenschnüren.

In einer großen Pfanne die Butter erhitzen und die gefüllten Kohlblätter zugedeckt 10 Minuten bei mittlerer Temperatur dünsten.

DIE KARTOFFELN: Den Backofen auf 220 Grad vorheizen. Die Kartoffeln schälen und einheitlich in Eiform schneiden. Abtrocknen und mit Pfeffer und Salz würzen. Butter und Öl in einem großen Schmortopf erhitzen und die Kartoffeln 10 Minuten bei mittelhoher Temperatur braun anbraten. Zwischendurch häufig umwenden und mit Gemüsebrühe oder Wasser ablöschen. Die Kartoffeln sollten von der Flüssigkeit halb bedeckt sein. Zugedeckt im Backofen 25 Minuten garen.

DIE ZWIEBELN: Die Butter in einer großen Pfanne erhitzen, Zwiebeln, Zucker, Salz und Pfeffer dazugeben und 7 Minuten unter Umrühren bei mittlerer Temperatur dünsten, bis die Zwiebeln glasig sind und der Zucker karamelisiert.

4 vorgewärmte Teller bereitstellen. Die Kartoffeln in 6 mm dicke Scheiben schneiden und auf den Tellern arrangieren. Mit karamelisierten Zwiebeln und Kohltaschen bekrönen.

Die Trüffelschnitzel mit Butter, Salz und Pfeffer vermengen und jede Portion mit einem walnußgroßen Stück Trüffelbutter verfeinern.

TERRINE DE CEPES AUX AUBERGINES ET PIMENTS DOUX

PILZTERRINE MIT AUBERGINEN UND ROTEM PAPRIKA

für 4 Personen

- Olivenöl
- 3 kleine Auberginen, grob gewürfelt
- 3 rote Paprikaschoten, über der Gasflamme oder im Backofen geröstet und geschält
- 1 große Zwiebel, in feine Ringe geschnitten
- 2 Tomaten, gehäutet und grob gehackt
- 250 g große Champignons oder Steinpilze
- 1 Schalotte, in feine Ringe geschnitten
- 2 Eier
- ½ Tasse Sahne
- Salz
- Pfeffer aus der Mühle

¼ Tasse Olivenöl in einer mittelgroßen Pfanne erhitzen, die Auberginen dazugeben, pfeffern und salzen und unter häufigem Wenden 7 Minuten weich dünsten. Zum Abtropfen auf ein Küchenpapier legen.

Den roten Paprika würfeln und in ¼ Tasse Olivenöl 10 Minuten bei niedriger Temperatur weich dünsten. Abtropfen lassen und auf einen Teller legen.

¼ Tasse Olivenöl erhitzen, die Zwiebeln dazugeben und 15 Minuten weich dünsten. Abtropfen lassen und auf einen Teller legen.

Die Tomaten in ¼ Tasse Olivenöl 10 Minuten bei mittelhoher Temperatur schmoren lassen, bis der Saft verkocht ist. Mit Pfeffer und Salz würzen. Die dicke, cremige Tomatenmasse in eine Schüssel geben.

Die Schalotte in etwas Olivenöl 2 Minuten glasig dünsten.

Die Steinpilze in 6 mm dicke Scheiben schneiden und 3 bis 5 Minuten in ¼ Tasse Olivenöl sautieren. Zum Abtropfen auf ein Küchenpapier legen. Zu der Schalotte geben und bei hoher Temperatur unter ständigem Umrühren 10 Minuten schmoren, bis die Flüssigkeit verkocht ist. Die Champignons würfeln und ohne Sautieren mit der Schalotte schmoren. Pilze und Schalotte durch ein Sieb passieren.

Die gedünsteten Paprika, Tomaten und Zwiebeln im Mixer pürieren. Die Eier mit der Sahne verquirlen, unter das Gemüse rühren und mit Pfeffer und Salz abschmecken.

Eine Auflaufform mit Pergamentpapier auslegen und den Boden und die Seiten leicht mit Olivenöl bestreichen.

Den Backofen auf 175° C vorheizen. Den Boden der Auflaufform mit den Auberginen auslegen. Eine Schicht Tomaten-Paprika-Creme, die Pilze und eine weitere Schicht Tomaten-Paprika-Creme darüberfüllen. Die Auflaufform in eine mit heißem Wasser gefüllte Backform stellen. Die Form soll zu ⅔ im Wasserbad stehen. 45 Minuten backen.

Nach dem Backen auf Zimmertemperatur abkühlen lassen. Mit einer Buttersauce oder einer Vinaigrette, Tomatenwürfeln und frischen Kräutern servieren.

BEI DIESER HERZHAFTEN GEMÜSETERRINE SPIELEN AUBERGINEN, ROTER PAPRIKA, TOMATEN UND PILZE DIE HAUPTROLLE. PILZE GALTEN SCHON IN DER ANTIKE ALS KULINARISCHER GENUSS UND BEI DEN RÖMERN ALS MAHL DER GÖTTER. IN DER RÖMERZEIT WURDEN BEREITS REZEPTE GESAMMELT

UND APICIUS, DER AUTOR DES ÄLTESTEN ÜBERLIEFERTEN KOCHBUCHES, BESCHÄFTIGTE SICH SCHON VOR ZWEITAUSEND JAHREN AUSFÜHRLICH MIT DER PILZZUBEREITUNG.

CHOU VERT FARCI AU SAUMON

GEFÜLLTER WEISSKOHL MIT LACHS

für 4 Personen

FÜR DEN COURT-BOUILLON:

1 Flasche trockener Weißwein
1 Zitrone
2 Tassen Wasser
1 Möhre, in 4 cm lange Stücke geschnitten
1 Zwiebel, geviertelt
1 zerdrückte Knoblauchzehe
1 frischer Thymianzweig
1 Lorbeerblatt
1 großzügige Prise schwarzer Pfeffer
¼ Tasse grobkörniges Meersalz

FÜR DEN KOHL:

1 Weißkohl (etwa 1250 g)
300 g frischer Lachs
Salz, Pfeffer aus der Mühle

FÜR DIE BUTTERSAUCE:

¼ Tasse Court-bouillon
2 El Sahne
1 Tasse kalte Butter, in kleine Stücke geschnitten
Saft einer Zitrone
2 El Essig
Salz, Pfeffer aus der Mühle

DER COURT-BOUILLON: Wein, Wasser, Gewürze und Gemüse in einem Topf, der für den Kohlkopf groß genug ist, aufkochen und bei reduzierter Temperatur 20 Minuten kochen lassen. Vom Herd nehmen und abkühlen lassen.

DER KOHL: Die harten, äußeren Blätter und den Strunk entfernen und die Blätter bis auf das Herz abpflücken. Blätter und Kohlherz in einem großen Topf mit kochendem, gesalzenem Wasser 3 Minuten blanchieren, abgießen, kurz unter kaltem Wasser abschrecken und zum Trocknen auf ein Küchenpapier ausbreiten.

Den Lachs in dünne Streifen schneiden, pfeffern und salzen und auf eine Platte legen.

Auf einer glatten Arbeitsfläche ein großes, quadratisches Leintuch ausbreiten. Die kleinsten Kohlblätter in die Mitte legen und mit den kleinsten Lachsstreifen zu einem Bündel wickeln. Mit größeren Lachsstreifen und immer größeren Kohlblättern zu einem Kohlkopf wickeln, die Enden des Leintuches nach oben schlagen und mit einem Bindfaden fest zusammenschnüren.

Den Court-bouillon bei mittlerer Temperatur aufkochen, das Kohlbündel hineingeben und 15 Minuten kochen lassen. Vorsichtig umdrehen, weitere 5 Minuten kochen und im Sud warm halten.

In der Zwischenzeit die Buttersauce zubereiten.

DIE BUTTERSAUCE: Den Court-bouillon in einem kleinen Topf (nicht aus Aluminium) aufkochen, die Sahne hinzufügen und 2 Minuten eindikken lassen. Unter ständigem Quirlen nach und nach mit der Butter cremig rühren. Den Topf zwischendurch von der Herdplatte nehmen. Die Buttersauce mit Zitronensaft und Essig würzen und mit Pfeffer und Salz abschmecken.

Den Kohl aus dem Sud nehmen, aus dem Leintuch wickeln, vierteln oder in Scheiben schneiden.

4 vorgewärmte Teller bereitstellen, etwas Sauce aufgießen, den gefüllten Kohl verteilen und sofort servieren.

DIE FAMILIE DER KOHLKÖPFE IST SEHR GROSS UND IN DER GANZEN WELT VERBREITET. WEISSKOHL GILT ALS BESONDERS KÄLTEUNEMPFINDLICH. DIE SAUCE KANN UNMITTELBAR VOR DEM SERVIEREN MIT EINEM ESSLÖFFEL KAVIAR VERFEINERT WERDEN.

PISTOU DE TOMATE ET D'AUBERGINE A L'OURSIN ET AUX BROCHETTES DE LANGOUSTINES

LANGUSTENSPIESSE MIT SEEIGELPÜREE

für 4 Personen

12 große Seeigel
24 große Langustenschwänze, geputzt, ohne Schalen
1 mittelgroße Aubergine
3–4 mittelgroße Tomaten (etwa 500 g)
3 feingehackte Knoblauchzehen
1 El feingehacktes, frisches Basilikum
1 Tasse Olivenöl
1 El Essig
Salz
Pfeffer aus der Mühle
in Scheiben geschnittenes Baguette

Die Seeigel vorsichtig mit einem Küchenhandtuch oder Handschuhen anfassen und ausnehmen. Die Unterseite etwa 5 cm tief einschneiden, die Flüssigkeit abgießen, das Fleisch mit einem kleinen Löffel herausschaben und beiseite legen. Die Seeigelschalen ausspülen und zum Trocknen auf ein Küchenpapier legen.

Die Tomaten würfeln. In einer großen Pfanne 1 Eßlöffel Olivenöl erhitzen, die Tomaten, den Knoblauch und das Basilikum hineingeben, pfeffern und salzen und unbedeckt bei mittlerer Temperatur unter Umrühren 15 Minuten dünsten.

Die Auberginen würfeln. ¼ Tasse Olivenöl in einer kleinen Pfanne erhitzen, die Auberginen dazugeben und unter Umrühren 8 Minuten sautieren. Mit Pfeffer und Salz würzen und 30 Sekunden im Mixer pürieren. Das Auberginenpüree durch ein Sieb passieren.

Die gedünsteten Tomaten auf die gleiche Weise pürieren, durch ein Sieb passieren und mit dem Auberginenpüree verrühren.

Das Seeigelfleisch dazugeben, 1 Eßlöffel Olivenöl und den Essig einrühren und das Püree mit Pfeffer und Salz abschmecken.

4 Teller bereitstellen. Das Püree in 8 Seeigelschalen füllen und je 2 Schalen auf die Teller verteilen.

Die Langustenschwänze auf Holzspieße stecken und mit Pfeffer und Salz würzen. Das restliche Olivenöl in einer großen Pfanne erhitzen, die Spieße hineinlegen und das Langustenfleisch bei hoher Temperatur 2 bis 4 Minuten braten, bis es rosig und fest ist. Die Spieße auf Küchenpapier abtropfen lassen und mit den Baguettescheiben um die gefüllten Seeigelschalen arrangieren.

EINE HARMONISCHE KOMPOSITION AUS MEERES- UND GARTENFRÜCHTEN. LANGUSTEN ZÄHLEN ZUR FAMILIE DER KREBSE UND SIND FRISCH NICHT IMMER ERHÄLTLICH. ALS ERSATZ BIETEN SICH GROSSE KRABBEN ODER SCAMPIS AN.

TERRINE DE POMME DE TERRE AU ROUGET A L'ANIS

FISCHTERRINE MIT ANISBUTTER

DIE ANISBUTTER KANN HEISS, ABGEKÜHLT ODER KALT SERVIERT WERDEN. ZUM ABKÜHLEN SOLLTE SIE NICHT IM KÜHLSCHRANK, SONDERN LEDIGLICH AN EINEM KÜHLEN ORT AUFBEWAHRT WERDEN. DIE ANISBUTTER WIRD FEST, WENN SIE MIT EINEM ESSLÖFFEL WASSER VERRÜHRT WIRD.

für 4 bis 6 Personen

FÜR DIE FISCHTERRINE:
- 500 g mittelgroße, wenn erhältlich rote Kartoffeln
- 1 kg Steinsalz nach Belieben
- 2 Eiweiß nach Belieben
- 8 Meerbarbenfilets oder ersatzweise 1 kg Rotbarschfilet mit Haut
- ½ Tasse Olivenöl
- 2 El Butter
- 2 El feingehackte Schalotten
- 2 El Mayonnaise
- 1 kleiner Bund Schnittlauch, feingehackt
- Salz, Pfeffer aus der Mühle
- Anisbutter nach Rezept

FÜR DIE ANISBUTTER:
- 2 feingehackte Schalotten
- ½ Tasse trockener Weißwein
- ¾ Tasse kalte Butter, in Stücke geschnitten
- 2–3 El Pastis oder anderer Anisette
- 1 Prise Safran nach Belieben
- Salz, Pfeffer aus der Mühle

DIE ANISBUTTER: 1 Eßlöffel Butter in einem kleinen Topf (nicht aus Aluminium) erhitzen, die Schalotten hineingeben und 5 Minuten bei niedriger Temperatur glasig dünsten. Den Wein hinzufügen und zu ¼ einkochen lassen.

Nach und nach die Butter einrühren. Den Topf zwischendurch von der Herdplatte nehmen. Mit Anisette, Pfeffer, Salz und Safran abschmecken und bei niedriger Temperatur kurz aufkochen lassen. Zum Abkühlen nicht in den Kühlschrank stellen.

DIE FISCHTERRINE: Die Kartoffeln gründlich waschen und 20 Minuten in gesalzenem Wasser garen.

Den Backofen auf 230 Grad vorheizen.

Steinsalz und Eiweiß in einer großen Schüssel verrühren und zur Hälfte in einen ofenfesten Schmortopf füllen. Die Kartoffeln hineinlegen und die restliche Eiweiß-Salz-Mischung darüber geben. 20 Minuten im vorgeheizten Ofen backen.

Die harte Salzkruste von den Kartoffeln entfernen, ohne die Schale zu beschädigen. Die abgekühlten Kartoffeln in 6 mm dicke Scheiben schneiden.

Die Fischfilets auf eine Arbeitsfläche legen und mit einem scharfen Messer in je 1 Scheibe mit und 1 Scheibe ohne Hautschicht halbieren. Das Filet mit Haut in 4 cm breite Streifen schneiden und das Filet ohne Haut in den Kühlschrank legen.

Die Butter und das Olivenöl in einem mittelgroßen Schmortopf erhitzen, die Filetstreifen mit Haut hineingeben und bei mittlerer Temperatur 1½ Minuten pro Seite dünsten. Den Fisch zum Abtropfen auf Küchenpapier legen, die Schalotten in das Fischfett geben und 5 Minuten bei niedriger Temperatur glasig dünsten. Das Fischfilet ohne Haut dazugeben, 3 Minuten garen und mit den Schalotten im Mixer grob pürieren. Das Fischpüree mit Mayonnaise und Schnittlauch verrühren und mit Pfeffer und Salz abschmecken.

Eine kleine Back- oder Auflaufform mit dem restlichen Olivenöl ausreiben und mit den gebratenen Filetstreifen mit der Haut nach außen auslegen. Die Form schichtweise abwechselnd mit dem Fischpüree und den Kartoffelscheiben auffüllen und, falls noch übrig, mit Fischfiletstreifen (mit Haut nach oben) belegen. Die Terrine über Nacht in den Kühlschrank stellen.

Zum Servieren die Form kurz in heißes Wasser tauchen, den Rand mit einem scharfen Messer lösen und die Terrine auf eine große Platte stürzen. In Scheiben schneiden, nach Belieben mit Schnittlauch bestreuen und mit Anisbutter servieren.

MONSIEUR CATHERIN ZÜCHTET NICHT NUR GEFLÜGEL, SONDERN IST AUCH EIN AUSGEZEICHNETER FISCHER. AM FRÜHEN MORGEN ODER AM SPÄTEN NACHMITTAG WIRFT ER SEINE NETZE IN DER VEYLE AUS.

RISOTTO AU CITRON VERT ET AU FUMET DE GRENOUILLES

LIMONENRISOTTO MIT FROSCHSCHENKELN

für 4 Personen

FÜR DAS RISOTTO:
20 kleine Froschschenkel (etwa 500 g)
Schale von 4 unbehandelten Limonen
½ Tasse Langkornreis
1 El Meersalz
¼ Tasse Butter
Salz, Pfeffer aus der Mühle
feingehackter Schnittlauch oder Tomatenstückchen zum Garnieren

FÜR DIE ZITRONENSAUCE:
1 Tasse trockener Weißwein
1 El Essig
3 El feingehackte Schalotten
⅓ Tasse Sahne
½ Tasse kalte Butter, in kleine Stücke geschnitten
4 unbehandelte Zitronen

DAS RISOTTO: Einen großen Topf zu ¾ mit Wasser füllen, das Meersalz hineingeben und das Wasser aufkochen. Den Reis und die Limonenschalen dazugeben, kurz aufkochen und bei reduzierter Temperatur 15 Minuten kochen lassen.

Die Butter in einer großen Pfanne erhitzen. Die Froschschenkel abwaschen, trocknen, pfeffern und salzen, in die Pfanne geben und zugedeckt 5 Minuten bei mittlerer Temperatur schmoren. Ein Sieb über eine große Rührschüssel stellen, die Froschschenkel abgießen und den Bratsud aufbewahren. Von den Froschschenkeln das Fleisch abziehen.

Den Reis abgießen, kurz unter kaltem Wasser abschrecken, mit dem Froschschenkelfleisch und dem Bratsud in eine große Rührschüssel geben und vermengen.

4 Auflaufformen, die jeweils ½ Tasse fassen, einbuttern, das Risotto einfüllen und in den Kühlschrank stellen.

DIE ZITRONENSAUCE: Wein, Essig und Schalotten in einem kleinen Topf (nicht aus Aluminium) aufkochen und bei hoher Temperatur bis auf 1 Eßlöffel einkochen lassen. Die Sahne unterrühren, einkochen lassen und Stück für Stück die Butter einrühren. Den Topf von der Platte nehmen, die Sauce durch ein feines Sieb passieren und warm stellen. Die Zitronen auspressen und den Saft durch ein Sieb passieren. Die Zitronenschale kleinschneiden, 3 Minuten in kochendem Wasser blanchieren und kurz unter kaltem Wasser abschrecken.

Den Backofen auf 160° C vorheizen. Die Auflaufformen in eine tiefe Backform setzen und die Backform zur Hälfte mit kochendem Wasser füllen. Mit gebutterter Alufolie abgedeckt 15 Minuten im vorgeheizten Ofen backen.

Die Zitronenschale in die Buttersauce geben, nach Belieben Zitronensaft hinzufügen und erhitzen, aber nicht aufkochen lassen. Die Sauce mit Pfeffer und Salz abschmecken.

4 vorgewärmte Teller bereitstellen. Das Risotto auf die Teller stürzen, mit Zitronensauce umgießen und mit Schnittlauch oder Tomatenstückchen garnieren. Sofort servieren.

DIE REGION VON DOMBES IST FÜR FROSCH- UND KARPFENZUCHT BEKANNT. DAS ALLMORGENDLICHE FISCHEN IN DEN TEICHEN IST EIN EINDRUCKSVOLLES RITUAL.
DIE FROSCHSCHENKEL WERDEN IN EINER CREMIGEN ZITRONENSAUCE MIT EINEM RISOTTO SERVIERT, DAS DURCH DEN SAFT UND DIE SCHALE DER LIMONEN EIN BESONDERS FEINES AROMA ERHÄLT. EIN LEICHTES, ERFRISCHENDES MAHL.

Ein früher Sonntagmorgen, in der Nähe von Saint-Paul de Varax. Beim »Leerräumen« der Teiche ist jede Hand vonnöten: der Besitzer und die Pächter werden von freundlichen Nachbarn unterstützt. Die Fische müssen ins flache Wasser getrieben werden, wo grosse Reusen ausgelegt sind. Karpfen, Hechte und Barsche werden nach Art und Grösse sortiert, mit altertümlichen Waagen an Ort und Stelle ausgewogen und sofort verkauft.

SAUTE DE CEPES ET GIROLLES EN COQUE DE SAINT-JACQUES

JACOBSMUSCHELN MIT WALDPILZEN

IN FRANKREICH IST DER KÖNIG DER HERBSTPILZE DER STEINPILZ, DER IN VIERUNDZWANZIG VERSCHIEDENEN ARTEN VORKOMMT. STEINPILZE SIND LEICHT AN IHREN KRÄFTIGEN, RUNDEN STIELEN UND DEN »BARTHAAREN« UNTER IHREN HÜTEN ZU ERKENNEN. SIE WERDEN NICHT GEPUTZT, SONDERN NUR MIT EINEM FEUCHTEN TUCH LEICHT ABGERIEBEN. DAS KOCHEN GESCHIEHT IN ZWEI PHASEN: IN DER ERSTEN PHASE WERDEN DIE PILZE GEDÜNSTET, BIS DIE FLÜSSIGKEIT AUSTRITT, D. H., SIE WERDEN »SÜSS« GEMACHT, UND IN DER ZWEITEN PHASE GEGART. DIE STIELE WERDEN IN VIELEN REZEPTEN ALS HASCHE GESONDERT ZUBEREITET.

für 4 Personen

- 125 g kleine, frische Steinpilze, geputzt
- 125 g kleine, frische Pifferlinge, geputzt
- 2 feingehackte Schalotten
- ⅓ Tasse trockener Weißwein
- 2 Tl Weißweinessig
- 10 El weiche Butter
- 1½ El Zitronensaft
- ½ Tl Sojasauce
- 1 Prise Currypulver
- Salz
- Pfeffer aus der Mühle
- 8 große Jacobsmuscheln
- ¼ Tasse Olivenöl
- grobkörniges Meersalz

Die Steinpilze in Scheiben schneiden und die Pfifferlinge halbieren.

Den Backofen auf 250° C vorheizen.

Die Schalotten mit dem Wein, 1 Eßlöffel Wasser und dem Essig bei hoher Temperatur aufkochen und den Sud 2 Minuten einkochen lassen. Die Temperatur reduzieren und nach und nach je 2 Eßlöffel Butter einrühren. Den Zitronensaft, die Sojasauce und das Currypulver hinzufügen. Die Sauce mit Pfeffer und Salz abschmecken, durch ein Sieb passieren und über heißem Wasserdampf warm stellen.

Die Muscheln auf einem leicht gebutterten Backblech 6 bis 8 Minuten backen.

In 2 kleinen Pfannen je 2 Eßlöffel Olivenöl erhitzen. Pfifferlinge und Steinpilze getrennt hineingeben und unter häufigem Wenden je 4 Minuten sautieren, bis sie leicht gebräunt sind. Auf Küchenpapier abtropfen lassen.

4 vorgewärmte flache Teller bereitstellen. Je 2 Jacobsmuscheln auflegen, mit grobkörnigem Meersalz und frisch gemahlenem Pfeffer bestreuen und mit den sautierten Pilzen bekrönen. Sofort servieren.

FLAGEOLETS AU SOUFFLE DE TRUITE A LA CIBOULETTE

FORELLENMOUSSE IN ZITRONENBUTTER MIT KLEINEN, WEISSEN BOHNEN

für 4 Personen

150 g frische, enthülste, kleine weiße Bohnen oder
⅔ Tasse getrocknete, kleine weiße Bohnen, über Nacht in kaltem Wasser eingeweicht
1 Möhre
1 Zwiebel, mit 1 Gewürznelke gespickt
1 Bouquet garni
250 g Lachsforellenfilet ohne Haut, in Stücke geschnitten
2 kalte Eiweiß
Salz
weißer Pfeffer aus der Mühle
1 Prise Cayennepfeffer
¾ Tasse kalte Sahne
¼ Tasse Zitronensaft, durch ein Sieb passiert
14 El Butter
1 Bund Schnittlauch, feingehackt

Die getrockneten, eingeweichten Bohnen abgießen und waschen. Frische oder getrocknete Bohnen in einem großen Topf mit Wasser bedekken, die Möhre, die Zwiebel, den Bouquet garni hinzufügen und bei mittelhoher Temperatur weich kochen. Bei frischen Bohnen beträgt die Kochzeit etwa 40 Minuten und bei getrockneten Bohnen 1 Stunde. Die Möhre, die Zwiebel und das Bouquet garni aus dem Topf herausnehmen.

Während die Bohnen kochen, den Backofen auf 150° C vorheizen. Die Forellenfilets im Mixer pürieren und durch ein feines Sieb in eine Schüssel passieren. Mit dem Holzlöffel die Eiweiß unterrühren und mit Pfeffer, Salz und Cayennepfeffer würzen. Nach und nach die Sahne unterrühren.

4 Auflaufformen oder Timbalen, die jeweils 1 Tasse fassen, einbuttern, mit der Forellenmousse füllen, in heißes Wasserbad stellen und 15 Minuten im vorgeheizten Ofen backen.

Mit einem Fleischspieß nachprüfen, ob die Mousse gar ist.

In einem kleinen Topf den Zitronensaft aufkochen, die Temperatur reduzieren und teelöffelweise die Butter einrühren, bis eine dicke, cremige Sauce entsteht.

Die Bohnen abgießen, in die Sauce geben, kurz erhitzen, aber nicht aufkochen lassen. ¾ des feingehackten Schnittlauchs unterrühren und mit Pfeffer und Salz abschmecken.

4 vorgewärmte Teller bereitstellen. Die Forellenmousse aufstürzen und die Bohnen rundherum geben. Mit Zitronenbuttersauce umgießen, mit Schnittlauch bestreuen und sofort servieren.

FORELLENMOUSSE UND BOHNEN SIND EINE PERFEKTE ERGÄNZUNG. FRISCHE BOHNEN GIBT ES AUF DEN MÄRKTEN VON JULI BIS OKTOBER. ES HEISST, DASS DIE ERSTEN BOHNEN, DIE IN FRANKREICH ANGEBAUT WURDEN, EIN GESCHENK DES PAPSTES CLEMENS II. AN SEINE NICHTE CATHARINA VON MEDICI

WAREN, ALS SICH DIESE MIT HEINRICH II. VERMÄHLTE.

HERBSTFRÜCHTE

Der herbstliche Obstkorb bietet uns vier Früchte, die schon in biblischen Zeiten unsere Vorfahren erfreut haben: Trauben, Äpfel, Walnüsse und Feigen hatten in der Antike allerdings wenig Ähnlichkeit mit unseren heutigen modernen Züchtungen.

DOUBLE POMME AU CITRON ET A LA CANNELLE

GEBACKENE ÄPFEL MIT ZIMT UND ZITRONE

für 4 Personen

- 4 mittelgroße, süßliche Äpfel, halbiert und entkernt
- 2 mittelgroße, säuerliche Äpfel, entkernt, geschält und geraspelt
- Schale von 2 ungespritzten Zitronen, blanchiert und geraspelt
- Zucker
- 3 El Sahne
- 2 Eigelb
- 1 Prise Salz
- 1 Prise Zimt
- 2 El Butter
- brauner Zucker nach Belieben
- Puderzucker

Den Backofen auf 200° C vorheizen. Die Apfelhälften so tief aushöhlen, daß eine Füllung hineinpaßt, und in eine gebutterte Backform legen. Mit Zucker bestreuen, die Backform mit ¼ Tasse Wasser anfüllen, und die Äpfel 10 Minuten im vorgeheizten Ofen backen.

In der Zwischenzeit die geraspelten Äpfel mit 2 Eßlöffeln Zucker, Sahne, Eigelb, Salz, Zimt und geraspelter Zitronenschale verrühren. Die Creme in die gebackenen Äpfel füllen und mit Butterstückchen sowie nach Belieben mit braunem Zucker bestreuen.

Die gefüllten Äpfel im Backofen 15 bis 20 Minuten goldbraun backen.

Mit Puderzucker bestreut heiß oder kalt servieren.

ÄPFEL SIND IN ÜBER TAUSEND VERSCHIEDENEN SORTEN WELTWEIT BEKANNT UND BELIEBT. APFELKENNER FÜHREN ENDLOSE DISKUSSIONEN ÜBER DIE VOR- UND NACHTEILE MODERNER UND TRADITIONELLER ZÜCHTUNGEN. DIE GEBACKENEN ÄPFEL KÖNNEN MIT VANILLESAUCE VERFEINERT WERDEN.

POIRE ROTIE AUX ILES FLOTTANTES ET AUX MURES

GEBACKENE BIRNEN MIT MERINGEN IN BROMBEERSAUCE

DIE GEBACKENEN BIRNEN IN FRISCHER BROMBEERSAUCE SCHMECKEN MIT EINER GROSSEN KUGEL PISTAZIEN-, KARAMEL- ODER VANILLEEISCREME NOCH EINMAL SO GUT. UNTER FEINSCHMECKERN GIBT ES DIE REDEWENDUNG »ENTRE LA POIRE ET LA FROMAGE«: »ZWISCHEN BIRNEN UND KÄSE«, WAS EIGENTLICH »VOR DEM DESSERT« BEDEUTET. TRADITIONELL REICHTE MAN DAS SÜSSE DESSERT VOR DEM KÄSE, EINE GEWOHNHEIT, DIE HEUTE NOCH IN ENGLAND ÜBLICH IST.

für 4 Personen

4 mittelgroße Birnen, geschält, geviertelt und entkernt
3 El Butter

FÜR DIE MERINGEN:
4 Eiweiß
½ Tasse Zucker
½ Tasse Puderzucker
1 El Mehl
1 El weiche Butter

FÜR DIE BROMBEERSAUCE:
3 Tassen Brombeeren, gewaschen und abgetropft
1 El Puderzucker
Saft einer ½ Zitrone

1 Tasse Brombeeren zum Garnieren

Den Backofen auf 230° C vorheizen.

Die Butter in einem ofenfesten Schmortopf, der groß genug für die Birnen ist, erhitzen. Die Birnen dazugeben und 10 Minuten bei mittlerer Temperatur unter häufigem Wenden bräunen. Den Schmortopf in den vorgeheizten Backofen schieben und die Birnen 7 Minuten weich backen.

DIE MERINGEN: Den Backofen auf 95° C vorheizen. Die Eiweiß mit 1 sparsamen Prise Zucker schaumig schlagen, den restlichen Zucker dazugeben und den Eischnee steif schlagen.

Ein großes Backblech buttern und mit Mehl bestäuben.

Den Meringenteig in einen Spritzbeutel mit runder Tülle mit 6 mm Durchmesser füllen, und kleine Teighäufchen mit 2,5 bis 3 cm Durchmesser auf das Backblech spritzen.

Die Meringen 45 Minuten bei schwacher Hitze backen.

DIE BROMBEERSAUCE: Die Brombeeren mit dem Zucker und Zitronensaft im Mixer zu Saft pürieren und durch ein Sieb passieren.

Bis hierhin kann das Dessert problemlos im voraus zubereitet werden.

4 Dessertteller bereitstellen und die Brombeersauce aufgießen. Abwechselnd die gebackenen Birnenviertel und die Meringen verteilen und mit frischen Brombeeren garnieren.

SOUPE DE FIGUES VIOLETTES AU SUC D'AGRUMES ET A LA MENTHE

FRISCHE FEIGEN IN ORANGEN-GRAPEFRUIT-SAFT MIT FRISCHER MINZE

für 4 Personen

750 g frische, violette Feigen (12–24 je nach Größe)
1 Tasse frisch gepreßter Orangensaft
1 Tasse frisch gepreßter Grapefruitsaft
1 Tasse Zitronensaft
1½ Tassen Zucker
1 kleines Bund frische Minze

Die Feigen sehr vorsichtig schälen.

Die Fruchtsäfte mit dem Zucker in einem mittelgroßen Topf, der nicht aus Aluminium sein darf, unter ständigem Umrühren aufkochen lassen. Die Feigen in den kochenden Saft geben und den Topf sofort vom Herd nehmen. Völlig abkühlen und mindestens 2 Stunden im Kühlschrank ziehen lassen.

4 Dessertschalen bereitstellen. Feigen und Fruchtsud verteilen und mit frischer Minze garniert servieren.

DER MITTELALTERLICHE TORBOGEN FÜHRT IN DIE ALTSTADT VON PEROUGES FRISCHE FEIGEN WERDEN AUF DEN FRANZÖSISCHEN MÄRKTEN VON JULI BIS ENDE OKTOBER ANGEBOTEN, LASSEN SICH ABER NICHT LÄNGER ALS VIERUNDZWANZIG STUNDEN AUFBEWAHREN. FEIGEN ENTHALTEN VIEL FRUCHTZUCKER UND WURDEN FRÜHER OFT ZUM SÜSSEN VON SPEISEN VERWENDET. AUSSERDEM SIND FEIGEN WICHTIGE VITAMIN- UND MINERALSTOFFTRÄGER UND WURDEN SCHON IM ANTIKEN GRIECHENLAND SEHR GESCHÄTZT. WEITERHIN HEISST ES, DASS FEIGEN VERDAUUNGSFÖRDERND WIRKEN, WAS DEN SÜDLÄNDISCHEN BRAUCH ERKLÄRT, FEIGEN ALS PIKANTES HORS D'ŒUVRE MIT PARMA- ODER BAYONNE-SCHINKEN ZU SERVIEREN.

FEUILLANTINE DE FIGUES FRAICHES AU COING

TÖRTCHEN MIT FRISCHEN FEIGEN UND QUITTEN

EIN VERLOCKENDES DESSERT MIT TRADITIONELLEN HERBSTFRÜCHTEN. DIE QUITTE WURDE VOR ALLEM IM MITTELALTER HOCH GESCHÄTZT UND KÖNIGLICHEN GÄSTEN ALS WILLKOMMENSGRUSS ÜBERREICHT. DIE BIRNENFÖRMIGE QUITTE WIRD NIEMALS ROH GEGESSEN. IHR HARTES,

SÄUERLICH-HERBES FRUCHTFLEISCH EIGNET SICH FÜR KOMPOTTS, GELEES UND ZUM EINLEGEN, SCHMECKT ABER AUCH IN EISCREME ODER ALS SORBET. QUITTEN WERDEN NICHT GESCHÄLT, SONDERN NUR ABGERIEBEN, UM DIE PELZIGE OBERE SCHUTZSCHICHT IHRER HAUT ZU ENTFERNEN.

für 4 Personen

500 g frische Feigen (12–24, je nach Größe)
¼ Tasse Butter
¾ Tasse Sahne
Saft einer Orange
1 El Puderzucker
4 – 6 Quitten, entkernt und geviertelt
1 l Wasser
1 Vanilleschote
2 Tassen Zucker
20 – 25 hauchdünne Keksplättchen nach Rezept
Puderzucker

FÜR DIE KEKSPLÄTTCHEN:
⅔ Tasse Zucker
¾ Tasse Mehl
½ Tasse zerlassene Butter
4 Eiweiß

DIE KEKSPLÄTTCHEN: Den Backofen auf 200° C vorheizen.

Zucker und Mehl in einer großen Schüssel mit der zerlassenen Butter verrühren. Mit den Eiweiß zu einem glatten Teig verarbeiten. Den Teig mindestens 2 Stunden im Kühlschrank ruhen lassen.

Ein großes Backblech einbuttern und in größeren Abständen jeweils ½ Teelöffel Teig darauf verteilen. Die Teighäufchen mit dem Rücken eines Löffels zu dünnen Kreisen mit 7,5 bis 10 cm Durchmesser drücken. Der Teig muß so dünn sein, daß das Backblech durchscheint. Die Keksplättchen im vorgeheizten Ofen 3 bis 5 Minuten goldbraun backen. Vorsicht, sie brennen leicht an. Zum Abkühlen auf ein Drahtgitter legen.

Den Backofen auf 230° C vorheizen.

In die Feigen oben ein kleines Kreuz einritzen und in eine gebutterte Backform legen. Mit Butterstückchen bestreuen und 5 Minuten backen.

Die gebackenen Feigen auf einem Küchenpapier trocknen und abkühlen lassen.

Die Sahne in einer großen Schüssel aufschlagen. Den Puderzucker hinzufügen und steif schlagen. Die steife Sahne mit dem Orangensaft vermischen und bis zum Servieren in den Kühlschrank stellen.

Wasser, Zucker und Vanilleschote in einem großen Topf unter Umrühren aufkochen lassen. Die Temperatur reduzieren, die Quitten dazugeben und 30 bis 45 Minuten weich kochen. Den Topf vom Herd nehmen, und die Quitten in ihrem Sud mindestens 1 Stunde abkühlen lassen. Die Vanilleschote herausnehmen.

Die Quitten in ihrem Sud 1 Minute im Mixer pürieren, in eine Schüssel füllen und bis zum Servieren in den Kühlschrank stellen.

Bis hierhin kann das Dessert problemlos im voraus zubereitet werden.

Die gebackenen Feigen an der Oberseite öffnen und mit einem kleinen Löffel vorsichtig das Feigenfleisch herausschaben.

4 Teller bereitstellen. Auf jeden Teller etwas Orangenschlagsahne und 1 Löffel Feigenfleisch geben und mit einem Keksplättchen belegen. Auf die Keksplättchen die gleiche Menge Orangenschlagsahne und Feigenfleisch verteilen und mit einem weiteren Keksplättchen bekrönen. Die Kekstörtchen mit Puderzucker bestäuben und die Quittensauce rundherum gießen. Sofort servieren.

CHARLOTTE A LA POIRE ET AUX FIGUES FRAICHES

BIRNEN-CHARLOTTE MIT FRISCHEN FEIGEN

für 4 Personen

FÜR DIE CHARLOTTE:
2 mittelgroße Birnen, geschält, entkernt und geviertelt
1 Beutel Gelatine
⅔ Tasse Zucker
⅔ Tasse leicht aufgeschlagene Sahne
1 El Zitronensaft

FÜR DIE FEIGENSAUCE:
250 g frische Feigen (etwa 4–8, je nach Größe)
Saft einer ½ Zitrone
Saft einer Orange
1 El Grenadine
1 El Zucker
8–12 Feigen, in dünne Scheiben geschnitten
2 El zerlassene Butter
Feigen zum Garnieren

DIE CHARLOTTE: Die Birnen in einem mittelgroßen Topf mit Wasser bedeckt 15 Minuten bei mittlerer Temperatur weich kochen. Abgießen, abtropfen lassen und im Mixer pürieren. Das Birnenmus mit dem Zucker vermischen und in einem mittelgroßen Topf bei mittlerer Temperatur aufkochen. Den Zitronensaft unterrühren und 10 Minuten abkühlen lassen.

Die Gelatine einstreuen und 5 bis 10 Minuten quellen lassen. Umrühren und abkühlen lassen.

Die Sahne unterziehen und die Charlottecreme zugedeckt bis zum Servieren in den Kühlschrank stellen.

DIE FEIGENSAUCE: Die Feigen vorsichtig schälen und mit den übrigen Zutaten im Mixer pürieren.

4 Charlotte- oder Auflaufformen, die jeweils eine ¾ Tasse fassen, einbuttern.

Die zerlassene Butter in einer kleinen Pfanne erhitzen, die Feigenscheiben hineingeben und 30 Sekunden dünsten. Zum Abtropfen auf ein Küchenpapier legen. Die Innenränder der Charlotte- oder Auflaufformen mit den Feigenscheiben verkleiden. Die Charlottecreme einfüllen und über Nacht in den Kühlschrank stellen.

Zum Servieren 4 Dessertteller bereitstellen und die Charlotten aufstürzen. Mit Feigensauce umgießen und mit frischen Feigen garnieren. Sofort servieren.

BIRNEN UND FEIGEN ERGEBEN EINE HARMONISCHE, TYPISCH HERBSTLICHE GESCHMACKSVARIANTE. OBWOHL DIE ERSTEN BIRNEN SCHON IM SOMMER GEERNTET WERDEN, GELTEN BIRNEN ALS HERBSTFRÜCHTE UND KÖNNEN IN DUNKLEN, GUT GELÜFTETEN KELLERN MEHRERE MONATE GELAGERT WERDEN. DIE KLASSISCHEN BIRNENREZEPTE WIE BIRNEN-CHARLOTTE, BIRNE HELENE, BIRNEN IN WEINSAUCE UND BIRNENGRANITE SIND NACH WIE VOR BELIEBT.

NOUGAT AUX AMANDES, AUX NOISETTES ET AUX PISTACHES VERTES

NOUGAT AUS MANDELN, HASELNÜSSEN UND PISTAZIEN

HASELNÜSSE UND MANDELN REIFEN IM SOMMER UND SCHMECKEN AUCH FRISCH GEERNTET, WERDEN ABER MEIST GETROCKNET UND IM HERBST UND WINTER ZUM BACKEN UND FÜR DESSERTS VERWENDET.

DIE NOUGATSTÜCKCHEN KÖNNEN, IN GESCHMOLZENE SCHOKOLADE GETAUCHT, VERFEINERT UND DIE HASELNÜSSE NACH BELIEBEN DURCH KANDIERTE FRÜCHTE ERSETZT WERDEN.

3 Eiweiß
2 Tassen Puderzucker
1 Vanilleschote, längs gespalten
2 Tassen Honig
1½ Tassen geschälte Pistazien
2½ Tassen gehobelte, geröstete Mandeln
2½ Tassen grobgehackte Haselnüsse

Eiweiß, Zucker, Vanilleschote und Honig in einer großen Schüssel, die nicht aus Aluminium sein darf, verrühren. Einen großen Topf mit kochendem Wasser füllen, und die Schüssel 30 bis 45 Minuten über Wasserdampf stellen. Mit dem Schneebesen ständig umrühren. Wenn die Creme für den Schneebesen zu fest wird, einen Holzlöffel verwenden.

Die Pistazien, Mandeln und Haselnüsse einrühren, die Nougatmasse auf eine glatte Arbeitsfläche gießen und mit 4 Holzlinealen zu einem Quadrat formen. Die Lineale verhindern, daß der Nougat an den Rändern ausläuft und dünner wird.

Die Oberfläche mit einem Nudelholz glätten und den Nougat 1 Stunde abkühlen lassen.

Mit einem scharfen Messer in Quadrate schneiden und servieren.

GRANITE DE MUSCAT AU PINOT ROUGE

TRAUBENSORBET MIT ROTWEIN

DIESER HERRLICHE SORBET IST EINE HULDIGUNG AN TRAUBEN UND WEIN, DIE SEIT ALTERS HER SYMBOLE DES HERBSTES SIND. EINE LEICHTE, ERFRISCHENDE KÖSTLICHKEIT, DIE ICH MEIST IN KOMBINATION MIT ANDEREN DESSERTS ZUM HARMONISCHEN ABSCHLUSS EINES REICHHALTIGEN MAHLES REICHE.

für 8 Personen

½ Flasche schwerer Rotwein (z. B. Burgunder)
2 Tassen weißer oder blauer Traubensaft
Schale von 3 ungespritzten Orangen
1½ Tasse Zucker
Saft einer Zitrone
1 El Crème de Cassis (oder anderer Johannisbeerlikör) nach Belieben
halbierte Weintrauben zum Garnieren

Den Wein mit dem Zucker und der Orangenschale in einem mittelgroßen Topf, der nicht aus Aluminium sein darf, aufkochen. Den Topf vom Herd nehmen, und den Wein abkühlen lassen.

Den Traubensaft in eine große Schüssel gießen. Ein feines Sieb über die Schüssel stellen, und den Wein durch das Sieb in den Traubensaft passieren. Mit Zitronensaft und nach Belieben mit Johannisbeerlikör abschmekken. Im Kühlschrank durchziehen lassen, in eine Eismaschine geben und gefrieren. Den Sorbet in tulpenförmigen, vorgekühlten Gläsern, mit Weintrauben garniert, servieren.

MELI-MELO DE FRUITS D'AUTOMNE AU COULIS DE PRUNEAUX ET LA GLACE BASILIC

HERBST-FRÜCHTE MIT BASILIKUMEIS IN PFLAUMENCOULIS

für 8 Personen

1 Ananas
2 Bananen
8–12 frische Feigen
4 frische Walnüsse
4 kleine Pfirsiche
2 mittelgroße Birnen
grüne oder blaue Trauben
oder andere Herbstfrüchte nach Marktangebot
kandierte Orangenschale nach Belieben

FÜR DIE PFLAUMENCOULIS:

12 entsteinte Backpflaumen, 24 Stunden in Wasser eingeweicht
½ Tasse Zucker
1 Tasse schwerer Rotwein (z. B. Burgunder)
1 Zimtstange
Schale von 4 ungespritzten Orangen
Schale von 4 ungespritzten Zitronen
1 Beutel schwarzer Tee
Saft einer Zitrone

FÜR DAS BASILIKUMEIS:

2 Tassen Milch
1 Bund frisches Basilikum, gewaschen und grob gehackt
1 Tasse Zucker
4 Eigelb
½ Vanilleschote

DAS BASILIKUMEIS: Die Milch mit der Vanilleschote und dem Basilikum in einem mittelgroßen Topf aufkochen lassen. Den Topf vom Herd nehmen und die Milch zugedeckt 10 bis 15 Minuten ziehen lassen.

Die Eigelb und den Zucker in einer großen, feuerfesten Schüssel mit dem Schneebesen zu einer dicken Creme schlagen, die Fäden zieht.

Die Milch unterrühren und die Creme in den Topf füllen, in dem vorher die Milch erhitzt wurde. Unter ständigem Umrühren mit einem Holzlöffel aufkochen und bei niedriger Temperatur 5 bis 7 Minuten kochen lassen, bis die Creme tiefe Rillen bildet, wenn man mit dem Löffelrücken darüber streicht. Die Creme durch ein Sieb passieren und abkühlen lassen, in die Eismaschine geben und gefrieren.

DIE PFLAUMENCOULIS: Wein, Zucker, Zimt, Orangen- und Zitronenschale in einem mittelgroßen Topf bei mäßiger Temperatur unter Umrühren aufkochen und die eingeweichten, abgetropften Backpflaumen dazugeben. Die Backpflaumen 5 Minuten kochen lassen. Den Topf vom Herd nehmen, den Teebeutel einhängen und 5 Minuten ziehen lassen. Die gekochten Pflaumen mit dem Schaumlöffel herausholen und im Mixer pürieren. Nach und nach etwas Sud hinzugeben, so daß eine flüssige Sauce entsteht. Mit Zitronensaft abschmecken und bis zum Servieren in den Kühlschrank stellen.

Die Früchte schälen, in mundgerechte Stücke schneiden und dekorativ auf 8 großen Tellern arrangieren. Mit einer großen Kugel Basilikumeis bekrönen und mit Pflaumensauce übergießen. Nach Belieben mit kandierter Orangenschale und frischen Basilikumblättern garnieren und sofort servieren.

EIN HERBSTLICHER FRUCHTSALAT MIT EXOTISCHEN SÜDFRÜCHTEN, DIE LEIDER NUR IN TROPISCHEN LÄNDERN GEDEIHEN. TROTZDEM SPIELEN BANANEN UND ANANAS IN DER FRANZÖSISCHEN KÜCHE EINE WICHTIGE ROLLE. DIE ERSTE ANANAS WURDE AUS BRASILIEN NACH FRANKREICH GEBRACHT UND DER ERSTE FRANZOSE, DER DAVON KOSTETE, WAR NIEMAND GERINGERER ALS KÖNIG LUDWIG XV. DIE ANANAS BLIEB SEITDEM FÜR DIE KÖNIGLICHE TAFEL LANGE ZEIT UNERSETZLICH.

POIRE WILLIAM FARCIE AU CHOCOLAT AMER

GEFÜLLTE SCHOKOLADEN-BIRNEN

DIE GEFÜLLTE SCHOKOLADENBIRNE WARTET IN EINEM VERWILDERTEN GARTEN IN EUGENIE-LES-BAINES AUF EINEN LIEBHABER, IN EINER GEGEND, DIE IM VOLKSMUND »LES LANDES« HEISST.
BIRNEN WERDEN ZAHLREICHE GESUNDHEITSFÖRDERNDE WIRKSTOFFE ZUGESCHRIEBEN. IN FRÜHEREN ZEITEN WURDEN GEGEN BLUTHOCHDRUCK UND ARTERIENVERKALKUNG BIRNENKUREN MIT BIS ZU 1½ KG BIRNEN PRO TAG VERORDNET.

für 4 Personen

4 mittelgroße Birnen mit Stiel, geschält
1½ Tassen Zucker
1 l Wasser
Saft einer Zitrone
¾ Tasse Sahne
230 g halbbittere, gemahlene Schokolade
1 Tasse geschälte Pistazien
1 Tasse Crème anglaise (s. Anhang)

Das Wasser mit dem Zucker in einem großen Topf, der nicht aus Aluminium sein darf, aufkochen. Den Zitronensaft und die Birnen hinzufügen, die Temperatur reduzieren, und die Birnen 30 Minuten weich kochen. Den Topf vom Herd nehmen, und die Birnen in ihrem Sud abkühlen lassen. Zugedeckt über Nacht in den Kühlschrank stellen.

Die Sahne in einem Topf mit schwerem Boden (nicht aus Aluminium) aufkochen. Den Topf vom Herd nehmen, die Schokolade hineingeben und 5 Minuten warten, bis sie geschmolzen ist. Mit dem Schneebesen verrühren und bis zum Servieren in den Kühlschrank stellen.

Die Birnen abtropfen lassen und zum Trocknen auf ein Küchenpapier legen. Jeweils das untere Viertel der Birnen abschneiden und beiseite legen. Die Birnen mit einem kleinen Löffel oder einem Kartoffelausstecher aushöhlen.

Die Schokoladencreme über Wasserdampf erwärmen und vorsichtig umrühren. Die Creme muß weich und streichfähig sein.

Die Schokoladencreme in einen Spritzbeutel mit sternförmiger Tülle von 6 mm Durchmesser füllen und in die ausgehöhlten Birnen spritzen. Etwas überlaufen lassen und die Birnenviertel als Deckel obenauf legen.

4 flache Dessertschalen bereitstellen und die Crème anglaise verteilen. Die Schokoladen-Birnen hineinsetzen und mit kleingehackten Pistazien bestreuen. Sofort servieren.

CROQUANT A LA VANILLE ET POMME AU CIDRE

VANILLEHÖRNCHEN MIT GRANIT UND FRISCH GEPRESSTEM APFELSAFT

für 4 Personen

FÜR DEN GRANIT:

1 Tasse trockener Apfelwein
½ Tasse Wasser
⅓ Tasse Puderzucker

FÜR DEN APFELSAFT:

1 geschälter und entkernter Boskop-Apfel oder 1 anderer säuerlicher, saftiger Apfel
1 El Puderzucker
Saft einer Zitrone

FÜR DIE HÖRNCHEN:

⅔ Tasse zerlassene Butter
1¼ Tassen Puderzucker
1½ Tassen Mehl
4 Eiweiß

FÜR DIE VANILLECREME:

3 Eigelb
4 El Zucker
2 El Mehl
1 Tasse Milch
1 Vanilleschote, längs halbiert
1 Prise Salz
½ Tasse geschlagene Sahne

DER GRANIT: Den Zucker im Apfelwein auflösen, das Wasser hinzufügen, in eine Eiswürfelschale gießen und 8 bis 10 Stunden im Gefrierfach eiskalt werden lassen. Den Granit immer wieder umrühren.

Der Granit kann auch in der Eismaschine zubereitet werden.

DER APFELSAFT: Den Apfel in große Stücke schneiden und in den Entsafter geben. Den Apfelsaft mit Zucker und Zitronensaft abschmecken und zugedeckt in den Kühlschrank stellen.

DIE HÖRNCHEN: Die zerlassene Butter und den Puderzucker in einer großen Schüssel vermengen. Nach und nach das Mehl und die Eiweiß zugeben und mit dem Schneebesen zu einem glatten Teig verquirlen. Den Teig über Nacht ruhen lassen.

Den Backofen auf 175° C vorheizen. Ein großes Backblech buttern. Den Teig löffelweise verteilen und zu hauchdünnen Kreisen von 10 cm Durchmesser ausstreichen. Der Teig soll so dünn sein, daß das Backblech durchschimmert. 3 bis 5 Minuten backen und nicht anbrennen lassen. Das goldbraune, heiße Gebäck um einen stählernen Messerschärfer oder ein rundes Holz rollen und zu Hörnchen formen. Das Formen der Hörnchen muß sehr schnell geschehen. Das Gebäck kühlt schnell ab und wird brüchig.

Die Hörnchen bis zum Füllen an einem kühlen, trockenen Ort aufbewahren.

DIE VANILLECREME: Die Milch mit der Vanilleschote in einem mittelgroßen Topf aufkochen. In einer feuerfesten Schüssel die Eigelb, Zucker, Salz und Mehl verrühren. Nach und nach die heiße Milch zugießen, die Creme in den Milchtopf gießen und unter ständigem Umrühren mit einem Holzlöffel bei mittlerer Temperatur aufkochen. Die Vanilleschote herausnehmen. Die Vanillecreme in eine gebutterte Backform gießen und abkühlen lassen. Die geschlagene Sahne unterziehen und bis zum Servieren in den Kühlschrank stellen.

Die Vanillecreme in die Hörnchen füllen.

4 Teller bereitstellen. Je einen Löffel Granit in die Tellermitte geben, die gefüllten Hörnchen sternförmig dekorieren und mit Apfelsaft umgießen. Sofort servieren.

DAS LATEINISCHE WORT »POMUM« BEDEUTET »FRUCHT« UND DIE TATSACHE, DASS APFEL AUF FRANZÖSISCH »POMME« HEISST, BEWEIST, WIE BELIEBT ÄPFEL IN FRANKREICH SIND.

DIE ALTEN GALLIER MACHTEN AUS ÄPFELN CIDRE, APFELWEIN, EIN BRAUCH, DER SICH BIS HEUTE IN DER NORMANDIE ERHALTEN HAT. MIT APFELREZEPTEN VON DER APFELTORTE BIS ZUM APFELSOUFFLE LÄSST SICH EIN EIGENES KOCHBUCH FÜLLEN.

PAPILLOTE ALEXANDRE A LA BANANE ET AUX FIGUES VERTES

PAPILLOTEN-BANANEN »ALEXANDER« MIT GRÜNEN FEIGEN

für 4 Personen

- 4 kleine Bananen
- 8 reife, grüne Feigen
- ¼ Tasse Zucker
- ¼ Tasse Rum (oder anderer hochprozentiger Alkohol)
- 2 El Butter
- 2 El zerlassene Butter

Den Backofen auf 230° C vorheizen. Die Bananen schälen und schräg in Scheiben schneiden. 4 Pergamentpapierstücke herzförmig zuschneiden, in der Mitte falten, auseinanderklappen und jeweils eine Hälfte mit Bananenscheiben belegen. Die Feigen schälen. In die oberen Enden ein 1 cm tiefes Kreuz einritzen. Je 2 Feigen zu den Bananen auf das Pergamentpapier legen. Bananenscheiben und Feigen mit Zucker bestreuen, mit Rum beträufeln und mit je ½ Eßlöffel Butter bekrönen.

Die Ränder der Pergamentpapier-Herzen mit zerlassener Butter bestreichen und die leeren Flächen anfeuchten. Die Herzen zu Papilloten schließen: Die leeren Hälften auf die gefüllten legen und die Ränder dreimal umschlagen. Die Papilloten auf ein Backblech legen und 6 Minuten backen, bis sie leicht gebräunt sind und aufblähen.

4 Teller bereitstellen und die Papilloten verteilen. In jede Papillote oben ein kleines Kreuz hineinschneiden, damit sie leichter zu öffnen ist.

DIE BLÄTTER DES HERBSTWALDES SIND BUNT GEFÄRBT UND DIE GERANIEN MÜSSEN VOR DEM ERSTEN FROST GESCHÜTZT WERDEN.

DIE PAPILLOTEN-FRÜCHTE KÖNNEN MIT HIMBEERPÜREE VERFEINERT WERDEN.

EINER ALTEN LEGENDE AUS SRI LANKA ZUFOLGE, ZÄHLEN BANANEN ZU DEN VERBOTENEN FRÜCHTEN UND DÜRFEN NICHT GEGESSEN WERDEN. IN FRANKREICH SIND BANANEN SCHON SEIT DER RENAISSANCE BEKANNT.

W I N

T E R

WINTERGEMÜSE

EISIGER FROST, STÜRMISCHE WINDE UND VERLASSENE GÄRTEN: NACH EINER ARBEITSREICHEN ZEIT DES SÄENS UND ERNTENS DÜRFEN BAUERN UND GÄRTNER IN DEN LANGEN, DUNKLEN WINTERMONATEN ENTSPANNEN UND AUSRUHEN. KÜCHENGÄRTEN UND OBSTPLANTAGEN SIND DAGEGEN NUR SCHEINBAR IM TIEFEN WINTERSCHLAF VERSUNKEN: KAUM WAHRNEHMBAR, LÄSST DIE NATUR AUS VERGANGENEM NEUES LEBEN ENTSTEHEN.

1 Kg
4,
F
CATÉGORIE
CALIBRE
VARIÉTÉ
courge
ORIGINE

ORIGINE

BRANDADE AU CELERI ET AU FENOUIL

SELLERIE-FENCHEL-BRANDADE

für 4 Personen

- 1 mittelgroße Sellerieknolle (etwa 750 g), geschält und geviertelt
- 2 große Fenchelknollen (etwa 750 g), geputzt und geviertelt
- 2 große weißfleischige Kartoffeln (etwa 500 g), geschält und geviertelt
- 1 Zitrone
- 4 feingehackte Knoblauchzehen
- ⅓ Tasse Olivenöl
- ⅔ Tasse Sahne
- 1 Sternanis (erhältlich in orientalischen Lebensmittelgeschäften)
- Salz, Pfeffer aus der Mühle
- 2 El feingehackte Petersilie
- 2 Scheiben Baguette, schräg in Dreiecke geschnitten

Sellerie, Fenchel und Kartoffeln mit Zitronensaft beträufeln und im Dampfkochtopf garen.

Das Olivenöl in einer kleinen Pfanne erhitzen, den Knoblauch hinzugeben und 3 bis 5 Minuten bei niedriger Temperatur dünsten. In einem kleinen Topf die Sahne 3 bis 5 Minuten erhitzen.

Den Sternanis in einer Gewürz- oder Kaffeemühle fein malen. Das Gemüse in ein Sieb abgießen, abtropfen lassen und im Mixer pürieren. Bis auf 1 Eßlöffel nach und nach das heiße Olivenöl mit dem Knoblauch hinzufügen und mit dem Gemüse 1 Minute pürieren. Das Gemüsepüree in eine große Rührschüssel geben. Mit einem Holzlöffel die heiße Sahne einrühren. Mit gemahlenem Sternanis, Pfeffer, Salz und Zitronensaft abschmecken und kurz vor dem Servieren mit der gehackten Petersilie bestreuen.

Das restliche Knoblauch-Olivenöl in einer kleinen Pfanne erhitzen, die Baguettescheiben von beiden Seiten kurz anbraten und zum Abtropfen auf ein Küchenpapier legen. Die Sellerie-Fenchel-Brandade in eine große Schüssel füllen, die Oberfläche glätten und mit dem gebratenen Baguette belegen. Sofort servieren.

DIE CUISINE NATURELLE BASIERT AUF ALTEN TRADITIONEN, DIE ÜBERPRÜFT UND ERWEITERT WERDEN, UND HAT AUCH DEN FENCHEL WIEDER ENTDECKT. DIE FENCHELKNOLLE HAT EINEN FEINEN, SÜSSEN, LEICHT ANISÄHNLICHEN GESCHMACK UND WAR BIS VOR WENIGEN JAHREN FAST GANZ

VON DEN MÄRKTEN VERSCHWUNDEN.

EINE TRADITIONELLE, FRANZÖSISCHE BRANDADE BESTEHT AUS MARINIERTEM, GEKOCHTEN KABELJAU, DER MIT OLIVENÖL, KARTOFFELN UND KNOBLAUCH ZU EINEM PÜREE VERARBEITET WIRD. DIE SELLERIE-FENCHEL-BRANDADE SCHMECKT ÜBERZEUGEND ÄHNLICH.

BEIGNETS DE POMME DE TERRE A LA TRUFFE

KARTOFFELBEIGNETS MIT TRÜFFELN

für 4 Personen

FÜR DIE BEIGNETS:

- 3 mittelgroße Kartoffeln (etwa 500 g), geschält und geviertelt
- ¼ Tasse Milch
- 3 El Kartoffelstärke
- 3 Eier
- 3 Eiweiß
- 1 – 3 El Sahne
- Salz, Pfeffer aus der Mühle
- 1 Tasse Butterschmalz aus 1 Tasse Butter
- 90 g frische Trüffeln, in dünne Scheiben geschnitten
- Trüffelschnitzel zum Garnieren

FÜR DIE BUTTERSAUCE:

- 1 Tasse trockener Weißwein
- 2 mittelgroße Schalotten, feingehackt
- 6 El Butter, in kleine Stücke geschnitten
- ½ Zitrone
- 1 Prise Currypulver
- Salz, Pfeffer aus der Mühle und Trüffelsaft nach Belieben

DAS BUTTERSCHMALZ: Die Butter in einem kleinen Topf bei mittlerer Temperatur aufkochen. Den Schaum und alle festen Rückstände, die nach oben aufsteigen, abschöpfen und 3 bis 5 Minuten bei reduzierter Temperatur weiterkochen. Die heiße Butter vorsichtig durch ein feines, mit 2 dünnen Leintüchern ausgelegtes Sieb passieren. Am Boden des Topfes bilden sich milchige Rückstände, die nicht mit verwertet werden.

DIE BUTTERSAUCE: Den Wein und die Schalotten in einem kleinen Topf bei mittlerer Temperatur 5 Minuten dünsten, bis der Wein auf 1 knappen Eßlöffel eingekocht ist. Mit dem Schneebesen nach und nach die Butter einquirlen. Mit Currypulver, dem Saft einer ½ Zitrone, Pfeffer und Salz abschmecken und nach Belieben mit Trüffelsaft verfeinern. Bis zum Servieren warm halten.

DIE BEIGNETS: Die Kartoffeln in einem großen Topf mit gesalzenem Wasser 20 Minuten garen. Abgießen, abtropfen lassen und mit der Milch verrühren. Den Kartoffelbrei durch ein feines Sieb passieren und die Kartoffelstärke unterrühren. Nach und nach die Eier und zuletzt die Eiweiß einquirlen. Eßlöffelweise die Sahne zugeben, bis der Teig dick und cremig ist. Mit Pfeffer und Salz würzen und zum Verdünnen nach Bedarf etwas Sahne hinzufügen.

In einer großen, flachen, gußeisernen Pfanne 5 bis 6 Eßlöffel Butterschmalz erhitzen. 1 Eßlöffel Teig hineingeben und kreisförmig verlaufen lassen. In die Mitte 1 Trüffelscheibe legen, einsinken lassen und den Beignet sofort wenden. Kurz von der anderen Seite anbraten. Die Beignets dürfen nicht zu lange braten, sie backen leicht fest. Nach Bedarf mehr Butterschmalz in die Pfanne geben und 6 bis 7 Beignets auf einmal braten.

4 vorgewärmte Teller bereitstellen. Die Beignets kurz auf einem Küchenpapier abtropfen lassen und auf die Teller verteilen. Mit Trüffelschnitzeln garnieren und mit Buttersauce umgießen. Sofort servieren.

EIN WINTERGARTEN IN DER GEGEND VON PONT D'AIN IM SCHATTEN DER HÜGELLANDSCHAFT VON BUGEY. TRÜFFELN UND KARTOFFELN SIND EINE HERVORRAGENDE ERGÄNZUNG UND EIN TYPISCHES WINTERGERICHT, WEIL DIE TRÜFFELSAISON IN DER KALTEN JAHRESZEIT IHREN HÖHEPUNKT HAT. ALS TRÜFFELERSATZ EMPFEHLE ICH FRISCHEN, HAUCHDÜNN GESCHNITTENEN LACHS. NACH DEM WENDEN JEDEN BEIGNET MIT ZWEI LACHSSCHEIBEN BELEGEN, EINE MINUTE GAREN LASSEN UND NACH BELIEBEN MIT KAVIAR BEKRÖNEN.

MIT PUDERZUCKER BESTREUT, SCHMECKEN BEIGNETS AUCH ALS DESSERT.

CREPE DE MAIS

MAISBEIGNETS

DIE MAISBEIGNETS MIT FRISCHEN, ZARTEN MAISKÖRNERN IN BUTTERFETT GEBRATEN. BUTTERFETT WIRD AUCH FÜR VERSCHIEDENE ANDERE REZEPTE DER CUISINE NATURELLE VERWENDET UND LÄSST SICH GUT IN TONGEFÄSSEN (WIE AUF S. 267) AUFBEWAHREN.

FRISCHEN MAIS HABEN DIE FRANZOSEN ERST VOR KURZEM KENNEN UND SCHÄTZEN GELERNT. WEIL FRISCHE MAISKÖRNER VIEL ZUCKER ENTHALTEN, KÖNNEN SIE NICHT GELAGERT UND MÜSSEN SOFORT VERWERTET WERDEN.

DIESES ALTE, MALERISCHE GARTENHAUS STEHT IN VAREY, IN DER GEGEND VON BUGEY.

für 4 Personen

- 1½ Tassen frische Maiskörner
- 2 mittelgroße Kartoffeln, geschält und geviertelt
- 2 Tassen Milch
- 3 El Mehl
- 2 Eier
- 1 Eiweiß
- 1 El Sahne
- 1 Tasse Butterschmalz aus 1 Tasse Butter
- 1 Tasse Beurre battu (s. Anhang)
- Salz, Pfeffer aus der Mühle
- frische, gehackte Kräuter zum Garnieren

DAS BUTTERSCHMALZ: Die Butter in einem kleinen Topf bei mittlerer Temperatur aufkochen. Den Schaum und alle festen Rückstände, die nach oben aufsteigen, abschöpfen und 3 bis 5 Minuten bei reduzierter Temperatur weiterkochen. Die heiße Butter vorsichtig durch ein feines mit 2 dünnen Leintüchern ausgelegtes Sieb passieren. Am Boden des Topfes bilden sich milchige Rückstände, die nicht mitverwertet werden.

DIE MAISBEIGNETS: Den Mais in einem mittelgroßen Topf in 1 Tasse Milch bei mittlerer Temperatur 10 Minuten kochen. Abgießen und abtropfen lassen.

Die Kartoffeln 20 Minuten in gesalzenem Wasser garen, mit dem Löffelrücken zerdrücken, mit 1 Tasse Milch verrühren und abkühlen lassen.

Den Kartoffelbrei durch ein feines Sieb in eine große Rührschüssel passieren. Nach und nach das Mehl einrühren, salzen, nacheinander die Eier unterquirlen und zuletzt das Eiweiß und die Sahne unterziehen. Der Teig sollte die Konsistenz einer dickflüssigen, cremigen Sauce haben. Falls erforderlich, noch 1 bis 2 Eßlöffel Mehl unterrühren.

Kurz vor dem Servieren in einer flachen, großen, gußeisernen Pfanne 5 bis 6 Eßlöffel Butterschmalz erhitzen. ¼ bis ⅓ Tasse Teig hineingeben, so daß runde Teigfladen mit einem Durchmesser von etwa 10 cm entstehen. Die Beignets mit Mais bestreuen und sofort umwenden. Nach Bedarf mehr Butterschmalz in die Pfanne geben.

Die fertigen Beignets zum Abtropfen auf Küchenpapier legen.

4 vorgewärmte Teller bereitstellen und die Beignets verteilen. Mit Beurre battu umgießen und frischen, gehackten Kräutern garnieren. Sofort servieren.

MA PUREE MOUSSELINE

FEINES KARTOFFELPÜREE NACH ART DES KÜCHENCHEFS

für 4 Personen

4 – 6 mittelgroße, weißfleischige Kartoffeln, geschält und in 6 mm dicke Scheiben geschnitten
¾ Tasse Butter, in kleine Stücke geschnitten
½ – ¾ Tasse Sahne
Salz
frisch geriebener Muskat

Die Kartoffeln in gesalzenem Wasser etwa 20 Minuten garen. Abgießen, 2 Minuten abkühlen lassen und heiß im Mixer pürieren. Nach und nach die Butter unterrühren, mit Salz und Muskat würzen und das Püree warm stellen.

Die Sahne erhitzen und mit dem Schneebesen nach und nach unter das Kartoffelpüree rühren. Mit Salz und Muskat abschmecken und sofort servieren.

ANMERKUNG DES KÜCHENCHEFS: Die Kartoffeln lassen sich am besten im Dampfkochtopf kochen. Für Kartoffelpüree aus Ofenkartoffeln das Kartoffelfleisch aus der Schale schaben, mit den Gewürzen und statt mit Sahne mit doppelt soviel Butter vermengen. Grundsätzlich sollten die Kartoffeln nicht zu lange gekocht und sofort mit der Butter verrührt werden. Die Sahne kann ganz oder teilweise durch Milch ersetzt werden.

Kartoffelpüree läßt sich vielfältig variieren und kann z. B. mit einem Püree aus grünen Bohnen oder aus Fenchel kombiniert werden. Bei Kombinationen mit Gemüsepürees kann die Butter ganz oder teilweise durch Olivenöl ersetzt werden.

Zum Garnieren empfehle ich frischen, gehackten Kerbel oder Petersilie.

WÄHREND ES IM JAHRE 1789 NUR DREIZEHN KARTOFFELSORTEN GAB, WAREN ES ENDE DES LETZTEN JAHRHUNDERTS SCHON ÜBER ZWEIHUNDERT, VON DENEN ETWA EINHUNDERT SORTEN BIS AUF DEN HEUTIGEN TAG ANGEBAUT WERDEN. KARTOFFELN SIND SO VIELSEITIG, DASS

REZEPTSAMMLUNGEN MEHRERE BÜCHER FÜLLEN WÜRDEN. IN FRANKREICH WURDEN ALLEIN ZUM POMMES-FRITES-SCHNEIDEN DUTZENDE VON VERSCHIEDENEN ARTEN GEZÄHLT. DIE BEHAUPTUNG, DASS KARTOFFELN DER FIGUR ABTRÄGLICH SIND UND DICK MACHEN IST EIN VORURTEIL, DAS VON DER ART DER ZUBEREITUNG ABHÄNGT.

CREME LEGERE DE LENTILLES VERTES AU CELERI

GRÜNE LINSENCREMESUPPE MIT SELLERIE

für 4 Personen

- 1½ Tassen grüne Linsen, gewaschen und über Nacht in einem großen Topf mit kaltem Wasser eingeweicht
- 3 El Butter
- 1 mittelgroße Sellerieknolle, geschält und in 2,5 cm lange Stäbchen geschnitten (das restliche Selleriefleisch aufbewahren)
- Saft einer Zitrone
- 1 Zwiebel, in Ringe geschnitten
- 1 mittelgroße Porreestange, in 3 mm dicke Ringe geschnitten
- 2 Schalotten, grob gehackt
- 1 zerdrückte Knoblauchzehe
- ½ Bund Brunnenkresse, entstielt
- 2 Scheiben Baguette, in 6 × 6 mm dicke Würfel geschnitten
- 2–3 El Olivenöl
- 1–2 Tl Dijon-Senf
- 1 El Rotweinessig
- ½ Tasse Sahne
- Salz, Pfeffer aus der Mühle

Die eingeweichten Linsen abgießen.

In einem großen Schmortopf die Butter erhitzen, den Porree, die Schalotten, den Knoblauch und das restliche Selleriefleisch, das beim Schneiden der Stäbchen übrig geblieben ist, hineingeben und bei mittlerer Temperatur etwa 5 Minuten weich dünsten. Die Linsen unterrühren, 1½ Liter Wasser hinzugießen, pfeffern, salzen und aufkochen lassen. Die Temperatur reduzieren und das Gemüse 1 Stunde kochen. In den letzten 5 Minuten die Brunnenkresse dazugeben.

In der Zwischenzeit die Selleriestäbchen in einem mittelgroßen Topf (nicht aus Aluminium) in kaltem Wasser mit dem Zitronensaft aufkochen und 10 Minuten weich kochen. Den Sellerie in ein Sieb (nicht aus Aluminium) abgießen.

Das Olivenöl in einer mittelgroßen Pfanne erhitzen, die Brotwürfel hineingeben und 2 Minuten bei hoher Temperatur braun anbraten. Die Croûtons zum Abtropfen auf ein Küchenpapier legen.

Die Gemüsesuppe im Mixer cremig pürieren, durch ein feines Sieb in einen mittelgroßen Topf passieren, die Selleriestäbchen unterrühren und bei niedriger Temperatur zum Aufkochen bringen. Den Topf vom Herd nehmen, den Senf, den Essig und die Sahne einrühren und die Suppe mit Pfeffer und Salz abschmecken. Mit Croûtons und Sahne servieren.

DIE GÄRTNER DES CHATEAU VON PONT DE VEYLE: ANDRÉ UND JANINE GUILLARD. IHR SELBSTGEZOGENES GEMÜSE WIRD VON KENNERN SEHR GESCHÄTZT. VIELE KUNDEN KOMMEN VON WEIT HER, UM DIREKT VOM ERZEUGER ZU KAUFEN. IM WINTER LIEGEN DIE SCHLOSSGÄRTEN VERLASSEN, UND ICH EMPFEHLE NACH EINEM AUSGIEBIGEN SPAZIERGANG EINE KRÄFTIGE LINSENSUPPE ZUM AUFWÄRMEN. LINSENSUPPE SCHMECKT NICHT NUR IM WINTER: MIT

TOMATENSTÜCKCHEN UND FRISCHEM STAUDENSELLERIE STATT GEBACKENEM BROT UND SELLERIEKNOLLE IST LINSENSUPPE KALT AUCH IM SOMMER EIN GENUSS.

GRATIN DE FENOUIL

FENCHELGRATIN

für 4 Personen

FÜR DEN FENCHELGRATIN:
- 6 Fenchelknollen
- 3 El Butter
- 1 mittelgroße Möhre, in dünne Scheiben geschnitten
- 2 mittelgroße Zwiebeln, in dünne Ringe geschnitten
- 2 Tassen Gemüsebrühe oder Wasser
- 1 Lorbeerblatt
- 2 frische Thymianzweige oder
- ½ Tl getrockneter Thymian
- Salz, Pfeffer aus der Mühle

FÜR DIE CREMESAUCE:
- 3 El Butter
- 3 El Mehl
- 2 Tassen Milch
- 1 kleine Zwiebel, feingehackt und 15 Minuten in 1 El Butter gedünstet
- Salz, Pfeffer aus der Mühle
- frisch geriebener Muskat
- 2 El Sahne
- 1 Eigelb
- 1 El geriebener Schweizer Käse nach Belieben

FÜR DIE FENCHELSAUCE:
- ½–1 Tasse Fenchelschale und -stengel
- ½ Tasse Sahne
- ½ Tasse Fenchelsud
- ½ Tasse kalte Butter, in 6 × 6 mm große Würfel geschnitten
- Salz, Pfeffer aus der Mühle
- 1 El Rotweinessig

DER FENCHELGRATIN: Den Backofen auf 200° C vorheizen.

Den Fenchel putzen und 2,5 cm von den Stielen stehen lassen. Die Abfälle für die Zubereitung der Sauce aufheben.

In einem großen, ofenfesten Schmortopf 2 Eßlöffel Butter erhitzen und die Möhren, die Zwiebeln, das Lorbeerblatt und den Thymian hineingeben. Verrühren und 1 bis 2 Minuten bei mittlerer Temperatur dünsten. Den Fenchel obenauf legen, pfeffern und salzen und mit der Gemüsebrühe oder Wasser ablöschen, so daß der Fenchel fast bedeckt ist. Falls erforderlich, mehr Flüssigkeit zugeben. Das Gemüse aufkochen und den Schmortopf mit gebuttertem Pergamentpapier und einem Deckel abdecken.

Im Backofen 30 bis 45 Minuten backen, bis der Fenchel gar, aber noch knackig ist.

Den Fenchel aus dem Schmortopf nehmen und den Gemüsesud aufbewahren. Die Fenchelstiele abschneiden und für die Sauce verwenden. Die Knollen in 6 mm dicke Scheiben schneiden.

In einer mittelgroßen Pfanne die restliche Butter erhitzen, die Fenchelscheiben hineingeben und bei mittlerer Temperatur 10 Minuten dünsten, bis die Flüssigkeit verkocht und der Fenchel leicht gebräunt ist. Die Pfanne vom Herd nehmen und den Fenchel abkühlen lassen.

DIE CREMESAUCE: Die Butter in einem Topf mit schwerem Boden erhitzen, das Mehl hineingeben und 1 bis 2 Minuten bei mittlerer Temperatur schwitzen lassen. Mit einem Schneebesen die Milch einrühren, kurz aufkochen lassen, die gedünstete Zwiebel dazugeben und mit Pfeffer, Salz und Muskat würzen. Die Sahne unterrühren, die Hälfte der Sauce in eine kleine Schüssel abgießen, abkühlen lassen und mit Eigelb verrühren. Bis hierhin kann der Fenchelgratin problemlos im voraus zubereitet werden.

DIE FENCHELSAUCE: Die Fenchelsauce erst unmittelbar vor dem Servieren zubereiten.

Die Fenchelabfälle und -stengel mit der Sahne in einem kleinen Topf etwa 5 Minuten dünsten, bis die Sahne um die Hälfte eingekocht ist.

Den Fenchelsud zufügen und wieder um die Hälfte einkochen lassen. Nach und nach die Butter einquirlen und weiterrühren, bis die Sauce cremig ist. Mit Pfeffer, Salz und Essig abschmecken, durch ein feines Sieb passieren und warm stellen.

Den Backofen auf 200° C vorheizen. Den Boden einer gebutterten Backform mit einer Schicht Fenchelscheiben auslegen. Die Cremesauce ohne Eigelb darübergießen und eine zweite Schicht Fenchelscheiben verteilen. Die mit Eigelb verfeinerte Cremesauce darübergeben und nach Belieben mit 1 Eßlöffel geriebenen Schweizer Käse bestreuen.

Den Fenchelgratin 10 bis 15 Minuten im vorgeheizten Ofen backen, bis er brodelt. 1 bis 2 Minuten unter dem Grill bräunen und mit der Fenchelsauce heiß servieren.

FÜR GRATIN-LIEBHABER: EIN FENCHELGRATIN AUS DEN FEINEN, AROMATISCHEN KNOLLEN, DIE FRÜHER IN FRANKREICH AUCH ALS »QUEUE DE POURCEAU«: »SCHWEINESCHWÄNZCHEN« BEZEICHNET WURDEN. FENCHEL MUSS MAKELLOS WEISS UND FEST SEIN UND WIRD AUF DEN MÄRKTEN VON OKTOBER BIS JANUAR ODER FEBRUAR ANGEBOTEN.

BOUQUET DE MACHE A LA TRUFFE EN SURPRISE

FELDSALAT MIT TRÜFFELN »EN SURPRISE«

DER WINTERFESTE FELDSALAT VERTRÄGT AUCH HÄRTESTEN FROST. EINMAL GEPFLÜCKT, FÄLLT ER SCHNELL ZUSAMMEN UND KANN NICHT ÜBER LÄNGERE ZEIT AUFGEHOBEN WERDEN. EIN TIP: FELDSALAT ZUERST MIT ÖL, PFEFFER UND SALZ ANMACHEN UND ESSIG ODER ZITRONE ERST KURZ VOR DEM SERVIEREN ZUFÜGEN. FELDSALAT SCHMECKT MIT ROTER BETE, ANCHOVIS UND HARTGEKOCHTEN EIERN UND EIGNET SICH AUCH ZUM FÜLLEN VON GEFLÜGEL.

für 4 Personen

- 375 g Feldsalat, gründlich gewaschen und getrocknet
- 8 mittelgroße Artischocken
- 3 El Butter
- ¼ Tasse Sahne
- 3 mittelgroße Tomaten, gehäutet und klein gehackt
- 150 g frische Trüffeln, fein gehackt
- ½ Tasse Vinaigrette
- 2 El Walnußöl
- Salz, Pfeffer aus der Mühle
- dünne Trüffelscheiben zum Garnieren
- grobkörniges Salz
- 8 Croûtons

Die Artischocken in einem großen Topf mit gesalzenem Wasser 25 Minuten weich kochen. Abgießen, abtropfen lassen und die äußeren Blätter sowie die faserigen Blüten der Herzen entfernen. Die Artischokkenböden würfeln und durch ein feines Sieb passieren.

Die Butter in einem kleinen Topf erhitzen, das Artischockenpüree hineingeben und unter ständigem Umrühren bei mittlerer Temperatur 5 Minuten dünsten, bis die Flüssigkeit verkocht ist. Mit Pfeffer und Salz würzen, die Sahne einrühren und das Püree in eine Schüssel füllen. Abkühlen lassen und in den Kühlschrank stellen.

Die Tomaten bei niedriger Temperatur unter häufigem Umrühren 15 Minuten kochen, mit Pfeffer und Salz würzen und durch ein feines Sieb passieren.

⅓ des Tomatenpürees mit ⅔ des Artischockenpürees vermengen, mit Pfeffer und Salz abschmecken und 20 Minuten in den Kühlschrank stellen. Die Püreereste aufbewahren und anders verwenden.

Das kalte Püree mit den feingehackten Trüffeln zu walnußgroßen Kugeln formen und bis zum Servieren im Kühlschrank aufbewahren.

DIE CROUTONS: Einen Tag altes Baguette in 6 mm dicke Scheiben schneiden. In einer mittelgroßen Pfanne 1 Eßlöffel Butter und 1 Eßlöffel Pflanzenöl erhitzen, die Brotscheiben hineingeben und bei mittelhoher Temperatur 30 Sekunden auf jeder Seite goldbraun braten. Zum Abtropfen auf ein Küchenpapier legen.

Den Salat mit der Vinaigrette und dem Walnußöl anrichten.

4 Teller bereitstellen. Die Püreekugeln auf dem Salat arrangieren und mit geölten, gesalzenen Trüffelscheiben und Croûtons garnieren. Sofort servieren.

CHARTREUSE AUX TROIS CHOUX

GEMÜSEAUFLAUF AUS DREI KOHLARTEN

DER LANGSTIELIGE, BLAUGRÜNE BROKKOLI IST EINE ART VON FROSTUNEMPFINDLICHEN WINTERBLUMENKOHL UND WURDE VON CATHARINA VON MEDICI AUS ITALIEN NACH FRANKREICH GEBRACHT. BROKKOLI WIRD AB SEPTEMBER AUF DEN MÄRKTEN ANGEBOTEN.

DER AUFLAUF AUS DREI KOHLSORTEN KANN ALS HAUPTGERICHT ODER ALS BEILAGE SERVIERT WERDEN.

für 8 bis 10 Personen

1	großer Blumenkohl	6	Eier
1	Weißkohl	2	El weiche Butter
2	kg Brokkoli		Salz, Pfeffer aus der Mühle
¾	Tasse Sahne		Cayennepfeffer

Den Blumenkohl in kochendem, gesalzenem Wasser 1 bis 2 Minuten überbrühen, abgießen, unter kaltem Wasser kurz abschrecken und in Röschen zerteilen.

Die Blumenkohlröschen in einem großen Topf mit gesalzenem Wasser 15 Minuten weich kochen und abgießen.

Aus dem Weißkohl den harten Strunk herausschneiden, die Blätter abpflücken und in einem großen Topf mit gesalzenem Wasser gerade weich kochen. Abgießen, einige große Blätter beiseite legen und aus den übrigen Blättern die Mittelrippen herausschneiden.

Den Brokkoli in Röschen zerteilen und in einem großen Topf mit gesalzenem Wasser etwa 10 Minuten blanchieren. Abgießen, kurz unter kaltem Wasser abschrecken und abtropfen lassen.

Eine Rührschüssel aus Edelstahl, die etwas größer als der Blumenkohl ist, großzügig einbuttern und den Boden mit Blumenkohlröschen auslegen. Eine weitere Schicht Blumenkohlröschen und eine Schicht Brokkoliröschen darübergeben und die Schüssel in den Kühlschrank stellen.

Den restlichen Blumenkohl, den restlichen Brokkoli und die Kohlblätter (bis auf die beiseitegelegten) voneinander getrennt im Mixer pürieren. Jedes Püree durch ein feines Sieb in einen Topf passieren und unter ständigem Umrühren bei mittelhoher Temperatur dünsten, bis die Flüssigkeit verdampft ist.

Die Pürees mit je 2 Eiern und mit je ¼ Tasse Sahne verrühren und mit Pfeffer und Salz abschmecken.

Den Backofen auf 150° C vorheizen.

Das Kohlpüree auf die geschichteten Blumenkohl- und Brokkoliröschen füllen, mit dem Löffelrücken leicht andrücken, die Kohlblätter obenauf legen und über den Rand der Schüssel hinaushängen lassen. Das Brokkolipüree darüber verteilen.

Eine große Backform halb mit kochendem Wasser füllen, den Auflauf ins Wasserbad stellen und im vorgeheizten Ofen 20 Minuten backen. Nach 20 Minuten das Blumenkohlpüree einfüllen, und die heraushängenden Kohlblätter so zusammenfalten, daß sie den Auflauf zudecken. Den Auflauf mit gebuttertem Pergamentpapier oder Alufolie abdecken und weitere 30 Minuten im Backofen backen. Mit einem Fleischspieß oder einem dünnen Messer hineinstechen und prüfen, ob das Gemüse gar ist.

Den Auflauf 10 Minuten abkühlen lassen und zum Servieren auf eine große Platte stürzen. Eine Kräuter-Zitronen-Butter dazu reichen.

ENDIVES FARCIES

GEFÜLLTER CHICOREE

für 4 Personen

FÜR DEN CHICOREE:

8 Chicoréeköpfe ohne Strunk
1 Prise Salz
1 Prise Zucker
2 El Butter

FÜR DIE FÜLLUNG:

125 g Champignons
Saft einer Zitrone
2 El Butter
½ Tasse dicke, weiße Sauce nach Rezept
2 El Sahne
1 Tasse geriebener Schweizer Käse
2 El geriebener Parmesankäse
frisch geriebener Muskat

FÜR DIE SAUCE:

blanchierte Chicoréeblätter
Chicoréesud
½ Tasse Sahne
½ Tasse Butter, gewürfelt
Salz
Pfeffer aus der Mühle

DER CHICOREE: Den Backofen auf 190° C vorheizen.

Eine flache Backform einbuttern. Den Chicorée hineinlegen, halb mit kochendem Wasser bedecken, mit Zucker, Salz und Butterstückchen bestreuen und mit gebuttertem Pergamentpapier abdecken. Das Pergamentpapier mit einem feuerfesten Teller beschweren und den Chicorée im vorgeheizten Ofen 20 Minuten backen. Zum Abtropfen auf ein Gitter legen und den Sud aufheben.

Den Backofen auf 175° C vorheizen.

In einer mittelgroßen Pfanne 1 Eßlöffel Butter erhitzen, den Chicorée hineingeben und 1 bis 2 Minuten sautieren.

Die Chicoréeköpfe jeweils an einer Seite einritzen und aus der Mitte ein paar Blätter entfernen, so daß eine Aushöhlung für die Füllung entsteht. Die Blätter für die Sauce aufbewahren.

DIE SAUCE: Die herausgeschnittenen Chicoréeblätter mit dem Chicoréesud bedeckt in einem kleinen Topf aufkochen und den Sud bis auf 1 Eßlöffel einkochen lassen. Die Sahne hinzufügen und wiederum auf 1 bis 2 Eßlöffel einkochen lassen. Den Topf vom Herd nehmen, nach und nach die gewürfelte Butter einquirlen und die Sauce zu einer dicken Creme rühren. Mit Pfeffer und Salz würzen, durch ein feines Sieb passieren und warm stellen.

DIE FÜLLUNG: Die geputzten Champignons fein hacken und mit Zitronensaft beträufeln.

Die Butter in einem mittelgroßen Topf erhitzen, die Champignons hineingeben und bei hoher Temperatur 1 Minute schmoren, bis die Flüssigkeit verkocht ist. Die Sahne und die weiße Sauce unterrühren, den Topf von der Platte nehmen und das Eigelb, ½ Tasse Schweizer Käse und den Parmesan unterziehen. Mit Pfeffer, Salz und Muskat abschmecken.

Die ausgehöhlten Chicoréeköpfe mit den Champignons füllen und vorsichtig in Form drücken. In eine gebutterte Backform legen, mit ½ Tasse Schweizer Käse und Butterstückchen bestreuen und 10 Minuten backen, bis der Chicorée leicht gebräunt ist.

4 vorgewärmte Teller bereitstellen. Je 2 gefüllte Chicoréeköpfe verteilen und mit Sauce übergießen. Sofort servieren.

WÄHREND DIE WÄLDER VON BEOST IN VONNAS DEM KALTEN WINTERWETTER TROTZEN, GEDEIHT IN DEN GEWÄCHSHÄUSERN DER CHICORÉE. ALS JÜNGSTES MITGLIED DER SECHSKÖPFIGEN FAMILIE DER ENDIVIEN WURDE DER CHICORÉE REIN ZUFÄLLIG »GEBOREN«, ALS VOR EINHUNDERTFÜNFZIG JAHREN EIN BELGISCHER GÄRTNER IN SEINEM BRÜSSLER GARTEN DIE WURZELN WILDER ENDIVIEN IN EINER DUNKLEN, WARMEN ECKE VERGESSEN HATTE. NACH

EIN PAAR WOCHEN ENTDECKTE ER ZU SEINER ÜBERRASCHUNG EINE NEUE SALATKREATION. DER WEISSE, KNACKIGE CHICORÉE ERFREUTE SICH SCHNELL GROSSER BELIEBTHEIT.

ASPIC DE BROCOLIS A LA VINAIGRETTE DE TRUFFE

BROKKOLI IN PORREEASPIK MIT TRÜFFEL-VINAIGRETTE

EINE EXTRAVAGANTE ART, BROKKOLI ZU SERVIEREN: FÜR DEN ASPIK WERDEN SOWOHL STIELE WIE KÖPFE VERWENDET. BROKKOLISTIELE LASSEN SICH AUCH NACH SPARGELREZEPTEN ZUBEREITEN. DIE KÖPFE KÖNNEN WIE BLUMENKOHL SERVIERT, DÜRFEN ABER NICHT ZU LANGE GEKOCHT WERDEN,

DAMIT SIE IHREN ZARTEN HASELNUSSGESCHMACK NICHT VERLIEREN. ALS BEILAGE ZU FLEISCH UND FISCH SCHMECKT BROKKOLI EBENSO GUT WIE MIT SAHNESAUCE, SCHINKEN UND KARTOFFELN.

für 4 Personen

- 2– 2½ kg Brokkoli
- ¼ Tasse Sahne
- 2 mittelgroße Porreestangen
- 1 El Butter
- 2 Tassen Wasser
- 1 El Gelatine
- 1 El feingehackte, frische Trüffeln
- 1 Tasse Vinaigrette
- 2 El Olivenöl
- frische Brunnenkresseblätter nach Belieben
- Salz
- schwarzer Pfeffer aus der Mühle

Den Brokkoli entstielen und in einem großen Topf mit gesalzenem Wasser kochen. Nach 5 Minuten 2 bis 3 große Brokkoliköpfe herausnehmen, kurz unter kaltem Wasser abschrecken und abtropfen lassen. Zum Auslegen der Aspik-Form beiseite legen. Den restlichen Brokkoli 5 Minuten weiterkochen, abgießen, abtropfen lassen und im Mixer pürieren. Die Sahne unterrühren, mit Pfeffer und Salz abschmecken und das Püree in den Kühlschrank stellen.

Von den Porreestangen die grünen, äußeren Blätter und Teile entfernen und in 6 mm lange Streifen schneiden. In einem mittelgroßen Topf die Butter erhitzen, das Porreegrün hineingeben und unter Umrühren 5 Minuten dünsten. 1½ Tassen Wasser zugießen und 15 Minuten kochen lassen.

½ Tasse Wasser in eine große Rührschüssel gießen, die Gelatine einstreuen und 5 Minuten quellen lassen. Das Porreegrün und den Sud unterrühren und durch ein feines Sieb passieren. Abkühlen lassen und in den Kühlschrank stellen, bis der Aspik fest zu werden beginnt.

Die weißen Teile der Porreestangen in 3 cm große Stücke schneiden und 3 Minuten garen. Kurz unter kaltem Wasser abschrecken, auf einem Küchenpapier abtropfen lassen und halbieren.

Vier Auflaufformen, die jeweils ½ Tasse fassen, bereitstellen. Etwas Porreeaspik einfüllen, die Formen drehen, so daß der Gelee die Seiten überzieht und 2 bis 3 Minuten im Kühlschrank fest werden lassen.

Die Auflaufformen an den Seiten mit den weißen Porreestücken auskleiden. Den aufbewahrten Brokkoli in Röschen teilen. Die Röschen mit den Köpfen nach unten auf den Böden der Formen verteilen, mit je einem Löffel Aspik übergießen und 3 Minuten im Kühlschrank fest werden lassen.

Das Brokkolipüree einfüllen. Dabei vorsichtig an die Seiten der Formen klopfen, damit sich das Püree gut verteilt. Die Auflaufformen mindestens 2 Stunden in den Kühlschrank stellen.

Die vorbereitete Vinaigrette mit dem Olivenöl und den Trüffelschnitzeln anreichern.

4 Teller bereitstellen. Die Auflaufformen kurz in heißes Wasser tauchen und den Gemüseaspik auf die Teller stürzen. Mit Trüffel-Vinaigrette umgießen und mit frischer Brunnenkresse garnieren. Sofort servieren.

SALADE PASTORALE AUX CHAMPIGNONS SAFRANES

GRÜNER SALAT MIT SAFRANPILZEN

für 4 Personen

- grüne Salate nach Wahl (z. B. Kopfsalat, Eissalat, Endivien, Feldsalat)
- 125 g frische Waldpilze nach Wahl, gewaschen und geputzt
- 1 El Olivenöl
- 3 El Butter
- 1 Tasse Vinaigrette
- 2 El trockener Weißwein
- 1 Prise Safranpulver
- feingehackter Schnittlauch, geviertelte, gehäutete Tomaten oder pochierte Eier zum Garnieren
- Salz, Pfeffer aus der Mühle

Den grünen Salat putzen, waschen, abtropfen lassen und trocknen.

In einer mittelgroßen Pfanne die Butter und das Olivenöl erhitzen. Die Pilze in feine Scheiben schneiden, in die Pfanne geben und bei mittlerer Temperatur 5 Minuten sautieren, bis die Flüssigkeit heraustritt. Salzen und mit Wein und Safran abschmecken.

Den Salat in der Vinaigrette anrichten.

4 Teller bereitstellen und den Salat darauf verteilen. Die gedünsteten Pilze mit einem Schaumlöffel aus der Pfanne heben und um den Salat arrangieren. Salat und Pilze mit Pilzsud übergießen, mit Schnittlauch bestreuen und mit geviertelten Tomaten oder pochierten Eiern servieren.

IM WINTER HAT DIE VEYLE OFT EINE FEINE EISDECKE. OBWOHL ES SCHNEIT UND KALT IST: EIN GRÜNER SALAT MIT FRISCHEN WALDPILZEN SCHMECKT ZU JEDER JAHRESZEIT.

SOUPE D'OIGNONS ET POIREAUX A LA JULIENNE DE CELERI ET DE TRUFFES

FEINE ZWIEBELSUPPE MIT PORREE, SELLERIE UND TRÜFFELN

für 4 Personen

- 4–5 weiße Zwiebeln (etwa 500 g), in feine Ringe geschnitten
- 2 mittelgroße Porreestangen ohne äußeres Grün, in feine Ringe geschnitten
- 2 El Butter
- ⅓ Tasse Trüffelsaft
- 1 l Wasser
- 1 kleine Sellerieknolle (etwa 300 g), geschält und in feine Scheiben geschnitten
- 30 g frische Trüffeln, in feine Scheiben geschnitten
- Salz, Pfeffer aus der Mühle

In einem großen Schmortopf die Butter erhitzen, die Zwiebeln- und Porreeringe hineingeben und unter Umrühren 30 Minuten bei niedriger Temperatur dünsten, bis sie leicht gebräunt sind. Den Trüffelsaft unterrühren, 1 Minute einkochen lassen und mit Wasser ablöschen. Kurz aufkochen, die Temperatur reduzieren und 15 Minuten weiter kochen lassen.

Die Selleriescheiben dazugeben und 2 bis 3 Minuten kochen. Die Suppe nach Bedarf mit Wasser verdünnen, mit Pfeffer und Salz abschmecken, die Trüffelscheiben unterziehen und heiß servieren.

DIE ZWIEBELSUPPE KANN MIT CROUTONS ABGRUNDET WERDEN. TRÜFFELN SCHMECKEN ROH ODER GEKOCHT, GEWÜRFELT, GESCHNETZELT ODER IN SCHEIBEN GESCHNITTEN. TRÜFFELKENNER EMPFEHLEN ROHE, GANZE TRÜFFELN MIT EINER PRISE SALZ UND IN BUTTER GETAUCHT, WÄHREND DIE ALTEN ÄGYPTER IHRE TRÜFFELN MIT GÄNSEFETT BEVORZUGTEN. EINE DELIKATESSE SIND TRÜFFELN IN CHAMPAGNER, ZEHN MINUTEN IN EINEM SUD AUS TRÜFFELSAFT, CHAMPAGNER, KOGNAC UND PFEFFERKÖRNERN GEGART.

ANFANG FEBRUAR AUF DEM MARKT VON CARPENTAS: DIE TRÜFFELSAISON HAT IHREN HÖHEPUNKT ERREICHT. TRÜFFELPILZE WACHSEN IM SCHATTEN VON HASELNUSS-STRÄUCHERN, BUCHEN, EICHEN, LINDEN ODER KASTANIEN 25 BIS 35 CM TIEF UNTER DER ERDE UND WERDEN IN DEN LETZTEN JAHREN ZUNEHMEND SELTENER. DIE GUTEN, ALTEN ZEITEN LUDWIGS XIV., ALS DIE »SCHWARZEN DIAMANTEN DER KÜCHE« GROSSZÜGIG FÜR FAST ALLE GERICHTE DER KÖNIGLICHEN TAFEL VERWENDET WURDEN, SIND LANGE VORBEI. DIE METHODE DES TRÜFFELSUCHENS IST SEIT JAHRHUNDERTEN UNVERÄNDERT GEBLIEBEN: DER »CAVEUR«, DER TRÜFFELSUCHER (ODER DIE TRÜFFELSUCHERIN) WIRD VON EINEM HUND ODER EINEM SCHWEIN BEGLEITET, DAS DIE TRÜFFELN MIT FEINER NASE ERSCHNÜFFELT.

HIER IST »TRÜFFELKÖNIG« MONSIEUR PEBEYRE MIT SEINEM HUND »BEDOIN« AUF TRÜFFELJAGD, DIE NATÜRLICH ERST NACH EINER AUSGIEBIGEN STÄRKUNG BEGINNEN KANN. ZUR LETZTEN TRÜFFELSAISON TRAFEN WIR UNS IN DER NÄHE VON GORDES, IN MICHEL BOSCS BISTRO ZU TRÜFFELPASTETE, GESALZENEN TRÜFFELN, TRÜFFELOMELETT UND ZIEGENKÄSE. AUF DEM FOTO UNTEN LINKS SIND ALAIN SENDERENS, MARC MENEAU UND MEINE WENIGKEIT ZU ERKENNEN.

EFFILOCHEE D'ENDIVES AU CITRON ET AUX SAINT-JACQUES ROTIES

GEDÜNSTETER CHICOREE IN ZITRONENBUTTERSAUCE MIT GEBACKENEN JACOBSMUSCHELN

EIN TYPISCHES WINTERGERICHT: CHICORÉE UND JACOBSMUSCHELN. CHICORÉEKÖPFE MÜSSEN WEISS, FEST UND KRÄFTIG SEIN UND VOR DER ZUBEREITUNG GRÜNDLICH GEWASCHEN UND GUT GETROCKNET WERDEN. CHICORÉESALAT SCHMECKT MIT HARTGEKOCHTEN EIERN, WALNÜSSEN,

ROTER BETE UND ROQUEFORT IN EINER WÜRZIGEN VINAIGRETTE UND KANN MIT APFELSTÜCKCHEN UND ORANGENSCHEIBEN GARNIERT WERDEN. ZU GEDÜNSTETEM CHICORÉE EMPFEHLE ICH EINE BECHAMEL- ODER BRATENSAUCE. CHICORÉE EIGNET SICH AUCH ZUM FRITIEREN.

für 4 Personen

6 große Chicoréeköpfe, gewaschen und geputzt
8 El Butter
3 El Zitronensaft
Salz
16 Jacobsmuscheln
Pfeffer aus der Mühle
grobkörniges Meersalz

Den Backofen auf 260° C vorheizen.

Den Chicorée längs halbieren die Strünke entfernen und mit einem großen, scharfen Messer längs in feine Streifen schneiden.

In einer großen Pfanne 3 Eßlöffel Butter erhitzen, den Chicorée hinzufügen und unter häufigem Umrühren bei mittlerer Temperatur 8 Minuten dünsten. Die Pfanne vom Herd nehmen, 1½ Eßlöffel Zitronensaft einrühren, den Chicorée salzen und warm stellen.

Die Muscheln auf ein gebuttertes Backblech legen, so daß die Muschelschalen einander nicht berühren, und im vorgeheizten Ofen 6 Minuten backen.

Den restlichen Zitronensaft und 1 Eßlöffel Wasser in einem kleinen Topf aufkochen. Bei reduzierter Temperatur eßlöffelweise die restliche Butter unterrühren. Den Topf vom Herd nehmen und die Sauce mit Pfeffer und Salz abschmecken.

4 vorgewärmte Teller bereitstellen. Falls notwendig, den Chicorée kurz aufwärmen, auf den Tellern verteilen und mit je 4 Jacobsmuscheln bekrönen. Die Muscheln mit Pfeffer und 1 Prise Meersalz bestreuen. Chicorée und Muscheln mit Zitronenbuttersauce beträufeln und sofort servieren.

SOUPE DE CHOUX DE BRUXELLES ET DE CROSNES AUX MOULES

ROSENKOHLCREMESUPPE MIT KNOLLENZIEST UND MIESMUSCHELN

für 4 Personen

1250 g Rosenkohl, geputzt
125 g Knollenziest
1250 g Miesmuscheln, gründlich abgeschrubbt
2 Tassen Sahne
¼ Tasse Butter
1 Tl Mehl
Saft einer ½ Zitrone
Salz
Pfeffer aus der Mühle

Die äußeren, gelben Rosenkohlblätter entfernen und einige kräftige, grüne Blätter abpflücken. Die abgepflückten Blätter 2 Minuten in kochendem, gesalzenem Wasser blanchieren, abgießen, kurz unter kaltem Wasser abschrecken und zum Garnieren aufbewahren.

Den Rosenkohl in einem großen Topf mit kochendem, gesalzenem Wasser 2 bis 3 Minuten blanchieren, abgießen, kurz unter kaltem Wasser abschrecken und in den Topf zurückgeben.

Mit gesalzenem Wasser bedeckt aufkochen und bei reduzierter Temperatur so weich kochen, daß sich der Kohl zwischen zwei Fingern zusammendrücken läßt. Abgießen, 30 Sekunden im Mixer pürieren und durch ein Sieb in einen Suppentopf passieren.

Den Knollenziest mit einem scharfen Messer abschaben. Gründlich waschen, zerkleinern und mit kaltem Wasser bedeckt in einen kleinen Topf geben. Mehl, Zitronensaft und 1 Prise Salz hinzufügen, aufkochen und den Knollenziest 15 Minuten garen. Abgießen und unter den pürierten Rosenkohl rühren.

Die Muscheln in einem großen Topf mit Wasser bedeckt etwa 5 Minuten kochen, bis sie sich öffnen. Das Muschelfleisch aus den Schalen schaben und in den Suppentopf geben. Den Muschelsud durch ein mit zwei dünnen Leintüchern ausgelegtes Sieb passieren, in den Suppentopf gießen und mit dem Gemüse und den Muscheln verrühren.

Die Suppe bei mittlerer Temperatur aufkochen, 1 Minute kochen lassen, vom Herd nehmen, mit der Sahne und der Butter verfeinern und mit Pfeffer und Salz abschmecken. Zum Servieren in eine große Suppenterrine füllen und mit Rosenkohlblättern garnieren.

DIE KNOLLENZIEST-WURZEL IST IM FERNEN OSTEN BEHEIMATET UND WAR IN FRANKREICH VOR ALLEM IM 19. JAHRHUNDERT BELIEBT. IHR LEICHT SÜSSLICHER GESCHMACK KANN ALS EINE MISCHUNG AUS SCHWARZWURZELN UND ARTISCHOCKEN BESCHRIEBEN WERDEN. KNOLLENZIEST KANN DURCH DIE HEUTE

EBENFALLS KAUM NOCH BEKANNTEN ERDSCHOCKEN (TOPINAMBUR) ERSETZT WERDEN, DIE FRÜHER ANSTELLE VON KARTOFFELN GEGESSEN WURDEN. FÜR DIESES REZEPT WERDEN 5 BIS 6 ERDSCHOCKEN, ETWA 250 G BENÖTIGT, DIE GESCHÄLT UND GEPUTZT, IN 6 MM DICKE SCHEIBEN GESCHNITTEN UND AUF DIE GLEICHE WEISE WIE DER KNOLLENZIEST ZUBEREITET, ABER NUR 10 MINUTEN GEKOCHT WERDEN.

WINTERFRÜCHTE

Die Obstbäume bereiten sich schaudernd den langen, kalten Winter vor und hoffen auf die baldige Rückkehr der warmen Frühlingssonne.

Nüsse, Äpfel und Birnen lagern in den Kellern und auf den Märkten erwartet uns das reiche Angebot exotischer Südfrüchte heisser Tropenländer.

DENTELLE A L'ORANGE

ORANGENKEKSE

für etwa 35 Kekse

1½ Tassen Zucker
1 Tasse feingehackte Mandeln
¾ Tasse Mehl
Saft einer Orange
½ Tasse zerlassene Butter
2 Tl unbehandelte, geraspelte Orangenschale

Den Backofen auf 200° C vorheizen.

Zucker, Mehl und Mandeln in einer Rührschüssel vermischen. In der Mitte eine Vertiefung eindrücken, die zerlassene Butter, den Orangensaft und die Orangenschale hineingeben und die Zutaten gründlich verrühren.

Ein gebuttertes Backblech bereitstellen. Den Teig mit dem Teelöffel in Abständen von 5 cm in kleinen Häufchen auf dem Blech verteilen. Eine Gabel in kaltes Wasser tauchen, die Teighäufchen damit glätten und 5 bis 7 Minuten im vorgeheizten Ofen backen. Vorsicht, die Kekse brennen leicht an!

Die Kekse nach dem Backen 1 Minute abkühlen lassen. Ehe sie brüchig werden, mit einem Spachtel abnehmen, auf eine glatte Arbeitsfläche geben und vorsichtig mit einem Nudelholz rund pressen. Abkühlen lassen und in einer Keksdose trocken und kühl aufbewahren.

Kekse dieser Art heißen auf französisch tuiles: Dachziegel.

ALS DESSERTFRÜCHTE FÜR OBSTSALATE, CREMES ODER SOUFFLES SIND VOR ALLEM NAVEL, THOMSON UND JAFFA ORANGEN GEEIGNET. DIE FRÜCHTE SOLLTEN EINE GLATTE SCHALE HABEN, DIE ZUM VERZEHR NICHT CHEMISCH BEHANDELT SEIN DARF.

FLEURS DES ILES SORBET

SORBET »FLEURS DES ILES«

für 8 Personen

4 Tassen Zucker
1 l Wasser
1 Vanilleschote, längs gespalten
1 Ananas, geschält und ohne Strunk
2 geschälte, reife Bananen
Saft von 4 Orangen
Saft von 6 Zitronen
1 El Grenadine

Wasser und Zucker in einem mittelgroßen Topf (nicht aus Aluminium) unter Umrühren aufkochen, die Vanilleschote hinzufügen, den Topf vom Herd nehmen und abkühlen lassen. Den Zuckersirup durch ein feines Sieb passieren.

Die Ananas vierteln und mit den Bananen im Mixer pürieren.

Den Zitronen- und Orangensaft in den Zuckersirup gießen und unter das Ananas-Bananen-Mus rühren. Mit Granatapfelsirup abschmecken, in die Eismaschine geben und gefrieren.

EIN WINTERLICHES SORBET AUS SÜSSEN UND SAUREN ZITRUSFRÜCHTEN. ORANGEN UND ZITRONEN WURDEN VON DEN KREUZFAHRERN NACH FRANKREICH GEBRACHT UND SOLLEN URSPRÜNGLICH IM LANDE DER ASSYRER, AM FUSSE DES HIMALAYA UND IN CHINA HEIMISCH GEWESEN SEIN.

SUC DE PAMPELMOUSSE AUX ZESTES ET AU MIEL

GRAPEFRUIT-KOMPOTT MIT HONIG

DIESE EINFACHE, BEKÖMMLICHE ERFRISCHUNG SCHMECKT AUCH ALS ERSTER GANG EINES REICHHALTIGEN MAHLES. DER SAFT DER ZITRUSFRÜCHTE HAT AUF UNGEDULDIGE, HUNGRIGE MÄGEN EINE BERUHIGENDE WIRKUNG.

für 4 Personen

4 Grapefruits mit unbehandelter Schale
4 El Honig

Die Schalen von 2 Grapefruits fein raspeln, in einem kleinen Topf (nicht aus Aluminium) mit Wasser bedeckt 2 Minuten kochen, in ein feines Sieb abgießen und kurz unter kaltem Wasser abschrecken. Diesen Vorgang dreimal mit jeweils frischem Wasser wiederholen.

Die Grapefruits schälen und die weißen Hautschichten entfernen. In Scheiben zerteilen und die einzelnen Scheiben häuten. Dabei die Grapefruitscheiben über eine Schüssel halten, um möglichst viel Saft aufzufangen. Die gehäuteten Fruchtstücke zum Trocknen auf ein Küchenpapier legen. Den Saft durch ein Sieb passieren, mit den Grapefruitschalen und dem Honig verquirlen und mindestens 1 Stunde im Kühlschrank durchziehen lassen.

4 Dessertschalen bereitstellen. Die Grapefruitstücke blütenförmig arrangieren, mit dem eisgekühlten Saft übergießen und servieren.

DIESER OBSTTELLER IST DEN DREI BELIEBTESTEN WINTERFRÜCHTEN GEWIDMET: ORANGEN, ZITRONEN UND GRAPEFRUITS.

ASSIETTE D'AGRUMES A L'AGRUME

WINTERLICHER FRÜCHTETELLER

für 4 Personen

4 rote Grapefruits mit unbehandelter Schale
4 Orangen
1 Zitrone
2 Tassen Zucker
¼ Tasse Wasser

Die Früchte sollten reif und saftig sein. Grapefruits und Orangen schälen und die weißen, bitteren Hautschichten entfernen. Um möglichst viel Saft aufzufangen, über einer Schüssel in Stücke schneiden. Den Saft in den Kühlschrank stellen.

Die Grapefruitschale in 6 cm lange und ½ cm breite Streifen schneiden. Mit kaltem Wasser bedeckt, in einem mittelgroßen Topf aufkochen, abgießen und kurz unter kaltem Wasser abschrecken. Diesen Vorgang noch zweimal mit jeweils frischem, kaltem Wasser wiederholen.

Wasser und Zucker in einem mittelgroßen Topf bei niedriger Temperatur 2 Minuten erhitzen, bis sich der Zucker aufgelöst hat. Die Grapefruitschalen hineingeben und 30 Minuten bei niedriger Temperatur dünsten. Die Schalen mit dem Schaumlöffel herausheben und zum Abtropfen auf ein Metallgitter legen.

4 Dessertteller bereitstellen. Die Grapefruit- und Orangenstücke abwechselnd auf den Tellern arrangieren, mit Zitronensaft beträufeln, nach Belieben mit Zucker bestreuen und mit dem eisgekühlten Grapefruit-Orangen-Saft übergießen.

Die Grapefruitschalen in Zucker wälzen und dekorativ auf den Früchtetellern verteilen.

ASPIC D'ORANGES ET PAMPELMOUSSES SAUCE POMME AU CARAMEL

ORANGEN-GRAPEFRUIT-GELEE MIT APFEL-KARAMEL-SAUCE

VON ALLEN ZITRUSFRÜCHTEN IST DIE ORANGE DIE BELIEBTESTE UND STEHT BEI DEN FRANZOSEN GLEICH AN ZWEITER STELLE NACH DEM APFEL. IN FRÜHEREN ZEITEN GALTEN ORANGEN ALS DELIKATESSE. DIE GOLDENEN ÄPFEL AUS DEM GARTEN DER HESPERIDEN FINDEN SCHON IN DER GRIECHISCHEN MYTHOLOGIE ERWÄHNUNG UND ROBESPIERRE SOLL ZU JEDER MAHLZEIT EINE PYRAMIDE VON ORANGEN VERZEHRT HABEN.

für 4 Personen

FÜR DEN GELEE:

- 2 rote Grapefruits
- 4 Orangen
- ⅔ Tasse Grapefruit-Orangen-Saft
- 1 Tasse Sauternes oder anderer Südwein
- 1 El Gelatine

FÜR DIE APFEL-KARAMEL-SAUCE:

- ½ Tasse Zucker
- ¼ Tasse Wasser
- Saft von 2 säuerlichen Äpfeln (z. B. Boskop)
- ¼ Tasse Butter
- Saft von 2 Zitronen

DER GELEE: Grapefruits und Orangen schälen und die weißen, bitteren Hautschichten entfernen. Um den Saft aufzufangen, über einer Schüssel in Stücke schneiden.

Den Grapefruit-Orangen-Saft in eine mittelgroße Rührschüssel geben.

Die Grapefruit- und Orangenscheiben mindestens 6 Stunden auf einem Küchenpapier unbedeckt trocknen lassen.

Vier Auflaufformen, die jeweils ½ Tasse fassen, bereitstellen. Die Fruchtscheiben dekorativ verteilen. Die Gelatine in den Fruchtsaft streuen und 10 Minuten quellen lassen.

Den Wein bis kurz vor dem Aufkochen erhitzen, mit dem Fruchtsaft verrühren und in Eiswasser kaltstellen. Den Sirup unter Rühren andicken lassen, in die Auflaufformen füllen und im Kühlschrank mindestens 4 Stunden fest werden lassen.

DIE APFEL-KARAMEL-SAUCE: Den Zucker mit ⅛ Tasse Wasser in einem mittelgroßen Topf mit schwerem Boden bei mittelhoher Temperatur aufkochen und weiterkochen lassen, bis der Zucker karamelisiert.

Sobald der Karamel bernsteinfarben verfärbt, das restliche Wasser, den Apfelsaft, den Zitronensaft und die Butter unterrühren. Abkühlen lassen, aber nicht kalt stellen.

Zum Servieren die Auflaufformen kurz in heißes Wasser tauchen, den Fruchtgelee auf 4 bereitgestellte Teller stürzen und mit Apfel Karamel-Sauce umgießen.

ANMERKUNG DES KÜCHENCHEFS: Falls erhältlich Blutorangen verwenden, die dem Dessert eine besonders intensive Farbnuance verleihen.

TULIPE DE MOUSSE GLACEE AUX PRUNEAUX

PFLAUMENMOUSSE IN GEBACKENEN »TULPEN«

HIER EINE WINTERBLUME GANZ BESONDERER ART FÜR DIEJENIGEN, DIE TROCKENPFLAUMEN SCHÄTZEN UND ABWECHSLUNG VOM TRADITIONELLEN KOMPOTT SUCHEN. TROCKENPFLAUMEN SIND NICHT NUR FÜR GESUNDHEITS- UND VERDAUUNGSFÖRDERNDE WIRKSTOFFE BEKANNT, SONDERN

SCHMECKEN AUCH AUSGEZEICHNET UND WURDEN SCHON IM MITTELALTER VON REISENDEN HÄNDLERN AUF DEN STRASSEN VERKAUFT. ICH EMPFEHLE, GETROCKNETE PFLAUMEN ÜBER NACHT IN EINEM LEICHTEN TEE EINZUWEICHEN.

DIE GEFRORENE PFLAUMENMOUSSE KANN NACH BELIEBEN MIT EINER VIELZAHL ANDERER FRÜCHTE ZUBEREITET WERDEN. DIE SAUCE DEMENTSPRECHEND ABWANDELN UND DIE MOUSSE NICHT ZU FLÜSSIG WERDEN LASSEN.

für 4 Personen

FÜR DIE PFLAUMENMOUSSE:
- 20 große, entsteinte Backpflaumen, über Nacht in kaltem Wasser eingeweicht
- 2 Tassen schwerer Rotwein
- 1 El Gelatine
- ⅓ Tasse Zucker
- 1½ Tassen Schlagsahne, mit 2 El Zucker gesüßt

FÜR DIE GEBACKENEN TULPEN:
- ⅔ Tasse Zucker
- ¾ Tasse Mehl
- ½ Tasse zerlassene Butter
- 4 Eiweiß

DIE PFLAUMENMOUSSE: Die abgetropften Pflaumen mit dem Wein in einen mittelgroßen Topf (nicht aus Aluminium) geben, kurz aufkochen und den Topf vom Herd nehmen. 4 bis 6 Stunden abkühlen und ziehen lassen. Mit dem Schaumlöffel 10 Pflaumen heraus heben, im Mixer pürieren und das Pflaumenmus durch ein Sieb passieren.

Das Pflaumenmus in einem kleinen Topf bei niedriger Temperatur bis kurz vor dem Aufkochen erhitzen und die Gelatine einstreuen. 10 Minuten quellen lassen und falls die Gelatine klumpt, noch einmal durch ein Sieb passieren.

1 Tasse Sahne unterrühren.

4 Timbalen oder Auflaufformen, die jeweils ½ Tasse fassen, bereitstellen. Das Pflaumenmus einfüllen und mindestens 3 Stunden im Kühlschrank fest werden lassen.

DIE PFLAUMENSAUCE: Die restlichen Pflaumen aus dem Weinsud nehmen, im Mixer pürieren, durch ein Sieb passieren und mit Zucker und Zitronensaft verrühren. Nach Bedarf mit Wasser verdünnen. Die Pflaumensauce bis zum Servieren in den Kühlschrank stellen.

DIE GEBACKENEN »TULPEN«: Den Backofen auf 200° C vorheizen.

Zucker und Mehl in einer großen Schüssel vermischen und mit der zerlassenen Butter verrühren. Mit den Eiweiß zu einem glatten Teig verarbeiten und mindestens 2 Stunden im Kühlschrank ruhen lassen. Ein großes Backblech buttern und in großen Abständen jeweils ½ Teelöffel Teig verteilen. Die Teighäufchen mit dem Löffelrücken zu hauchdünnen Kreisen mit 10 bis 13 cm Durchmesser ausstreichen und im vorgeheizten Ofen 3 bis 5 Minuten goldbraun backen.

Das Gebäck mit einem Spachtel vom Blech heben, in blütenförmige Trinkgläser geben, leicht an die Böden und Rändern drücken und zu »Tulpen« formen. Die gebackenen »Tulpen« an einem kühlen, trockenen Ort aufbewahren.

Bis hierhin kann das Dessert problemlos im voraus zubereitet werden.

4 Dessertteller bereitstellen. Jeweils 1 gebackene Tulpe in die Tellermitte legen. Die Auflaufformen mit der Pflaumenmousse kurz in heißes Wasser tauchen und die Mousse in die gebackenen »Tulpen« füllen. Mit Pflaumensauce umgießen und mit Schlagsahne garniert servieren.

SABAYON DE BANANE ET CLEMENTINES AU RHUM

CLEMENTINEN-SABAYON MIT RUM

FÜR DIESES KÖSTLICHE DESSERT KÖNNEN AUCH TANGERINEN VERWENDET WERDEN.

TANGERINEN HABEN IM GEGENSATZ ZU CLEMENTINEN KERNE UND EINE DÜNNERE HAUT.

TANGERINEN UND CLEMENTINEN EIGNEN SICH FÜR DESSERTS, FÜR EISCREME, FÜR KUCHEN UND DIESES EINZIGARTIGE SABAYON.

für 4 Personen

4	Clementinen	1	El Clementinensaft
1	Banane	1	El Zucker
1	El Rum	1	El Puderzucker
4	Eigelb		

Die Eigelb, den Rum, den Clementinensaft und den Zucker in einem mittelgroßen Kochtopf (nicht aus Aluminium) bei niedriger Temperatur allmählich erwärmen und kräftig mit dem Schneebesen verquirlen. Der Topfboden darf nicht heiß werden, sondern muß zum handwarm bleiben. Die Eiermasse 8 Minuten cremig schlagen und warm stellen.

Den Backofen auf 260° C vorheizen. Die Clementinen schälen und alle zähen, bitteren, weißen Hautschichten entfernen. Vorsichtig die Kerne herausdrücken und die Früchte in Scheiben teilen.

4 vorgewärmte Dessertteller bereitstellen und die Clementinenscheiben darauf spiralförmig arrangieren. Die Banane schälen, in 6 mm dicke Scheiben schneiden und auf den Clementinenscheiben verteilen.

Das Sabayon mit dem Schneebesen kräftig durchrühren, mit einem kleinen Schöpflöffel über die Früchte gießen und mit Puderzucker bestreuen.

2 bis 3 Minuten im Backofen bräunen und heiß servieren.

TARTE AUX POIRES A LA CREME D'AMANDES

BIRNENTARTE MIT MANDELCREME

DIE SAFTIGE BIRNENTORTE (AUF S. 303) WIRD MIT MANDELCREME VERFEINERT.

DIE BIRNE KOMMT URSPRÜNGLICH AUS CHINA, WO SIE SCHON VOR VIERTAUSEND JAHREN BELIEBT WAR.

IN FRANKREICH HAT DIE BIRNE IM LAUFE DER JAHRHUNDERTE MEHRFACH IHREN NAMEN GEWECHSELT. SO WURDE SIE VOR VIERHUNDERT JAHREN »NACH IHRER GOLDENEN SONNENSEITE« DORÉE GENANNT, ODER MAN SPRACH VON DER »PETITE MUSCADINE«, DER

»BRUTE BONNE«, DER »MUSCATELE« ODER DER »BERGAMOTE«.

für 6 Personen

3–4 Birnen (etwa 750 g), in Zuckersirup gekocht
Aprikosengelee nach Belieben

FÜR DEN TEIG:
- 2 Tassen Mehl
- 1 Tasse Puderzucker
- 1 Prise Salz
- ⅔ Tasse Butter, in kleine Stücke geschnitten
- 1 Ei

FÜR DIE MANDELCREME:
- ¾ Tasse weiche Butter
- 1½ Tassen gemahlene Mandeln
- 2 Eier
- 1 El Rum

DER TEIG: Mehl, Zucker und Salz mit der Butter verquirlen, das Ei hinzufügen und weitermixen, bis der Teig Kugelform annimmt. Den Teig auf einer mit Mehl bestäubten Arbeitsfläche ausrollen und über Nacht im Kühlschrank ruhen lassen.

DIE MANDELCREME: Mandeln und Butter verquirlen, nach und nach die Eier und zuletzt den Rum zufügen. Bis zum Servieren kalt stellen.

Den Backofen auf 200° C vorheizen.

Eine Springform von 28 bis 30 cm Durchmesser einbuttern. Den Teig ausrollen, die Springform auskleiden und 30 Minuten im Kühlschrank ruhen lassen.

Die gekochten Birnen vierteln und entkernen.

Die Springform zur Hälfte mit der Mandelcreme füllen und die Birnenviertel in einem sternförmigen Muster obenauf legen.

Die Tarte 30 Minuten im vorgeheizten Ofen backen.

Nach dem Abkühlen aus der Form lösen und nach Belieben mit heißem Aprikosengelee glasieren.

NOUGAT GLACE AUX NOIX ET AUX FRUITS CONFITS

GEFRORENER NOUGAT MIT KANDIERTEN FRÜCHTEN, NÜSSEN UND KIWISAUCE

für 8 Personen

FÜR DEN NOUGAT:
- ¾ Tasse Puderzucker
- 2 Tassen Honig
- ½ Tasse dünnflüssiger Stärkesirup
- 8 Eiweiß
- 1 l Sahne
- ¾ Tasse Rosinen
- 1 Tasse grobgehackte kandierte Kirschen
- ½ Tasse feingehackte kandierte Orangen
- ¾ Tasse feingehackte, gemischte, kandierte Früchte
- 1½ Tassen Walnußhälften
- 1 Tasse gehobelte Mandeln

FÜR DIE KIWISAUCE:
- 4 geschälte Kiwis
- Saft einer Zitrone
- 1 Tasse Zucker

DER NOUGAT: Zucker, Honig und Stärkesirup in einem großen Topf (nicht aus Aluminium) verrühren und bei mittelhoher Temperatur auf 50° C erhitzen. Die Temperatur mit dem Thermometer nachprüfen. Die Eiweiß fast steif schlagen, in die heiße Sirupmischung geben und verquirlen, bis der Sirup abgekühlt ist. Weiterquirlen, nach und nach die Sahne und zuletzt die Rosinen, die kandierten Früchte, die Nüsse und die Mandeln unterrühren.

Den Nougat in eine große Auflaufform gießen und über Nacht im Kühlschrank fest werden lassen.

DIE KIWISAUCE: Die Kiwis kleinschneiden und im Mixer pürieren. Den Zucker hinzufügen und das Kiwimus durch ein Sieb passieren. Den Zitronensaft unterrühren und kalt stellen.

Die Auflaufform kurz in warmes Wasser tauchen und den Nougat auf eine große Platte stürzen. Ein dünnes, scharfes Messer in heißes Wasser tauchen und den Nougat in Scheiben schneiden.

Auf 8 Dessertteller verteilen und mit Kiwisauce umgießen.

DELIKATER NOUGAT IN STRAHLEND GRÜNER KIWISAUCE – EIN GENUSS FÜR JUNG UND ALT. DIE IM FERNEN OSTEN BEHEIMATETE KIWI TRÄGT IHREN SPITZNAMEN »CHINESISCHE STACHELBEERE« NICHT UMSONST. NOCH VOR ZWANZIG JAHREN WAR SIE IN FRANKREICH VÖLLIG UNBEKANNT. IHRE

ZUCHT WURDE HAUPTSÄCHLICH IN NEUSEELAND ENTWICKELT. MITTLERWEILE HAT SICH DIE KIWI AUCH IN FRANKREICH BESTENS AKKLIMATISIERT.

KIWIS SOLLTEN REIF GEGESSEN WERDEN, WENN SIE SICH WIE VOLLREIFE PFIRSICHE SCHÄLEN LASSEN. DIE ALLSEITS BELIEBTEN FRÜCHTE EIGNEN SICH ALS DESSERT, FÜR FRUCHTSAUCEN, ZUM GARNIEREN VON SALATEN SOWIE ALS BEILAGE ZU FISCH, MEERESFRÜCHTEN UND FLEISCH.

PAPILLON DE POMMES AU CARAMEL

PUDDING-SCHMETTERLINGE MIT APFEL-KARAMEL

AN EISKALTEN WINTERTAGEN, WENN DAS WASSER DER VEYLE IN VONNAS GEFRIERT, GIBT ES NICHTS, WORÜBER MAN SICH MEHR FREUEN KANN, ALS ÜBER EINEN UNGEWÖHNLICHEN, BUNTEN SCHMETTERLING AUS VANILLEPUDDING MIT FLÜGELN AUS APFELSCHEIBEN. TROCKEN UND KÜHL

KÖNNEN ÄPFEL BEDENKENLOS MEHRERE MONATE GELAGERT WERDEN UND SCHMECKEN LANGE NACHDEM UNS DER LETZTE SCHMETTERLING VERLASSEN HAT.

für 4 Personen

FÜR DEN VANILLEPUDDING:
- ½ Tasse Zucker
- 2 El Wasser
- 1 Tasse Milch
- 3 Eier, mit ⅓ Tasse Zucker verquirlt
- ½ Vanilleschote, längs gespalten

FÜR DIE APFEL-KARAMEL-SAUCE:
- ½ Tasse Apfelsaft (naturrein)
- ½ Tasse Zucker
- 3 süß-säuerliche Äpfel nach Wahl, geschält und entkernt
- ¼ Tasse Butterschmalz aus ¼ Tasse Butter nach Rezept
- Schale einer unbehandelten Zitrone, in feine Streifen geschnitten
- gehobelte Mandeln nach Belieben zum Garnieren

DER VANILLEPUDDING: Den Backofen auf 160 Grad vorheizen.

Wasser und Zucker in einem kleinen Topf bei mittlerer Temperatur aufkochen und 5 Minuten weiterkochen bis der Zucker karamelisiert.

4 feuerfeste Auflaufformen, die jeweils ¾ Tasse fassen, bereitstellen, und je eine 3 mm dünne Karamelschicht einfüllen. Den Karamel abkühlen lassen.

Die Milch mit der Vanilleschote in einem kleinen Topf bei mittlerer Temperatur aufkochen, auf die mit dem Zucker verquirlten Eier gießen, durch ein feines Sieb passieren und den Schaum abschöpfen. Den Vanillepudding in die Auflaufformen füllen.

Eine Backform, in der die Auflaufformen gerade Platz haben, bereitstellen und den Boden mit Pergamentpapier auslegen.

Die Backform zur Hälfte mit kochendem Wasser füllen, die Auflaufformen ins Wasserbad setzen und 30 Minuten im vorgeheizten Ofen backen. Abkühlen lassen und den Pudding aus den Formen stürzen.

DIE APFEL-KARAMEL-SAUCE: Den Zucker mit der Hälfte des Apfelsaftes in einem kleinen Topf bei mittlerer Temperatur aufkochen und 5 Minuten weiterkochen, bis der Zucker karamelisiert. Den Topf vom Herd nehmen, den restlichen Apfelsaft zugießen und bis zum Servieren kalt stellen.

DAS BUTTERSCHMALZ: Die Butter bei mittlerer Temperatur aufkochen. Den Schaum abschöpfen und die Temperatur reduzieren. Das Butterfett vorsichtig in eine Schüssel abgießen. Die milchigen Rückstände am Topfboden nicht mit verwerten.

DIE GARNITUR: Die Äpfel vierteln und in 6 mm dicke Scheiben schneiden. Das Butterschmalz bei mittlerer Temperatur in einer kleinen Pfanne erhitzen, die Apfelscheiben hineingeben und unter häufigem Umwenden gleichmäßig bräunen. Zum Abtropfen auf ein Küchenpapier legen.

4 große Teller bereitstellen und die Apfelscheiben Rücken an Rücken, wie Schmetterlingsflügel, darauf verteilen. Den Vanillepudding in die Tellermitte geben und die Äpfel mit der Apfel-Karamel-Sauce übergießen. Die Zitronenschalen als Fühler arrangieren. Die Pudding-Schmetterlinge mit gehobelten Mandeln servieren.

EINE ALTE TRADITION IN DER REGION VON BRESSE: ZU ANFANG DES JAHRES FEIERT JEDES KLEINE DORF SEINE WEHRPFLICHTIGEN REKRUTEN, DIE MIT GERADE ZWANZIG JAHREN DAS HEIMATDORF VERLASSEN MÜSSEN, UM DEN MILITÄRDIENST ZU ABSOLVIEREN. ALLE JUGENDLICHEN, DIE IM GLEICHEN JAHR GEBOREN WURDEN, FINDEN SICH IN GRUPPEN ZUSAMMEN. DAS FEST BEGINNT MIT EINEM GOTTESDIENST IN DER DORFKIRCHE. DANACH ZIEHT MAN, BEGLEITET VOM DORFORCHESTER, IN PARADEN UND TANZGRUPPEN DURCH DIE STRASSEN UND LEGT EINEN KRANZ AM KRIEGERDENKMAL NIEDER. ANSCHLIESSEND TRIFFT MAN SICH ZUM »GRAND BANQUET«, DAS GEWÖHNLICH BIS ZUM FRÜHEN MORGEN DAUERT. DER FOLGENDE TAG IST DER »MATEFAIM-TAG«. MATEFAIMS SIND BESONDERS DICKE CRÊPES, DIE IN DER FESTHALLE DES DORFES SERVIERT WERDEN, WO DIE GANZE DORFGEMEINSCHAFT FÜR EIN WEITERES JAHR ZUSAMMENHALT UND FREUNDSCHAFT FEIERT.

60
ANS
70
ANS
80
ANS

BOUQUET GARNI

FÜR 1 BOUQUET

3–4 Zweige Petersilie
½–1 Lorbeerblatt
2 Zweige frischer Thymian oder
1 Prise getrockneter Thymian

Die Kräuter mit einem Faden zusammenbinden. Getrocknete Kräuter mit den frischen Kräutern in ein Leinensäckchen füllen und zusammenbinden.

CONCASSE DES TOMATES

FÜR 1¾ TASSE

1 El Butter
¼ Tasse Olivenöl
2 große Schalotten, fein gehackt
750 g reife Tomaten, gehäutet und fein gewürfelt
2 Tl Tomatenmark
½ Tl Zucker
2 Knoblauchzehen
1 Bouquet garni aus 1 Lorbeerblatt, 2 Thymianzweigen, 2 Petersilienzweigen und grünen Porreespitzen in einem Leinenbeutel zusammengebunden
grobkörniges Meersalz
Pfeffer aus der Mühle

Butter und Öl in einer schweren, mittelgroßen Pfanne erhitzen, die Schalotten hinzufügen und 4 Minuten glasig dünsten. Die Tomaten, das Tomatenmark, Zucker, Knoblauch und das Bouquet garni dazugeben, pfeffern und salzen und bei niedriger Temperatur unter gelegentlichem Umrühren 20 Minuten schmoren lassen. Die Pfanne vom Herd nehmen, das Bouquet garni und den Knoblauch entfernen und die Sauce mit Pfeffer und Salz abschmecken.

FRISCHER TOMATEN-COULIS

FÜR 1¾ TASSE

1 El Butter
¼ Tasse Olivenöl
2 große Schalotten, fein gehackt
2 Tl Tomatenmark
750 g reife Tomaten, gehäutet und grob gewürfelt
½ Tl Zucker
2 Knoblauchzehen
1 Bouquet garni aus 1 Lorbeerblatt, 2 Thymianzweigen, 2 Petersilienzweigen, 1 Stange Staudensellerie und grünen Porreespitzen in einem Leinenbeutel zusammen gebunden
grobkörniges Meersalz
Pfeffer aus der Mühle

Butter und Öl in einer schweren, mittelgroßen Pfanne erhitzen, die Schalotten hinzufügen und 4 Minuten glasig dünsten. Das Tomatenmark unterrühren und die Tomaten, Zucker, Knoblauch und das Bouquet garni dazugeben. Pfeffern und salzen und bei mittlerer Temperatur unter ständigem Umrühren zum Aufkochen bringen. Die Temperatur um die Hälfte reduzieren und zugedeckt unter gelegentlichem Umrühren 30 Minuten kochen lassen. Die Pfanne vom Herd nehmen, das Bouquet garni und den Knoblauch entfernen und die Tomatensauce im Mixer pürieren. Ist der Coulis zu flüssig geraten, in einer kleinen Pfanne bei mittlerer Temperatur auf die gewünschte Konsistenz einkochen lassen. Mit Pfeffer und Salz abschmecken.

Tomaten-Coulis kann als Sauce vielseitig verwendet und mit frischen Kräutern, Olivenöl, Crème fraîche oder Beurre blanc verfeinert werden.

BEURRE BLANC

FÜR 1 TASSE

¼ Tasse trockener Weißwein
2 El Weißweinessig
3 Schalotten, fein gehackt
1 Tasse kalte Butter, in kleine Stücke geschnitten
Salz
weißer Pfeffer aus der Mühle

Wein, Essig und Schalotten in einer kleinen, gußeisernen Pfanne zum Aufkochen bringen und die Flüssigkeit etwa 3 Minuten auf 1½ Eßlöffel einkochen lassen. Die Temperatur reduzieren, nach und nach die Butterstückchen unterrühren und cremig verschmelzen lassen. Falls erforderlich, die Pfanne zwischendurch vom Herd nehmen. Mit Pfeffer und Salz abschmecken, sofort servieren oder nach Bedarf über Wasserdampf warm stellen.

BEURRE BATTU

FÜR 1 TASSE

½ Tasse kalte Butter, in kleine Stücke geschnitten
Salz
frischer Zitronensaft

½ Tasse Wasser in einer kleinen, gußeisernen Pfanne zum Aufkochen bringen und die Temperatur um die Hälfte reduzieren. Nach und nach die Butterstückchen unterrühren, die Pfanne vom Herd nehmen und die Sauce mit Salz und Zitronensaft abschmecken. Bis zum Servieren über Wasserdampf warm stellen.

CREME ANGLAISE

FÜR 1 TASSE

1 Tasse Milch
⅓ Vanilleschote, längs gespalten
3 Eigelb in Zimmertemperatur
3 El Zucker

Milch und Vanilleschote in einem mittelgroßen Topf mit schwerem Boden allmählich erhitzen. In der Zwischenzeit Eigelb und Zucker in einer mittelgroßen Schüssel cremig rühren. Die Hälfte der heißen Milch dazugeben, vollständig verrühren und in den Milchtopf zurückgeben. Unter ständigem Umrühren mit einem Holzlöffel bei mittlerer Temperatur langsam eindicken lassen. Nicht aufkochen. Nach etwa 7 Minuten wird die Puddingcreme so dick, daß sie am Löffel kleben bleibt und tiefe Rillen bildet, wenn man mit dem Löffelrücken über die Oberfläche streicht.

Die Crème anglaise in eine hitzebeständige Schüssel füllen. Die Vanilleschote herausnehmen, die Samen mit einem Löffel herauslösen und unterrühren. Zugedeckt kalt stellen.

Die Crème anglaise kann 1 Tag im voraus zubereitet werden.

CREME PATISSIERE

FÜR 1 TASSE

1 Tasse Milch
⅓ Vanilleschote, längs gespalten
3 Eigelb in Zimmertemperatur
3 El und 1 Tl Zucker
2 El Mehl

2 El Milch abgießen. Die restliche Milch mit der Vanilleschote in einem kleinen Topf mit schwerem Boden bei niedriger Temperatur allmählich erhitzen.

In der Zwischenzeit die Eigelb mit dem Zucker cremig schlagen, das Mehl einrühren und die abgefüllte kalte Milch unterrühren. Die Eicreme nach und nach mit der heißen Milch verrühren, in den Milchtopf zurückgießen und bei mittlerer Temperatur unter ständigem Umrühren aufkochen und eindicken lassen. Weiterrühren und den Topf von der Herdplatte nehmen. Die Creme in eine hitzebeständige Schüssel füllen, die Vanilleschote herausnehmen, die Samen mit einem Löffel herausschaben und unterrühren. Die Oberfläche mit Folie abdecken, und die Crème patissière im Kühlschrank eiskalt werden lassen.

Die Crème patissière kann bis zu 2 Tage im voraus zubereitet werden.

CREME FRAICHE

FÜR 1 TASSE

1 Tasse Sahne in Zimmertemperatur
2 El Buttermilch

Sahne und Buttermilch in ein sauberes Einmachglas füllen und gut verschließen. Das Einmachglas 6 bis 8 Stunden an einen warmen Ort, z. B. die Zündflamme eines Gasherdes oder die Backröhre eines Elektroherdes, stellen, bis die Sahne dick wird. Im Kühlschrank aufbewahren und nach Bedarf verwenden. Die Crème fraîche läßt sich bis zu 10 Tage aufheben.

ERDBEER-COULIS

250 g reife Erdbeeren, gewaschen und geputzt
1–1¼ Tassen Puderzucker
Zitronensaft
Mineralwasser nach Belieben

Erdbeeren und Puderzucker im Mixer cremig pürieren, durch ein feines Sieb passieren und nach Belieben mit Zitronensaft abschmecken.

Der Coulis kann nach Bedarf mit Mineralwasser verdünnt werden.

Nach diesem Rezept kann auch ein Coulis aus anderen Beerenfürchten, z. B. aus Himbeeren, zubereitet werden.

REZEPTVERZEICHNIS

REGISTER